世界のエリートが学んでいる

MBA必読書50冊を1冊にまとめてみた

永井孝尚
Takahisa Nagai

KADOKAWA

はじめに
——世界のエリートたちはビジネスの「セオリー」を知っている

多くの日本のビジネスパーソンは、圧倒的に勉強不足である。

こう言うと反発が大きいだろう。世の常識は「日本人は勤勉」。でもこれは違う。

私はＩＢＭで海外ビジネスパーソンと仕事する機会が多かった。ビジネススキルこそ武器と考える彼らは、普通にＭＢＡ（経営学修士）を得ている。**経営理論は「読み書き算盤」であり、仕事の基本スキルだ。**「これはあの○○理論に基づいた戦略だ」と言うと、すぐに通じた。そしてセオリーに沿って、現実に即した戦略を合理的に議論した。

日本国内では、これが通じない。経営理論は「机上の空論」。現実の仕事では役立たないと思われて、体系的に学ぶ人が少ない。いまだに、海外留学を終えたＭＢＡ修了生に「ＭＢＡの垢《あか》を落としてこい」とドブ板営業をさせる会社もあるくらいだ。

現場の経験も大切だが、セオリーをキチンと理解することも同じくらい大切なのだ。

多くの日本人は自らの勉強不足を認識せず、真面目にハードワークをしている。

スポーツの世界ではすでに過度な精神論や根性論は見直され、セオリーも重視されている。１９７０年代の中学や高校の運動部は、生徒にウサギ跳びをさせたり、「水を飲まずに頑張れ」と言い続けたりした。今は医学的な観点で、ウサギ跳びは下半身を痛めるだけと分かって禁止されているし、スポーツ時のマメな給水も奨励されている。

セオリーを無視し、現場の経験と精神論を過度に重視する今の日本企業は、「ウサギ跳びで勝てる」と考えていた1970年代の運動部と同じである。

セオリーを学ぶ近道がある。お手軽なビジネス書だけでなく、海外ＭＢＡエリートが読むような時代を超えて読み継がれるビジネス書をしっかりと読み込み理解することだ。そういう本からはビジネスの普遍的な思想や理論を学べるし、困ったときの指針にもなる。

しかし現実には「そんな本、読んだこともない」という会社員も多い。そもそも何を読めばよいか分からない。分かっても敷居が高い。忙しくて時間もない。

海外ＭＢＡエリートは、すでにそれらを仕事で活用している。

そこで海外ＭＢＡエリートたちの必読書50冊を1冊にまとめたのが本書である。

「海外ＭＢＡエリートの必読書」を１００冊以上選んだ上で、「日本のビジネスパーソンにも最低限これだけは理解してほしい」という基準で50冊に絞り込んだ。涙をのんで割愛した本も多い（なお専門性が高い会計・財務分野は除外した。また理解を深めるために日本人著者の本も一部入れた）。

本書で重視したのは「仕事でどう活かせるか」「分かりやすさ」「面白さ」の3点。ビジネスパーソンにとって大切なのは、「要は、仕事でどう役に立つか」だからだ。50冊の中には難解な本もあるが、本質を徹底的に追求した上で1冊あたり3〜5分で仕事に役立つポイントをつかめるように、身近な事例と仕事への指針も追記している。さらに複数の本に横串を通して読めば、理解が深まり視野も広がる。そこで50冊を6カテゴリーに分け、本文内で互いに関連しあう箇所も参照するようにした。

まずはあなたが興味を持った本から読んでほしい。分からない箇所は飛ばしてOK。それでも多くのことがつかめるはずだ。本書を読み終えれば、経営理論は面白く、仕事でも役立つことが実感できるだろう。興味を持った本は、ぜひともオリジナル本にも挑戦してほしい。学んだことは、実務で応用してほしい。現場で理論に基づいて試行錯誤を続けるうちに、短期間で驚くほど成果があがるはずだ。それらはすべて、あなたの武器になるのだ。

永井　孝尚

世界のエリートが学んでいる
MBA必読書50冊を1冊にまとめてみた
——もくじ

はじめに……3

第1章

「戦略」

第2章

「顧客」と「イノベーション」

第3章

「起業」と「新規事業」

第4章 「マーケティング」

第5章

「リーダーシップ」と「組織」

第6章

「人」

本文デザイン／ホリウチミホ（ニクスインク）
本文イラスト／瀬川 尚志

第1章

「戦略」

時代とともに、戦略論は進化し続けている。
ただ残念ながら、
あらゆる状況に当てはまる万能な戦略論はない。
ケースバイケースで考え、よい部分を取り込む発想が必要だ。
そこで1981年刊行のポーター『競争の戦略』を出発点に、
ぜひ押さえておきたい戦略論の名著10冊を紹介する。

1 『新訂 競争の戦略』（ダイヤモンド社）
——競争相手はライバルだけではない

M・E・ポーター
ハーバード・ビジネス・スクール教授。ハーバード大学ユニバーシティ・プロフェッサー。1969年にプリンストン大学航空宇宙機械工学科卒業。1971年ハーバード大学で経営学修士号、1973年に同大学院で経済学博士号を取得。1982年には同学史上最年少の正教授就任。著書に『競争優位の戦略』『国の競争優位』など多数。世界各国の政府幹部や企業経営者のアドバイザーとしても活躍している。

「宿命のライバルと一騎打ち。絶対負けられない！」

俄《が》然《ぜん》アドレナリンが出て、徹夜もいとわない人がいる。

一方で「競争は嫌い」とそそくさと逃げ出す人もいる。私は後者のタイプだが、逃げ出すだけでは単なる負け犬である。「競争の戦略」はそんな人たちのための一冊だ。競争するための本ではない。**激しい競争を賢く回避し、勝つための本である。**

本書は、米国企業の経営者は必ず手元に置いているといわれる戦略のバイブルだ。競争戦略を立てる方法を、リアルなビジネス状況にあわせて、実に明快に示している。

ここでは本書の中核となる「**5つの力**」と「**競争の基本戦略**」を紹介する。

世の中は意外と不平等だ。儲かる業界と儲からない業界がある。商社や金融、製薬業界の人は高収入だが、サービス業界の人は低いことが多い。

「5つの力」で、業界の競争状態を考える

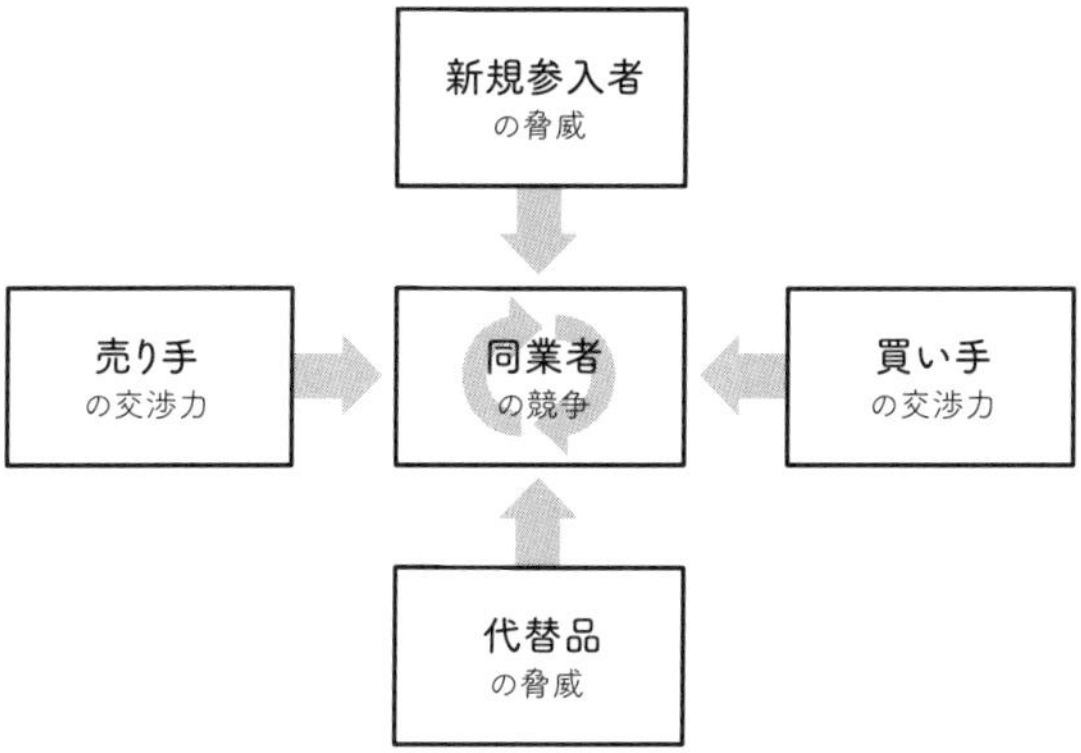

出典:『新訂 競争の戦略』

ポーターによると、業界が儲かるかどうかは、その業界の競争状況の違いである。競争が激しい業界は儲からない。

ただし競争しているのは「**同業者**」だけではない。「**売り手**」「**買い手**」「**新規参入者**」「**代替品**」も**競争相手だ**。「同業者だけでも大変なのに5つも……」と思うかもしれないが「同業者をぶっ潰《つぶ》す」というジャイアン的発想では消耗するだけだ。

そこで生まれたのが「**5つの力**」の考え方だ。

どうせ戦うなら賢くスマートに勝つべし。早速、身近にあるコンビニ業界で考えてみよう。

「売り手」の交渉力

セブン・イレブンで驚いたことがあった。セブンの「金の食パン」が、ヤマザキの最高級食パン「ユアクィーンゴールド」よりも高いのだ。厳選した小麦粉に、北海道産ミルクなどを使用したこだわりの

一品らしい。食べてみたら、たしかに旨《うま》い。

セブンはなぜ、パン専業のヤマザキよりも高くできるのだろう？

「金の食パン」は、「コンビニの食パンはもっとおいしくなる」と考えたセブンが、製粉・製パン会社と共同開発した商品だ。

セブンから見てメーカーは「売り手」だ。メーカーにとって全国2万店舗のセブンの販売力は大きい。さらにセブンはメーカーにはない豊富な顧客情報も持つ。メーカーにとって、セブンとの共同開発は大きな魅力なのだ。

販売力と顧客情報を持つセブンは、「売り手」のメーカーよりも強い力を持っている。だから売り手と「セブンプレミアム」という商品群を共同開発することができる。セブンプレミアムは2016年に売上1兆円を超えた。

「新規参入」の脅威

コンビニ業界への新規参入は難しい。商品仕入れ、配送、お酒などの販売免許、IT、店員教育……。お金も人もかかる。このような新規参入の壁を「**参入障壁**」という。

今からセブン・ファミマ・ローソンのようなコンビニチェーンをつくるのは難しい。コンビニ業界は高い参入障壁があるので、新規参入がほとんどないのである。

一方で海外では、新しいテクノロジーを使い、新規参入する会社が出始めている。

たとえばアマゾンの無人コンビニ「Ａｍａｚｏｎ Ｇｏ」。店内カメラで買い物の様子を撮影し、購入商品をＡＩ（人工知能）で把握。客は買いたい商品を手に持ってそのまま店を出ればＯＫ。レジの行列も会計も不要。コンビニの常識を覆す斬新な仕組みだ。中国でも無人コンビニに取り組む企業が増え始めている。

コンビニはノウハウの塊だが、今後はテクノロジーが参入障壁を崩す可能性もある。

「代替品」の脅威

最近のドラッグストアは品揃えが豊富だ。薬や化粧品以外にも、文房具、食料品、生鮮野菜なども売っている。売上・店舗数は２００１年から15年間で3倍に急増、売上はコンビニ業界の半分に迫る5兆円だ（日本ホームセンター研究所調べ）。

私はネットで商品を買うことも多い。すぐ届くのでとても便利だ。このネット販売も、２０１０年から6年間で売上が2倍と急成長している。

ドラッグストアは品揃えで、ネット販売は利便性で、急成長している。いずれも消費者にとってはコンビニの「代替品」になり得るから、コンビニにとって大きな脅威だ。

そこでコンビニは、ドラッグストアよりも品揃えを増やす一方で、宅配や高齢者見守りサービスなどで、ネット販売よりも便利な対面サービスを実現しようと努力している。

「買い手」の交渉力

私は外出先で買い物を思い出すと、「帰り道にコンビニで買おう」と考えることが多い。スーパーは安いが、遠回りは面倒だし時間もかかる。帰り道で買うほうがラクだ。

一見顧客である私がスーパーでなくコンビニを選んでいるようだが、実は違う。コンビニは「身近で便利」という強みを持つことで、「私に選ばせている」のだ。コンビニは「顧客のニーズ」とも競争している。「買い手」である顧客も競争相手なのだ。

近所に食パン専門店「乃が美」がある。数日経ってもおいしい生食パンなので、長い行列が絶えず、予約しないと買えない。当然ながら定価販売だ。これも「おいしい食パンを食べたい」という買い手に対し、「他店にないおいしい食パン」で選ばせている好例だ。

「同業者」の競争

コンビニは同業者同士でも競争している。ただ大手は3社だけ。競争は激しいが、値下げ競争はしていない。コンビニ各社はいかに他社との違いを打ち出すかに努力している。

一方で牛丼業界も大手は3社だが、ある1社が大幅値下げをしたのをきっかけに各社で激しい価格競争が始まり、業界全体が低収益に陥ってしまった。

「5つの力」で見た、コンビニ業界

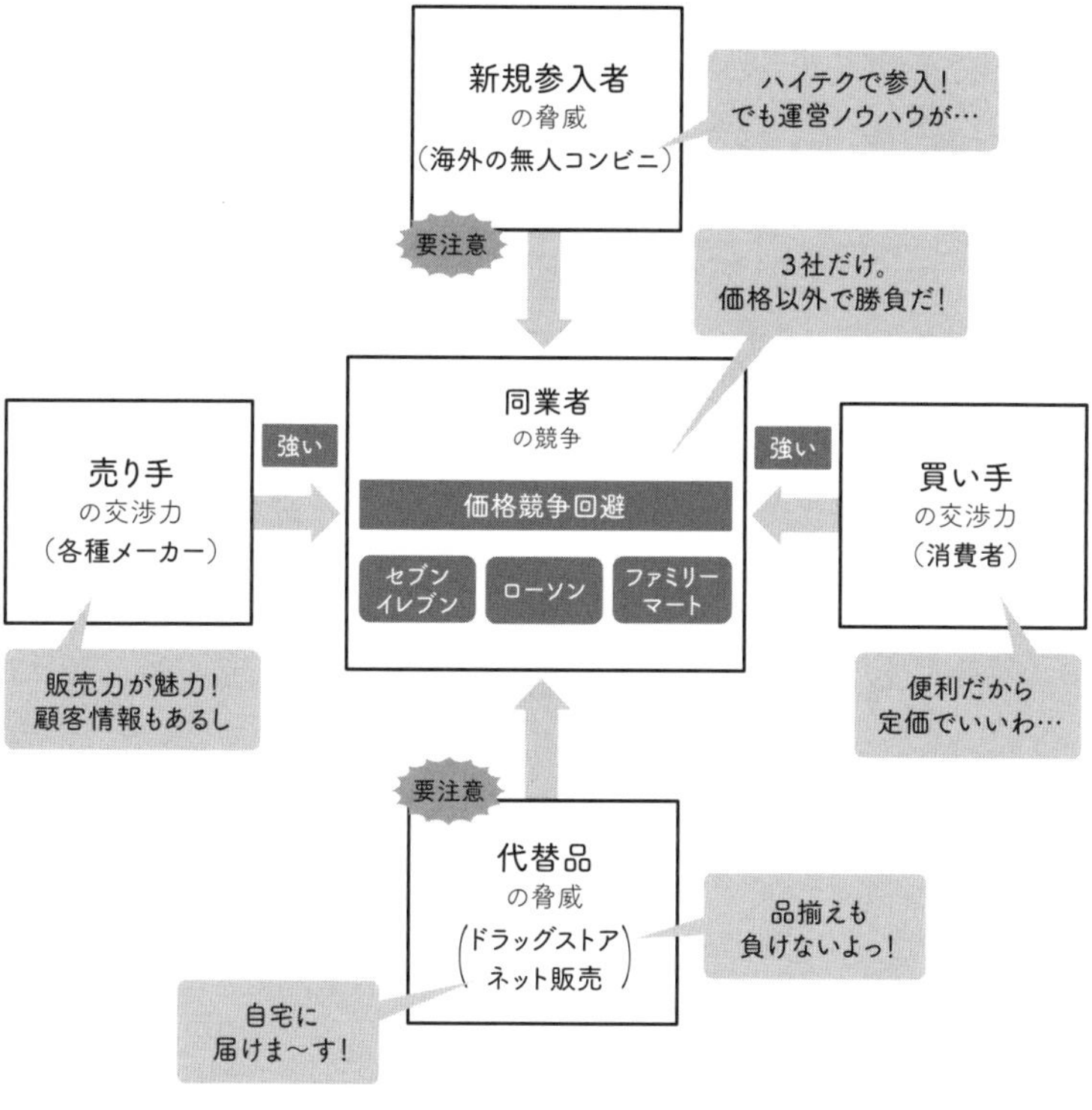

※『新訂 競争の戦略』より著者が作成

このように5つの力でコンビニ業界を考えると、自社を有利にする対策も分かる。
・もっと便利に、もっと身近に、もっと品揃えを強化する→対**買い手、同業者、代替品**
・**売り手**と協業を深め、新商品開発を進める
・**新規参入**への対策→新技術採用の動向をチェック
・**同業者**との価格競争を回避し、価値を高め続ける

3つの「競争の基本戦略」

では、その業界で他社に勝つには、どうすればいいのか？

ポーターいわく、**戦う方法は「コストリーダーシップ戦略」「差別化戦略」「集中戦略」の3つしかない**。順番に見ていこう。

❶コストリーダーシップ戦略

他社より低いコストにする戦略だ。そのためにはたくさん売って規模を大きくし、製品1個あたりの固定費を下げる「規模の経済」や、数多くつくり経験を蓄積してより効率よくつくる「経験曲線」を追求する。

コンビニ大手は中小コンビニを次々買収し、いまや3社でシェア9割。これも各社で規模の経済と経験曲線を追求した結果だ。

❷差別化戦略

顧客の特定ニーズに対応し、より高い価格で売れるようにする戦略だ。そのために、顧客が「喜んで高いお金を払いたい」と思えるように、顧客のニーズに応えて価値を高める。セブンの「金の食パン」も、まさに差別化戦略だ。

❸集中戦略

市場や商品を狭く限定し、そこでベストを目指す戦略だ。

北海道のコンビニ業界シェア1位・セイコーマートは、集中戦略で成功している。北海道の地域ニーズに特化し、原価が安くおいしい北海道の食材を使い、自社製造したお総菜は100円。「負けないために北海道を出ない」方針を徹底している。セイコーマートの事例は、次項で詳しく紹介する。

ポーターの競争戦略を理解すれば、ライバルとの消耗戦を避けて、勝てる状況をつくるための大きなヒントが得られるのだ。戦略の基本として、ぜひ押さえたい考え方だ。

POINT

競争戦略の本質は、競争をいかに回避し、高収益にするかである

2

『競争戦略論Ⅰ』（ダイヤモンド社）

――まず「何をやらないか」を決めよ

M・E・ポーター

ハーバード・ビジネス・スクール教授。ハーバード大学ユニバーシティ・プロフェッサー。1969年にプリンストン大学航空宇宙機械工学科卒業。1971年ハーバード大学で経営学修士号、1973年に同大学院で経済学博士号を取得。1982年には同学史上最年少の正教授就任。著書に『競争優位の戦略』『国の競争優位』など多数。世界各国の政府幹部や企業経営者のアドバイザーとしても活躍している。

日本の家電メーカーの商品は、ひと目ではどのメーカーのものか分からない。ルンバそっくりの掃除機も多いが売れていない。ダイソンやルンバがひと目で見分けがつくのと比べると大違いだ。多くの日本企業が致命的なミスを犯している。成功するライバルを分析し、同じことをより上手にやろうとするのである。だから単なる模倣品も多い。

こんな日本企業を、本書の冒頭でポーターは手厳しく批判している。

「日本企業は、『すべてのものを、すべての顧客へ』と考えて、お互いに模倣しあい競争して、改善するだけだ。日本企業には戦略がない。日本企業は戦略を学ぶべきだ」

本書は１９９９年の出版だが、残念ながらこの指摘は、20年が過ぎた今も有効だ。

ポーターによると戦略でまず考えるべきは、「何をやらないか」である。

あなたが女性だとしよう。イケメンの山田君と秀才の鈴木君からプロポーズされた場合、どちらか1人を選ばなければならない。

人生は選択の連続だ。あちらを立てればこちらが立たず。これが「トレードオフ」だ。

戦略も、トレードオフだ。

どのお客様を捨て、どのお客様に対応するのか？

どのニーズを捨て、どのニーズに対応するのか？

トレードオフを究めることで、強い戦略になる。

北海道でセブンを打ち負かす「セイコーマート」

大手コンビニ3社の戦略は、とても似ている。自社PB商品はメーカーに生産委託し、配送は自社商標を付けた外部配送業者に任せ、24時間営業で全国展開している。

一方で、Book1で紹介した北海道でシェア1位のセイコーマート（以下、セコマ）は、大手コンビニ3社とまったく異なる戦略だ。「何をやらないか」が明確である。

まず全国展開はせずに、創業の地・北海道に特化している。

24時間営業にもこだわらない。北海道に数多い過疎集落に出店するため13時間半営業の直営店もある。ただ過疎地の店が多いと売上が少ないので、利益も減ってしまう。そこで原価が安くておいしい北海道の食材を調達して自社で食品製造し、さらに自社でトラック

活動システム

セコマは様々な活動を密接に連携させ、圧倒的な強みをつくった

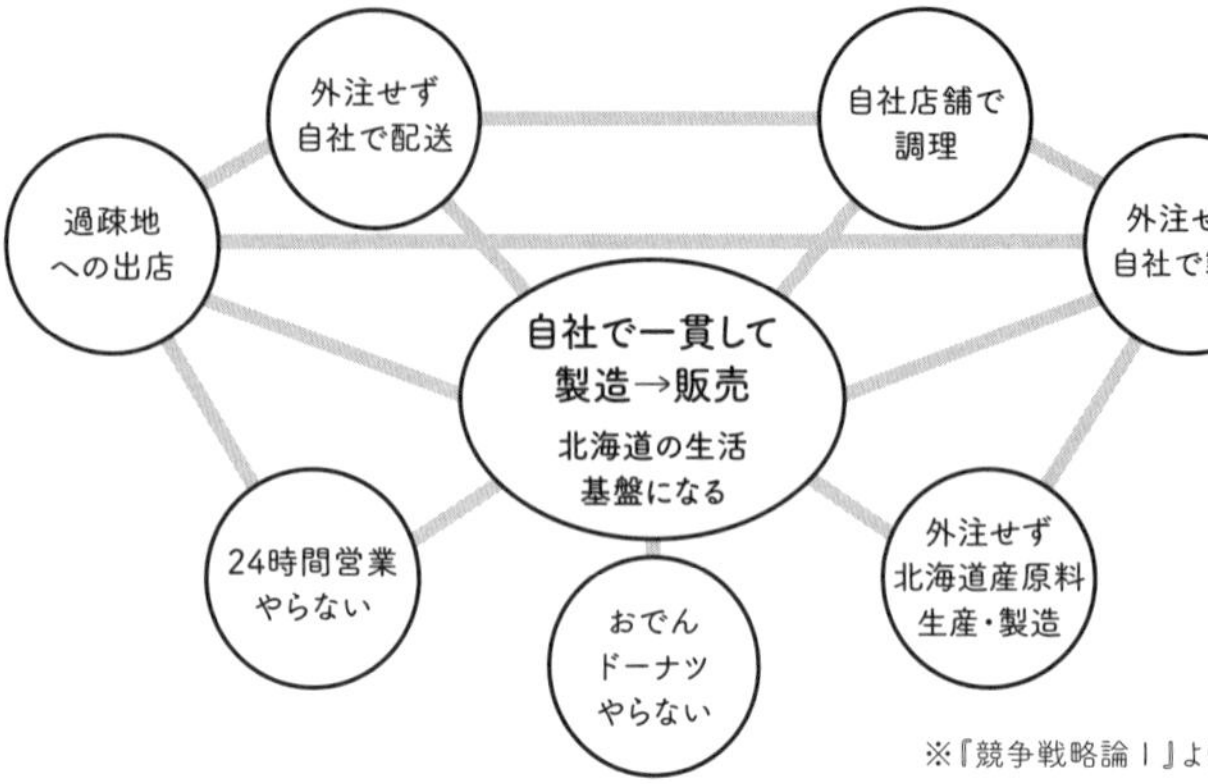

※『競争戦略論Ⅰ』より著者が作成

数百台を用意して店舗に配送することでコストを徹底的に下げている。だからお惣菜を１００円で店頭販売しても利益が出せる。売上の50％は自社製造の北海道産食品だ。

大手コンビニでは常識のおでんやドーナツもつくらない。「ほしい人はセブンやローソンで」と勧めている。

トレードオフの観点で考えると、セコマは実に理に適《かな》った戦略を実践している。いまやセコマは北海道では欠かせない生活基盤だ。２０１８年の北海道地震で道全域が停電し多くの店が休業する中、セコマの95％の店舗は営業を続けた。北海道の地で、暴風雪や災害の対策を見直し続けた結果だ。

セコマは「何をやらないか」を決め、トレードオフを究めた上で、様々な活動を密接に連携させ、北海道で欠かせない存在になった結果、王者セブンにも対抗できるのだ。

圧倒的な強みをつくる「活動システム」

自社独自の様々な活動を連携させれば、圧倒的な強みがつくれる。これが**「活動システム」**だ。「活動を連携させたシステム」ということだ。

単独活動はすぐライバルに模倣されるが、密接に連携する活動は模倣が難しい。1つの活動を模倣できる可能性が70％ならば、10個の活動を模倣できる可能性は3％以下（0・7の10乗）だ。**Book34『ビジョナリー・カンパニー2』**で紹介する**「ハリネズミの戦略」**も、まさに「トレードオフを究めて、活動システムをつくれ」ということである。

現実には「何をやらないかを決めよう」というと、「できることは全部やるべき」「やらないことを考えるのは弱さの証拠だ」「売上が伸びない」「ネガティブだ」「サボるな」と反論されることも少なくない。

しかし戦略で大切なのはライバルとの違いだ。すべてやろうとするから、ライバルとの違いが打ち出せない。そして顧客に「劣化版コピー」と思われてしまうルンバのコピー商品のように、消耗戦で負ける。勇気を持って、「やらないこと」を決めるべきなのだ。

POINT

戦略で考えるべきは「何をやらないか」。その相乗効果で強くなる

3

『戦略サファリ 第2版』（東洋経済新報社）

――「計画された戦略」と「創発」が強い戦略を生む

ヘンリー・ミンツバーグ
カナダ・マギル大学グレグホーン寄付講座教授。『エクセレント・カンパニー』の著者・トム・ピーターズをして「世界で最高の経営思想家であろう」と言わしめた経営学の権威。『マネジャーの仕事』『戦略計画 創造的破壊の時代』『人間感覚のマネジメント』『MBAが会社を滅ぼす』など独創性に富んだ著書多数。

役員会議に登場した、経営企画室の切れ者エリート。「業界を分析した結果、当社に必要なのはこの戦略です」と明快な経営戦略を美しいパワポ資料でプレゼン。圧倒的な説得力である。

しかし現実に当初の戦略通りに成功するケースは例外中の例外だ。

「世界最高のマネジメント思想家」とも称されるミンツバーグは、本書でこう述べている。

「分析技法を通して戦略を開発したものはいない。分析技法が戦略を生み出すのではなく、人が生み出すのだ」

ミンツバーグは本書で、世の中にある様々な戦略論を大きく10の学派（スクール）に分類し、その成り立ちから批判までを俯瞰《ふかん》して見せてくれる。

日本では「戦略論＝ポーターの競争戦略」と思われているが、実は前項と前々項で紹介したポーターの競争戦略は、その10学派の1つに過ぎない。

ここでは、本書の中でも特に重要な**創発戦略**と**計画された戦略**について紹介する。

試行錯誤の末に辿り着いた「セコマ」の戦略

Ｂｏｏｋ２『競争戦略論Ⅰ』で紹介した北海道のコンビニ業界シェア1位・セコマは、「北海道からは出ない」「大手コンビニがやることはやらない」という戦略を徹底している。まさに「何をやらないかを決める」というポーターの集中戦略のお手本である。

「社内の切れ者が戦略をつくったのだろうなぁ」と思うかもしれないが、実は最初からこの戦略があったわけではない。試行錯誤の末、この戦略に辿り着いたのである。

セコマの創業者は、1960年代に酒卸業の営業マンだった。しかし個人経営の酒店は、チェーン店に押されて経営不振。彼は「酒店をなんとかできないか？」と考えていた時、たまたま新聞記事で、コンビニが米国で広がっていることを知った。

「これなら酒店も近代化できる」と考え、自己流でコンビニの勉強を始め、酒店を一軒ずつ回り、店主に「酒店をコンビニに変えましょう」と説得を続けた。

社内では反対の声が多かったが、粘り強く酒店の店主に呼びかけた結果、コンビニ1号店を1971年に出店した。これはセブンのコンビニ1号店よりもなんと3年も早い。

3年後、勤務先の酒卸業を退社して、セコマを創業した。

当初はフランチャイズ主体だった。

しかし北海道で展開するには、過疎地にも出店する必要があると分かった。過疎地に展開するには、フランチャイズでは採算が合わない。そこで直営店を増やすことにした。さらに過疎地の直営店で利益を確保するために、食品製造や配送も自社で手掛けるようになった。

現在のセコマの社長は、「土地も広く、人口も多くない北海道で、企業としてどう生き残るかを考えながらやってきたら、自然とこうなった」と述べている。

つまりセコマは、最初から今の戦略を持っていたわけではない。

創業者が最初に「酒店をなんとかしたい。コンビニで経営の近代化を図ればいいのではないか」と考えて事業を始め、**行動と学びを積み重ね、現実にあわせて戦略を徐々に修正していった結果、現在の戦略に行き着いた**のである。

現実のビジネスでも、当初考えた戦略は最初からうまくいかないことばかりだ。

すぐれた戦略は計画的戦略と創発的戦略の組み合わせ

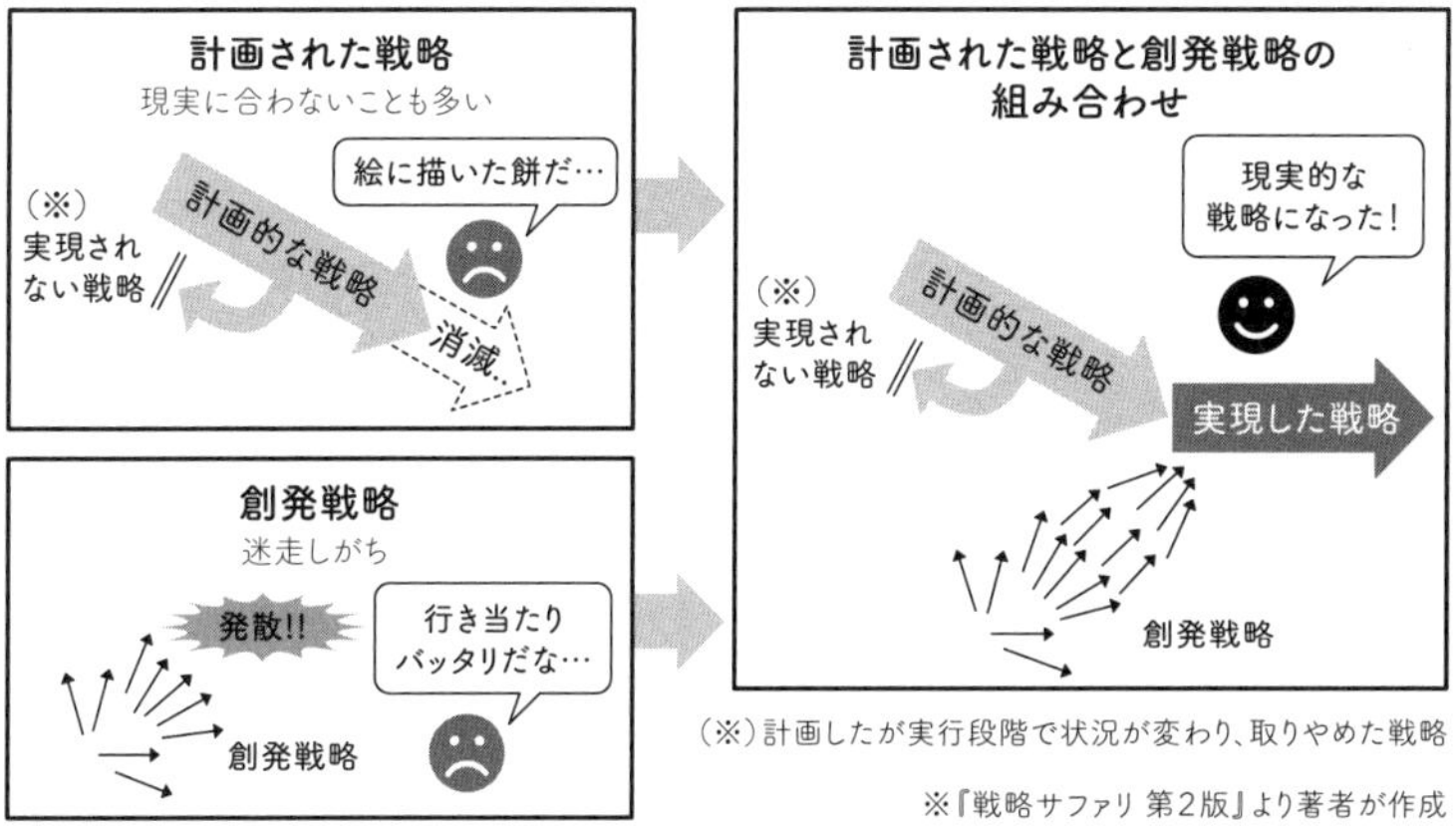

(※)計画したが実行段階で状況が変わり、取りやめた戦略

※『戦略サファリ 第2版』より著者が作成

想定外が必ずあるからだ。当初の戦略から紆余曲折を重ねた結果、当初とはまったく違う戦略に落ち着くことも多い。そしてあとで振り返って「こんな戦略でやって成功したのか」と認識するのである。

実行からの学びと修正がすぐれた戦略を生む

ミンツバーグは、戦略にはあらかじめキッチリと考えた**「計画された戦略」**と、試行錯誤による学びを蓄積することにより編み出した**「創発戦略」**がある、と言っている。

「計画された戦略」だけに頼り実行の学びを軽視した戦略は、現実の壁にぶつかり成功しない。逆に行き当たりばったりで創発だけに頼った戦略も、現実には迷走してしまい成功しない。両者を組み合わせることで、すぐれた戦略が生み出されるのである。

Book2『競争戦略論I』で、日本企業に対するポーターの苦言を紹介した。

「日本企業は、『すべてのものを、すべての顧客へ』と考えて、お互いに模倣しあい競争して、改善するだけだ。日本企業には戦略がない。日本企業は戦略を学ぶべきだ」

この指摘に対し、ミンツバーグは本書でこのように述べている。

「トヨタのような驚くべき成功を考えれば、日本企業は戦略を学ぶどころか、ポーターに戦略のイロハを教えてあげるべきである」

「計画された戦略」と「創発戦略」を組み合わせる大切さが分かれば、ミンツバーグの言葉の意味も分かるはずだ。

ただし、ミンツバーグは決してポーターを全否定しているのではない。

本書でも、ミンツバーグはポーターが打ち立てた戦略理論の考え方は評価している。

その上で「『計画された戦略だけでよい』というポーターの考え方だけではダメだ。実行からの学びによる大胆な修正を組み合わせることで、すぐれた戦略が生み出される」と言っているのである。

「よきマネジャーは、決して教室では育成されない」と考えるミンツバーグは、理論だけの経営理論を徹底的に批判している。常に実践を重視し、**アート（直感）とクラフト（匠**

の技）とサイエンス（科学）のバランスが大切だ、と考えている。

これは現場で格闘しているビジネスパーソンにとって励みになる言葉だ。

経営理論に基づいて最初に戦略を考え、現場での学びで創発的に進化させることで、すぐれた戦略が生まれるのである。

本書はノウハウを手っ取り早く教えてくれる本ではない。世の中のありとあらゆる戦略論を俎上に載せ、良い点・悪い点を挙げた上で、彼独特の辛口で批評し、読者に深く考えさせる本である。だからこそ、身につく。

ぜひ時間を見つけて本書に挑戦し、深く読み込んでほしい。

POINT

まず「計画的戦略」を考え抜き、現場の学びを「創発的戦略」で進化させろ

4 『競争優位の終焉』（日本経済新聞出版社）

——変化こそ、チャンスである

お笑い芸人は実に厳しい仕事だ。持ちネタが大ブレイクしても、すぐに飽きられて消え去る一発屋芸人が実に多い。つまり単発の持ちネタでは「競争優位性」は続かないのだ。生き残る芸人は、新しい持ちネタを連発する。

現代の企業も、お笑い芸人と同じである。「競争優位性を持続させよう」と考えても、持ちネタの賞味期限はすぐに切れる。著者のマグレイスは「競争優位性が持続する時代は終わった。**一時的な競争優位性を獲得し続けることが必要だ**」という。

日本では知名度が低いマグレイスだが、「経営思想界のアカデミー賞」といわれるThinkers50で「経営思想において最も影響力ある20人」の1人に選ばれた戦略研究者だ。

マグレイスは世界の時価総額10億ドル以上の上場企業5000社から、2000年以降の10年間で収益と純利益を毎年5％以上成長させた10社を選び分析した。

リタ・マグレイス

コロンビア大学ビジネススクール教授。不確実で不安定な経営環境における戦略の権威として世界的に高く評価されている。ピアソン、コカ・コーラ、GEなどの企業コンサルティングも行う。2011年、2013年には経営に関する世界的な賞である「Thinkers50」によって、「経営思想において最も影響力ある20人」および「ツイッターでフォローすべきビジネススクール教授10人」の1人に選ばれている。

成長し続けるこの10社は「一時的競争優位性」を獲得し続ける能力を持っている。

マグレイスはこれら10社に共通する6つのポイントを抽出し、本書で紹介している。

ポイント1　安定性と俊敏性を両立し、常に変わり続ける

10社は**安定性と俊敏性**を両立させて、常に変わり続けている。

「『安定しろ。でも俊敏に動け』って、矛盾している」と思うかもしれないが、両立できる。人にたとえると、こんなイメージだ。

「**常に一貫した高い目標を持ち続け、周囲の人たちとの関係も大切にしている。問題が起こると判断は迅速で、やってきたことの中止もいとわないが、目標はまったくブレない**」

まず一貫性を保って安定するために、①明確な戦略と高い目標を持ち、②社内で共通の価値観と文化を持ち、③社員の学ぶ力を重視して人材育成し、④戦略をブラさないリーダーシップを持った上で、⑤パートナー企業と安定した関係を維持する。

そして俊敏性を持って変わり続けるために、①小さな変革を積み重ね、②部門で経営資源（ヒト・モノ・カネ）を抱え込むことを許さずに、③四半期ごとに戦略と経営資源の配分を見直し、④イノベーションを偶然に任せることなく、⑤新事業を小さな初期投資で始めてダメならサッサと見切る。

この2つが相乗効果を生みだし、一時的な競争優位性を獲得し続けているのである。

ポイント2 衰退の前兆をつかみ、うまく撤退する

デジカメの登場で古い写真フィルム市場は消滅した。

しかし写真フィルム市場にこだわったコダックは破産する一方で、市場衰退の前兆をつかみ、市場撤退を決めて新事業立ち上げに全力で取り組んだ富士フイルムは生き残った。

富士フイルムの写真フィルム事業は2000年には全社売上の6割、利益の3分の2を稼ぐ主力事業だったが、翌年から市場は年率20～30％という勢いで縮小し始めた。

事業衰退の前兆はアンテナを張り巡らせば意外と見つかるものだ。しかし会社の中で日々の業務に没頭していると、こんな重要な情報も見逃してしまう。

自社商品・サービスを代替する新技術に目を光らせ、それがどの程度顧客に受け容れられているのかを常にチェックし続け、すぐに対応することが大切だ。

ポイント3 資源配分を見直し、効率性を高める

写真フィルム市場撤退を決めた富士フイルムは、写真フィルム工場・現像所・特約店を一気に集約して効率化を進める一方で、自社が持つ技術を徹底的に洗い出し、新材料やヘルスケアなどの新規事業に大胆に投資した。

このように経営資源を、衰退事業から成長市場へと迅速に移動することが必要だ。

従来の「持続的競争優位性」を前提とした資源配分の考え方も変える必要がある。

ここで大きな壁になるのが、各部門でヒト・モノ・カネを抱え込んで離さないことだ。部門が会社の経営資源を人質にしているのだ。経営資源は本社管理に変える必要がある。

ポイント4 イノベーションに習熟する

常に新しい事業を立ち上げるためには、イノベーションが必要になる。

我々は「イノベーションが成功するかどうかは賭けだ。無謀なことはしたくない」と思いがちだ。たしかに場当たり的にやると成功確率は低い。しかし本書の第3章『起業』と『新規事業』のような体系的な方法論を学んだ上でキチンと取り組めば、イノベーションを生み出せる可能性は大きく高まる。大切なのは「失敗を避ける」のではなく「失敗から学ぶ」、「計画する」のではなく「実験する」というように、考え方を変えることだ。

ポイント5 考え方を変える

「ヒラメ社員」という言葉がある。上しか見ないヒラメにたとえ、上司の顔色をうかがい絶対に反対しない社員のことだ。

持続的競争優位性があった昔は、今やっていることをより上手にやることが求められていた。今のやり方を肯定する「いい話」が歓迎されたので、ヒラメ社員も評価された。

一時的競争優位性の世界では考え方を変える

古い考え方		新たな考え方
・優位性は持続する	➡	・優位性はもうすぐ切れる
・今のやり方、どこがいいか?		・率直に言って、今のやり方、どこに問題があるのか?
・いいニュースを歓迎する		・悪いニュースを歓迎する
・遅くても正確さを重視		・80点主義で、速さを重視
・予測を重視		・仮説を重視

※『競争優位の終焉』より著者が作成

しかし持続的競争優位性が消滅した現代では、変化をより早く察知することが重要だ。問題が把握できないと、貴重な時間を浪費してしまう。

先延ばしするほど損失は拡大する。昔の成功モデルも、どんどん変える必要がある。だからリーダーは「何が賞味期限切れを起こしているか」を素早く察知し、率直に事実として認め、変化を進んで受け容れる姿勢が必要だ。

こんな状況になった現代では、上に耳当たりのいい話しかしないヒラメ社員は存在価値が消える。ヒラメ社員しか取り立てない会社も衰退する。

ポイント6　個人への影響についても考える

持続的競争優位性の時代は、組織への忠誠心が求められた。個人は社内で出世することを目指したし、組織も人材を囲い込んだ。しかし一時的競争優位性の時代では、個人のあり方が変わっていく。企

POINT

競争優位性が持続しない現代に必要なのは、問題発見力と解決力だ

業が一時的競争優位性を維持するには、個人が持つ新しい知識やスキルが求められるし、外の人たちのネットワークも必要になる。まさにBook50『リーディングス ネットワーク論』で紹介する「弱いつながり」を数多く持つ人材である。企業にとってこのような人材は頼りになるし、そんな人材は、組織を超えて活躍できるようになる。

私たちは「会社に頼らず、自分で自分自身のキャリアを考えて、自分のスキルを育てる」という発想が必要になるのだ。つまり自律的に成長する人材が活躍する時代になる。自ら成長し続ける人材であれば、仮に職を失っても、次の仕事を見つけるのは難しくない。

世の中は本書が描き出した状況が当たり前になりつつある。

大きな脅威にも見えるが、大きなチャンスでもある。強力なライバルの競争優位性も持続しないのだ。誰にでもチャンスがある。やり方次第で大きく成功できる。

激動する現代でどうすべきか、本書は私たちに大きな示唆を与えてくれる。

5

『良い戦略、悪い戦略』（日本経済新聞出版社）

——なぜ「悪い戦略」は生まれるのか？

リチャード・P・ルメルト
カリフォルニア大学ロサンゼルス校アンダーソン・スクール・オブ・マネジメント（ハリー・アンド・エルザ・クニン記念講座）教授。「戦略家のための戦略家」と称される大家。多くの有名企業、非営利組織、そして複数の国の政府機関にコンサルティングを行っている。

よく「この戦略は、筋がいい」「この戦略は、筋が悪い」といわれる。

本書は両者の違いを、「**良い戦略**」と「**悪い戦略**」に分けて明快に教えてくれる。

実は私たちは「悪い戦略」を立ててしまうことが少なくないのだ。

ルメルトは戦略論と経営理論の世界的権威だが、著書は少なく日本では知名度が低い。２０１１年出版の本書も30年ぶりに書いた2冊目。しかしエコノミスト誌は彼を「マネジメントコンセプトと企業プラクティスに対し最も影響力ある25名」に選んでいる。

「良い戦略」とは、単純明快だ。

１８０５年、ナポレオンが英国侵攻を狙っていた。英国の英仏海峡の制海権を巡り、トラファルガー岬で33隻のフランス・スペイン連合艦隊と27隻のイギリス海軍が戦った。

ネルソン提督は状況を見極め、シンプルな戦略を立てた

それまでの定石	ネルソン提督の戦略
大砲を打ち合う ➡ その後、接近戦	狙い ➡「数で上回る敵を分断させる!」 分析 ➡「敵は正確に撃つ腕はない」 戦略 ➡ 正面から突っ込み、敵を分断させる （先頭艦は危険だが、被弾は少ないはず）

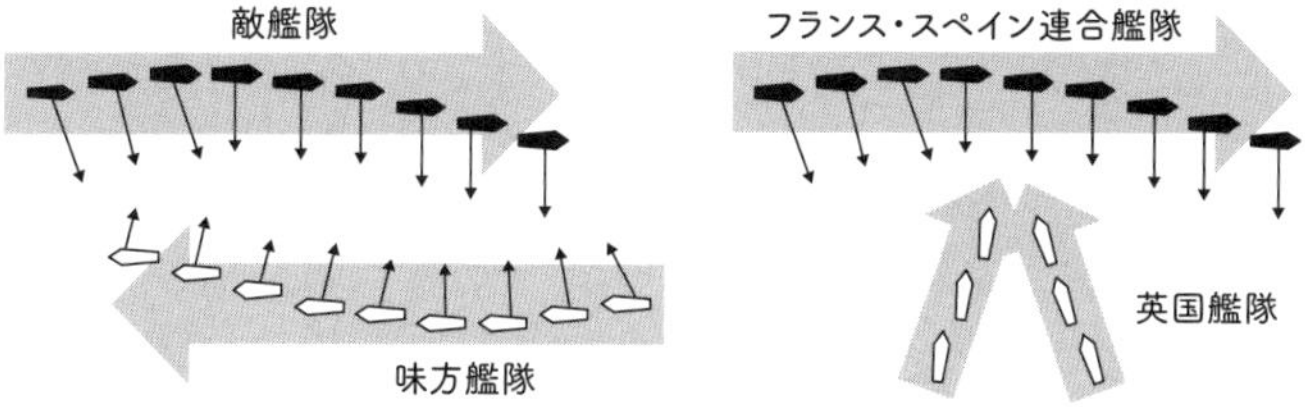

※『良い戦略、悪い戦略』より著者が作成

当時の艦隊決戦の定石は、両軍が艦砲射撃でダメージを与え、接近戦で戦う方法。

しかし英国海軍のネルソン提督は常識を覆し、敵の真横に英国艦隊を突っ込ませた。損失は敵艦隊22隻、英国は0隻。英国は危機を脱した。

ネルソンはこう考えた。数で上回る敵を分断させたい。敵砲手の練度は低く、当日は海が荒れていた。ネルソンは「敵艦隊は、突入する英国艦隊を正確に撃てない」と読んだ上で、艦隊を突っ込ませるリスクを選んだ。敵が混乱し統率を失えば勝てる。

このように**「良い戦略」はシンプル**だ。状況から決定的要素を見極め、狙いを絞り兵力投入する。

しかし世の中では「悪い戦略」が圧倒的に多い。

悪い戦略の特徴は4つある。

特徴1　中身がない

ある大手銀行の基本戦略は「顧客中心の仲介サー

ビスを提供すること」だという。

しかしこれは銀行の業務そのもの。分かりきったことを難しい言葉を多用し、深く語っているように見せかけて、中身がない。必要なのは「中身」だ。

特徴2　重大な問題を無視している

ルメルトは、低迷するある会社がコンサルタントを雇って作成したという分厚い「統合戦略」を見せてもらった。プランによれば、来年から急成長することになっている。

社内の各事業部が考えた「ビジョン」「戦略」「目標」をテンプレートに記入させ、コンサルタントが資料にまとめたという。資料は詳細で一見完璧だが、低迷の原因を何でいかに解決するかはどこにも書かれていない。

実はこの会社が低迷している真の原因は、余剰人員を抱え込んだ非効率な組織だった。この問題を無視して分析もしないまま戦略をつくっても、うまくいくわけがない。

特徴3　目標と戦略を取り違えている

ルメルトは、ある社長からこんな依頼を受けたという。

「当社の戦略目標は売上2桁《けた》成長だ。課題は実現に向け全員の士気を高めることだ。しかし社員には『絶対に勝つ』という強い意志がない。そこでコーチングしてやってほしい」

この社長の戦略は、戦略ではない。希望的観測を語っているだけだ。「いかに目標を達成するのか」を部下に丸投げしていることに気づいていない。戦略目標は「真正面から艦隊を突っ込ませ、敵を分断させて勝つ」というように、具体的で明確なものだ。

特徴4　単なる寄せ集め

ルメルトは米国のある市長から、市の委員会がつくった戦略を見せてもらったという。戦略は47個、アクションプランは178個あった。122番目には「戦略プランを作成する」というものもあり、苦笑いしたそうだ。単なる寄せ集めは戦略ではない。

悪い戦略は、問題を分析せず、思考をサボり、選択を怠った結果、生まれてくる。

ルメルトはDEC社の戦略会議に参加した経験を紹介している。かつてミニコンピュータ最大手だったDECは急速にシェアを失い、幹部が対応策を話し合っていた。

A氏「今後も使い勝手のよい製品に集中すべきだ」

B氏「それはすぐコモディティ化する。顧客の課題にソリューションを提供すべきだ」

C氏「なんといっても半導体技術がカギだ。半導体チップに本腰を入れるべきだ」

3人ともバラバラ。譲らない。苛立ったCEOは「何とか意見をまとめろ」

戦略会議でまとまったのは、「DECは高品質の製品およびサービスを提供するために努力し、データ処理で業界トップを目指す」だったという。

毒にも薬にもならない折衷案で、戦略とはいえない。低迷が続きCEOは更迭された。

良い戦略には「核」がある

ネルソン提督のような「良い戦略」は、結果だけを見ると誰でもつくれそうだ。

しかし**戦略で一番難しいのが「選択」だ**。**Book2**『競争戦略論Ⅰ』で「戦略でまず考えるべきは、何をやらないかだ」というポーターの言葉を紹介した。決断・選択をしないと悪い戦略になる。「良い戦略」は十分な根拠に基づいた「**核**」を一貫した行動につなげている。この「核」は「**診断**」「**基本方針**」「**行動**」の3要素でできている。

ルメルトはCEOとしてIBMを変革したガースナーの戦略を紹介している。詳細は、**Book39**『巨象も踊る』で紹介しているので、ポイントだけを見ていこう。

診断

医者の診察と同じく、状況を把握し、どの課題に取り組むか見極めることだ。

当時のコンピュータ業界は、パソコン、チップ、ソフトウェア、OSなどに特化する企業に細分化が進んでいた。世の中では「IBMは図体が大きすぎる。解体して身軽になるべきだ」というのが圧倒的多数派の意見だった。しかしガースナーはこう考えた。

「細分化が進む業界で全分野に通じているのは、顧客にとっていいこと。問題は総合的なスキルを活かしていない点だ。統合化を進め、顧客向けソリューションを提供する」

基本方針

課題を見極めた後は、大きな基本方針を示すことだ。ガースナーは「顧客向けにオーダーメイドのソリューションを提供する」という方針を明確に示した。

行動

基本方針を実行するために、一貫性をもって具体的に行動する。ガースナーは、サービス事業とソフトウェア事業を強化し、それまでのＩＢＭのタブーを破り、顧客が必要とするのならば他社製品も取り扱うようにした。

戦略で必要なことは、問題を真正面から見据え、分析し、「やること」と「やらないこと」を選択し、明確な方針にした上で、具体的な行動につなげることだ。

ときどき「戦略は良かった。実行がダメだった」という人がいるが、それはそもそも良い戦略ではない。**良い戦略には、明確な行動の指針も含まれる。**

戦略は仮説だ。すぐれた科学者は、知識をしっかり押さえた上で、その先にある未知の世界を解き明かすために仮説を立てて、その仮説が正しいかを実験する。

ビジネスも同じだ。良い戦略とは「こうすればうまくいくはず」という仮説なのだ。未知の世界に踏み込むため、知っていることを基に仮説をつくり実際に試して検証する。

戦略思考に役立つ3つのテクニック

スターバックスは、シュルツがミラノでエスプレッソバーの感動体験をしたことが出発点だった。「このエスプレッソ体験は、薄くまずいコーヒーを飲む米国人に人気になるはず」と仮説を立て、米国で小さなエスプレッソバーを開店し、顧客の反応を観察しながら米国人の好みに合わせて進化させたのがスターバックスの始まりである。

「仮説→データ→新たな仮説→データ→……」と繰り返される学習プロセスが必要なのだ。この戦略思考に役立つ3つのテクニックがある。

テクニック1　核になる考え方に常に立ち返ること

常に「診断・基本方針・行動」の3要素に立ち返る習慣を身につければ、戦略が脱線することがなくなる。最初から3要素をすべて考えられなくても、1つだけでも思いつけば、他の2つへと思考が広がるはずだ。

テクニック2　問題点を正確に見極めること

「何をするか？」ではなく、「なぜするのか？」を常に考える。問題点を見極め、常に意識することで、戦略に一貫性が出てくる。十分に診断をせずに「これをやる」と決め打ちすると、良い戦略にはならない。

テクニック3　最初の案は破壊すること

多くの人は最初の案に固執するが、最初の思いつきで戦略を立てるのは、悪い戦略の典型パターンだ。当初の案は「叩き台」だ。事実を確かめて、徹底的に見直し、弱点をえぐり出し、矛盾点を見つけて、叩き台を破壊することで、良い戦略が生まれる。

ルメルトは、頭の中で「バーチャル賢人会議」を行うという。師匠と仰ぐ人たちを頭の中で思い浮かべて、「師匠なら何と言うだろう？」と対話をする。こうすることで、示唆に富んだ的確な評価が得られるという。

いまやすべてのビジネスパーソンに求められている「戦略を考える力」を身につける上で、本書は役立つはずだ。

POINT

良い戦略とは、問題の見極め、シンプルな解決策、具体的な行動だ

6

『ゲーム理論で勝つ経営』（日本経済新聞社）

――ライバルに勝つだけが能じゃない

A・ブランデンバーガー

ニューヨーク大学スターン・ビジネス・スクール教授。ロンドン生まれ。専攻分野は、ゲーム理論、情報理論、認知科学。ゲーム理論の新分野の開発に従事するとともに、企業戦略へのゲーム理論の新たな活用法を研究している。また、ニューヨーク大学タンドンスクール・オブ・エンジニアリング特別栄誉教授、グローバル・ネットワーク教授も務める。

「宿敵のライバルを、徹底的にぶっ潰す！」

こう考える人は少なくない。しかしビジネスは必ずしも「勝ち負け」だけではない。相手に勝とうとして際限ない価格勝負に陥り、共倒れになることも少なくない。現実にはビジネスは、戦争というよりもゲームだ。「勝ちか負けか」のゲームもあれば、「双方が勝つ」ゲームもある。その方法を教えてくれるのがゲーム理論だ。本書は分かりやすくゲーム理論を教えてくれる。

本書のポイントをひと言でいうと次の通り。価値をアップルパイにたとえてみよう。

アップルパイ（＝価値）をつくるときは、相手と協調する。

アップルパイ（＝価値）を切り分けるときは、相手と競争する。

価値相関図

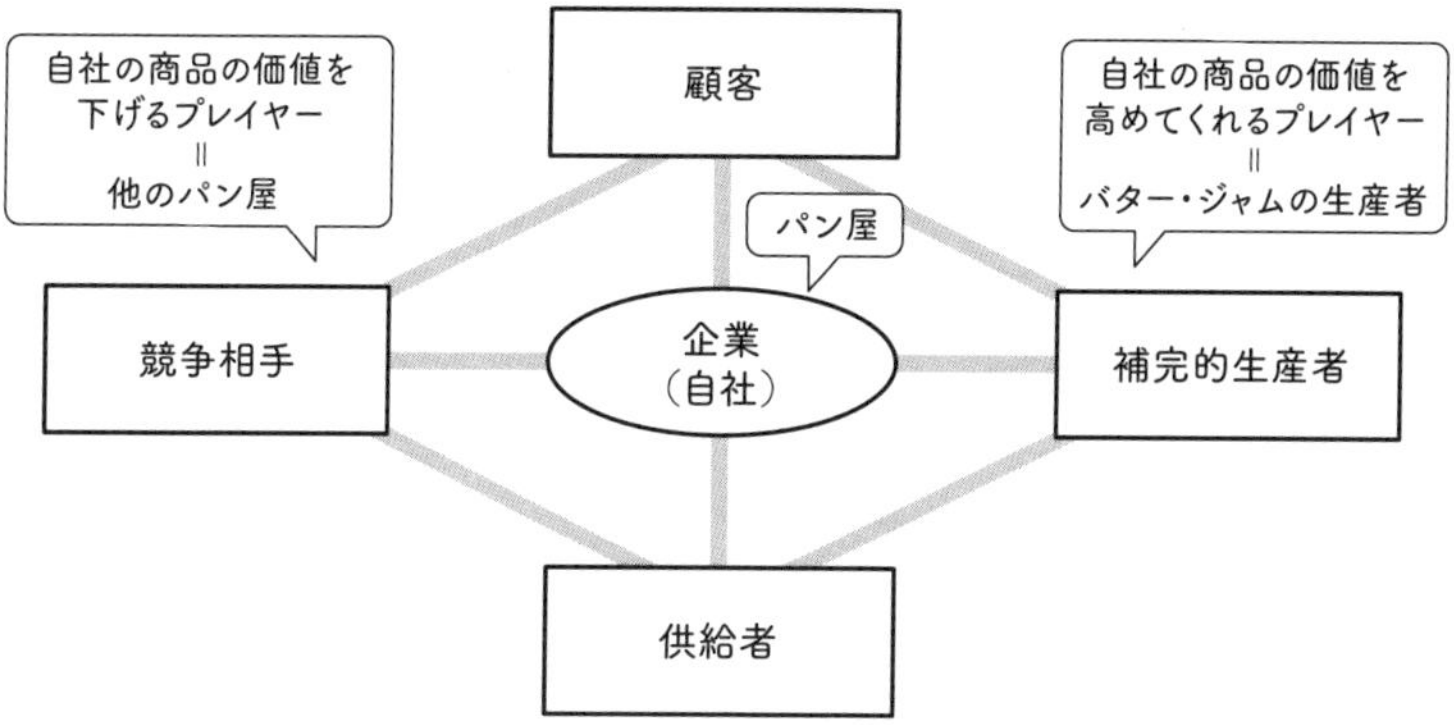

※『ゲーム理論で勝つ経営』より著者が作成

これは価値相関図で考えるとわかる。ゲーム理論ではビジネスの関係者をゲーム参加者にたとえて**「プレイヤー」**と呼ぶ。図のように5種類のプレイヤーがいる。

ポイントは、**「補完的生産者」**と**「競争相手」**だ。顧客から見た自社商品の価値を高めてくれるプレイヤーが、補完的生産者だ。パン屋にとってバターとジャムは補完的生産者だ。言い換えれば一緒に価値（＝アップルパイ）を大きくする仲間だ。

自社商品の価値を下げるプレイヤーが競争相手だ。パン屋にとって近所のパン屋は、価値（＝アップルパイ）を切り分ける競争相手である。

供給者の関係も、顧客の関係と同じく大切だ。企業は競争相手と供給者を争うこともある。

同じプレイヤー同士でも複数の価値相関がある。JALとANAは、乗客（顧客）と航空施設（供給者）を争う競争相手だが、ボーイングやエアバス

（供給者）に航空機開発を依頼する時は補完的生産者同士になり、航空機調達コストを抑える。他者との関係を1つに限定しないことが必要だ。

ビジネスはゲームなので、ゲームの仕組みを変えられればビジネスで有利になる。

ゲームは**プレイヤー**（**Players**）、**付加価値**（**Added Value**）、**ルール**（**Rules**）、**戦術**（**Tactics**）、**範囲**（**Scope**）の5つの要素で構成される。頭文字を取ってPARTSという。

❶プレイヤー（Players）

顧客から見て、自分の参加でゲームがどう変わるかを考えることが大事だ。

「アスパーテム」（アスパルテーム）は砂糖の200倍甘い甘味料だ。コカ・コーラやペプシコが長年使ってきた。アスパーテムの特許は米国モンサントが持っていたので、モンサントは独占販売で儲けていた。しかしその特許が切れると、オランダのHSCがアスパーテムの生産を始めて、コカ・コーラとペプシコに安く売り始めた。当初、コカ・コーラとペプシコはHSC参入を歓迎したが、結局HSCからは買わず、モンサントのアスパーテムを使い続けた。なぜコカ・コーラとペプシコは、HSCから買わなかったのか？

モンサントは独占販売していた時期は強い立場だったが、HSCが売り始めると交渉力が弱まった。おかげでコカ・コーラとペプシコは、実績と定評あるモンサントを変えることなく、アスパーテムを安く買い叩けるようになった。

本当はアスパーテムの「ゲーム」にHSCが参入することは、コカ・コーラとペプシコにとって大きな価値があったのに、HSCはそれをタダで与えてしまったのである。HSCがコカ・コーラの立場でゲームを見ていれば、「参入前にコカ・コーラと交渉し、販売先を確保する」といったこともできた。他者の視点でゲームを見ることが必要なのだ。

このように全体のプレイヤーを見れば、単純な「勝ち負け」の発想から脱却できる。たとえば顧客からの提案依頼は「勝ち負け」発想ではチャンスだが、顧客の真意は、あなたを当て馬に使い、今の供給者の価格を下げたいだけなのかもしれない。現実にはゲームへの参加自体、コストがかかる。何も得られなければ、あえてゲームに参加する必要はないのだ。

顧客、供給者、補完的生産者といったプレイヤーを増やすのは、メリットが大きい。顧客が増えると、特定顧客に依存しなくなる。顧客に対して強い立場に立てる。供給者が増えると特定供給者に依存しなくなる。モンサントにアスパーテムを独占されていたコカ・コーラが、HSCという新たな供給者を歓迎したのはこのためだ。補完的生産者が増えると商品価値も上がる。ゲーム機はソフトが多いと価値が上がる。競争相手が増えてもメリットを生む場合がある。トヨタはハイブリッドカー普及のため他の車メーカーに技術を提供している。競争のおかげでエコカー市場の認知が広がるのだ。

❷付加価値（Added Value）

「付加価値」は、そのゲームで誰が力を持ち、利益を得るかを決定する。

付加価値を決めるのが「希少性」だ。空気は生きる上で不可欠だが、タダだ。ダイヤモンドはなくても生きられるが、高価だ。

「ダイヤは採掘が難しく希少だから」と思いがちだが、実は採掘量は増えている。ほとんどすべてのダイヤはデビアスの流通システムを通じて販売されており、デビアスが供給制限している。だから高価なのだ。

また「ダイヤモンドは永遠の輝き」という言葉は、「ダイヤ転売を引き止めたい」と考えたデビアスがダイヤ購入者に永久に所有してもらうために世界中で行ったキャンペーンだ。デビアスはこのキャンペーンで転売をなくすことでさらに供給を制限し、ダイヤの希少性を演出して、付加価値を高めている。

多くの企業は商品がたくさん売れて供給が追いつかなくなると、生産を増やす。しかし供給が増えると逆に希少性がなくなり、顧客との交渉力を失ってしまう。付加価値の観点だけで考えれば、供給過少にすれば希少性が出て、付加価値が高まる。

ただデメリットもある。商品がないと売れるはずだった目先の売上は減るし、取引関係も失う。買えなかった顧客の反感を買うこともある。

顧客視点で自分の付加価値（＝希少性）を把握することも必要だ。

小さな工場を経営するヨシダさんは、A社の4つの事業部に同じ部品を供給していた。4事業部とも独自規格の特注品。ヨシダさんは事業部ごとに微妙につくりかえていた。（これはムダだ）と考えたヨシダさんは、A社に「部品を統一しましょう。ウチもコストが下がるので、部品代を安くします」と提案すると、A社は提案を快諾した。

その後、大手ライバル数社が同じ部品を低価格で、A社に提案するようになった。当初A社の特注品にきめ細かく対応できるのは、ヨシダさんだけだった。規格統一したために市場が拡大し、大企業が安い価格で参入できるようになったのだ。

ヨシダさんは他が真似できない付加価値（＝希少性）を、自ら低くしたのである。

❸ルール（Rules）

ルールがゲームの進め方を決める。しかし、ルールは変えられる。

小売業では値引き販売が当たり前だったが、次のセールまで買い控えるお客さんもいる。セールで売りたいのに、売れないのは困る。そこで「毎日最安値保証」で値引きをやめたのが、ニトリやウォルマートが行っているEDLP（エブリデイロープライス）戦略だ。これも「安く売るには値引き販売」という業界のルールを変えた例だ。

❹戦術（Tactics）

ゲームは人の認識によって影響される。戦術でその認識を変えられる。

マイクロソフト「パワーポイント」はプレゼンの定番ソフトだが、当初不人気だった。人々は先行する他社製品を使っていた。でも価格は下げたくない。そこでマイクロソフトは、価格を据え置きにして、人気のワードとエクセルとセットにした「マイクロソフトオフィス」を売り出した。人々は「高いソフトがタダで使える」と使い始め、定番ソフトになった。これも戦術だ。

❺範囲（Scope）

ゲームの境界線も変えられる。他のゲームとつなげて範囲を変えられるのだ。ホテル宿泊客にレストラン割引券を渡すのは、宿泊と飲食という別々のゲームをつなげている。

日本人は「ゲームのルール」を知らない

ここまで読んで、「『新規参入を歓迎』と言って買わなかったり、あえて供給過少にしたり、当て馬にしたり。卑怯じゃないか！」と反発する人もいるかもしれない。

しかしゲーム理論で考え抜く交渉上手な海外企業から見ると、日本人はゲームを知らない素人だ。将棋のルールを知らずに、プロ棋士を相手に将棋を指しているようなものだ。

ある家電の国内販売代理店は、海外メーカーの家電商品に目を付け、大ヒットさせた。その後、その海外メーカーは日本に子会社をつくり、代理店のセールスを引き抜いた。販売代理店は「出直しだ」と再び海外の商品を見つけては、日本で販売をしている。

ゲーム理論が分かると、どこに問題があるか分かるだろう。ゲームを知らないので「新商品をヒットさせる」という強みが活かせていないのだ。こんな日本企業は少なくない。

相手の手の内を知ることはとても大切だ。

本書が日本ではあまり知られていないのが残念だ。

駆け引き下手の日本のビジネスパーソンに、ぜひ読んでほしい一冊である。

POINT

ゲーム理論で「勝つためのルール」を身につけろ！

『コア・コンピタンス経営』（日本経済新聞社）

——未来をつくり出すのは、自分たちの本当の強みだ

ゲイリー・ハメル／C.K.プラハラード

ハメルは、ロンドン・ビジネススクール客員教授（戦略論、国際マネジメント）。経営論、戦略論の専門家として活躍しながら世界的企業のコンサルタントも務める。プラハラードは、インドに生まれ、1975年ハーバード大学大学院で経営学博士号を取得。企業戦略論の研究者であり、多くのグローバル企業のコンサルタントを務める。「世界で最も影響力のあるビジネス思想家」に何度も選出されている。

本書が出版された1995年当時、日本企業はまだ圧倒的に強かった。

一方で米国企業は、長い低迷から脱して成長段階に入ろうとしていた。

こんな中で米国企業に対して「自社の強みを磨き、未来を開け」と提言したのが本書である。原題は「未来のための競争」（Competing for the Future）だ。

本書ではソニー・ホンダ・シャープ・東芝など多くの日本企業が成功事例として取り上げられているが、皮肉なことにこれらの日本企業はその後低迷に苦しむ一方で、米国企業は復活した。では、なぜ日本企業は低迷するようになったのか？

多くの日本企業が「自社の強み」の磨き上げを怠ったり、あるいは自ら手放してしまったためだ、と私は考えている。かつての日本企業が持っていた「強み」を学ぶ上で、本書はとても参考になる。そこで、そのポイントを紹介したい。

コア・コンピタンス（饅頭の餡）が製品を生み出す

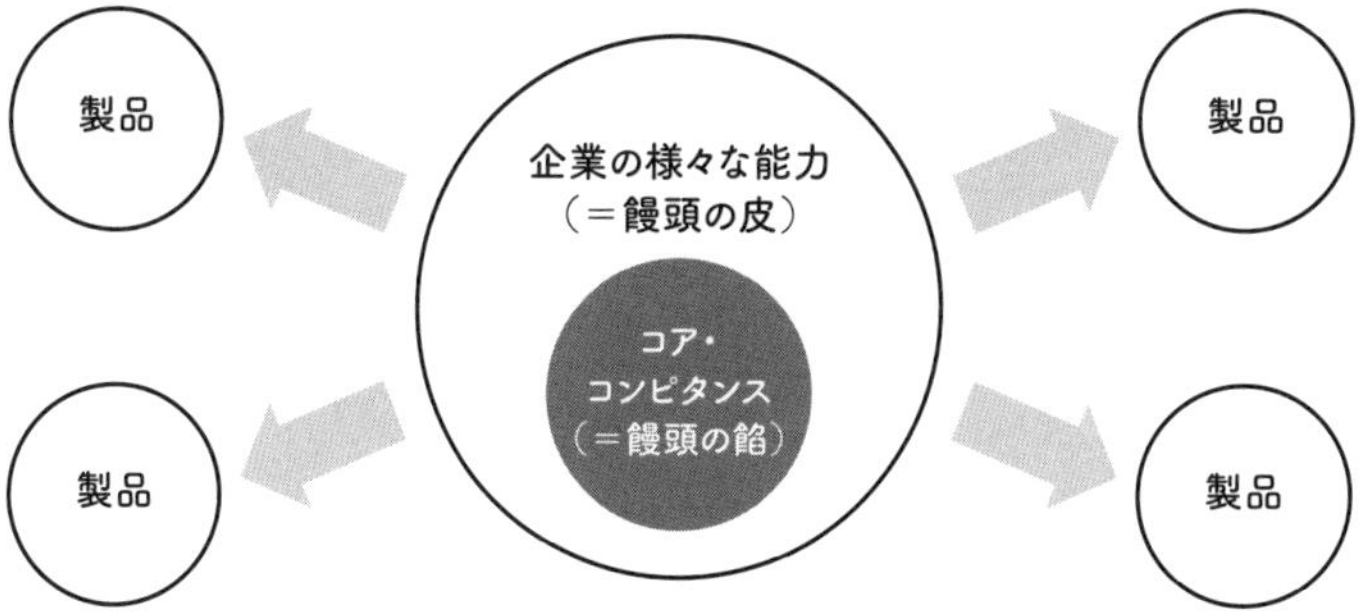

※『コア・コンピタンス経営』より著者が作成

コア・コンピタンスが競争力の源泉

「自社の強み」は、未来を開く原動力である。本書では自社しか持たない強みのことを「**コア・コンピタンス**」と呼んでいる。「コア」は「中核」、「コンピタンス」は「能力」。つまり「中核となる能力」という意味だ。

　話は変わるが、私は饅頭《まんじゅう》が大好きだ。「できれば皮は最小限で、餡《あん》だけあれば……」と思ったりする。会社を饅頭にたとえると、コア・コンピタンスとは会社の能力の中で、一番おいしい餡の部分である。

　コア・コンピタンスは「**コア技術**」と「**顧客の利益**」の組み合わせだ。これが強い製品を生み出す。

　かつて、ソニーのコア技術は「小型化技術」だった。ソニーの電子技術とメカニカルな機械技術の組み合わせにより、製品の小型化が可能になり、顧客

「コア技術＋顧客利益」が強い製品を生み出す

企業	コアとなる技術	顧客の利益	製品
ソニー（1950〜00年代）	電子+機械技術を統合した小型化技術	携帯性	携帯ラジオ、ウォークマン、ハンディカム
ホンダ（1970年代）	エンジン技術	省エネ、排ガス規制対応	初代シビック
シャープ（1970〜00年代）	液晶ディスプレイ技術	薄型化、小型化、省エネ	電卓、電子手帳ザウルス、液晶テレビ

この組み合わせがコア・コンピタンス → 競争力ある製品

※『コア・コンピタンス経営』より著者が作成

に「携帯性」という価値を提供した。そして携帯ラジオ・ウォークマン・ハンディカムなど、顧客をワクワクさせるような商品を数多く生み出した。

　ホンダのコア技術は「徹底的に究めたエンジン技術」だ。１９７０年代、日本と米国は大気汚染が深刻で、当時世界で一番厳しい排ガス規制を行っていた。そこでホンダはＣＶＣＣというエンジン技術により、省エネや排ガス規制に対応した初代シビックを生み出した。シビックは燃費もすぐれていたので、オイルショックでガソリン価格が上がったこともあり、世界的な大ヒット車になった。

　かつてのシャープのコア技術は、液晶技術だった。液晶技術により製品の小型化・省エネ化が可能になり、小型電卓、電子手帳ザウルス、液晶テレビなどを次々とヒットさせた。

　このようにコア・コンピタンスが、競争力ある製品を生み出す。

しかし10年単位で見ると、自社しか持っていなかったコア・コンピタンスが、他社も持っている単なる能力に変わることもある。

かつてソニーのコア・コンピタンスだった「小型化」と「携帯性」は、いまやアップルやサムソンなどのスマホメーカーも実現している。

誰も真似できないおいしい饅頭の餡も、いずれライバルたちが必ずそのおいしさに追いつく。**コア・コンピタンスも、時間をかけて常に磨き続ける一方で、常に新たなコア・コンピタンス（＝おいしい餡）も育てていく必要がある。**

コア・コンピタンスの見直しで復活した「ユニ・チャーム」

製品開発は、短距離リレーに似ている。速く市場に商品を出し続ける勝負だ。

一方でコア・コンピタンスをつくり上げる競争は、遠泳＋180km の自転車競争＋マラソンを組み合わせたトライアスロンのアイアンマンレースに似ている。様々な競技種目があるトライアスロンのように、コア・コンピタンスには様々な要素が複雑に絡み合う。これらを極め、焦らずじっくり育てていくことが必要だ。

しかし企業は、ともすると自分のコア・コンピタンスが見えないことも多い。

会社が危機を迎えたときこそ、コア・コンピタンスを見極めることがとても大切だ。

コア・コンピタンスを見極め、再成長を図る

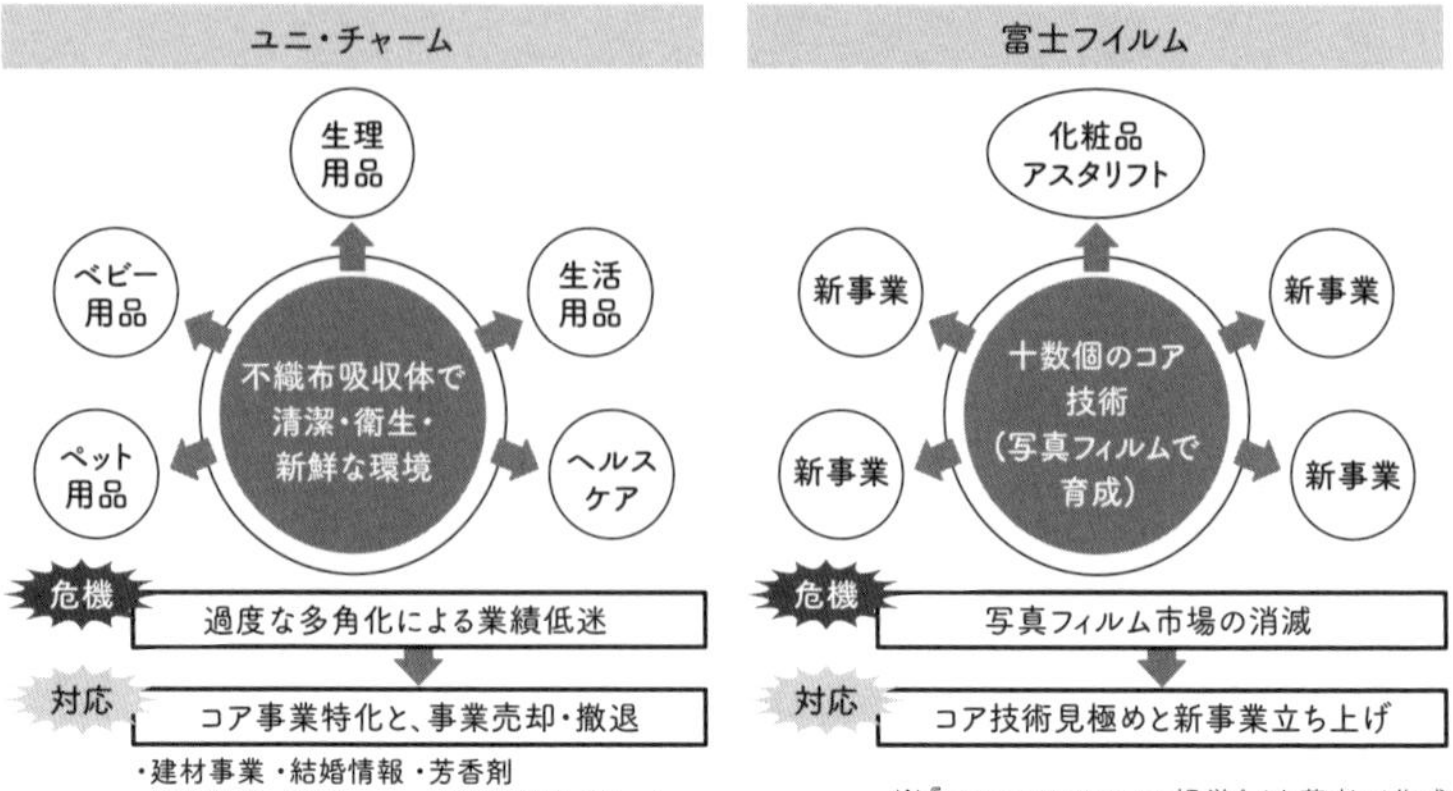

※『コア・コンピタンス経営』より著者が作成

コア・コンピタンス見直しを契機に、成長している日本企業もある。

ユニ・チャームは2002年に業績が低迷したとき、自社のコア・コンピタンスを徹底的に見極め、次のように定めた。

「不織布吸収体の加工・成形技術により、清潔・衛生・新鮮な快適環境を提供すること」

前半の「不織布吸収体の加工・成形技術」がコア技術。「清潔・衛生・新鮮な快適環境を提供」が顧客の利益だ。そしてコア・コンピタンスを活かせる5つの事業に集中し、コア・コンピタンスを活かせない事業は売却・撤退した。強みに特化したユニ・チャームは、その後グローバル企業へと成長した。

Book4『競争優位の終焉』とBook9『ダイナミック・ケイパビリティ戦略』でも紹介している、富士フイルムの事例も図示しているので参考にしてほしい。富士フイルムもコア・コンピタンスを

見直して復活した。

シャープは逆に、自らコア・コンピタンスを手放してしまった。

かつての勝ちパターンはコア技術である液晶技術を新製品につなげることだった。しかし液晶テレビが大きな売上を占めると、製品技術である液晶テレビへ重点投資し、コア技術への投資を怠った。液晶テレビが衰退し始めると、次の目玉商品を生み出せずに低迷し、今は海外企業の傘下で再建を目指している。


多くの日本企業が成功事例として取り上げられた本書の出版から、24年が経った。

その後、コア・コンピタンスを磨き上げ、あるいは見直し、成長する日本企業もある。

一方で自らの強みを見失って低迷を続けたり、破綻する日本企業もある。

多くの日本企業は「自社ならではの強み」を持っているが、「企業の強み」の構造を理解していないビジネスパーソンは少なくない。今こそ本書から、私たちが学べることは多いはずだ。

POINT

「コア技術×顧客利益」を考え抜き製品を生み出すことが成長のカギ

8

『企業戦略論』（ダイヤモンド社）

――会社の強みは、経営資源にある

ジェイ・B・バーニー

オハイオ州立大学経営学部フィッシャー・ビジネススクール企業戦略バンク・ワン・チェアーシップ教授。アメリカ経営戦略領域におけるリソース・ベースト・ビュー発展の原動力となった戦略理論家。ヒューレット・パッカード、テキサス・インスツルメンツ、アルコなど企業で戦略コンサルティングを行う。在職した3つの大学で計5回のティーチング・アウォードを受賞している教育者でもある。

ウチの近所はケーキ屋の激戦区だが、そんな中でも行列が絶えないケーキ屋がある。この店のケーキは、他のケーキ屋と比べても絶品だ。

小売業も激戦区だが、ドンキホーテは絶好調。

スマホ業界も激戦区だがアップルのｉＰｈｏｎｅは高くても売れている。新型が出ると他社に真似されるが、実際に使うと他社製品は「イマイチ違う……」と感じることも多い。

このようにどんなに競争が激しい業界でも、好業績の会社がある。

そこで、本書の著者バーニーはこう考えた。

「会社の業績は、業界の競争の激しさでなく、会社の経営資源で決まるのではないか？」

たとえば「日本車メーカー」とひと括りにされがちだが、効率を徹底的に究めるトヨタ生産方式も、ホンダのエンジン技術も、他社は簡単には真似できない。このように同じ業界でも、それぞれの会社は似ているようで、意外と違う。

企業は、真似されにくい独自の**経営資源（リソース）**を持っているのだ。

たとえば芸能事務所のジャニーズは数多くの人気タレントを抱えていて、タレントの育成ノウハウもあるし、芸能界への影響力も絶大だ。このように経営資源とは、企業が持つ人材・能力・スキル・ノウハウなどをまとめたものだ。

企業の競争力を考えるために経営資源に注目したのが、バーニーが提唱した「**リソース・ベースト・ビュー（RBV）**」である。「経営資源（リソース）に基づいた視点（ビュー）」という意味だ。

本書はRBVの観点で世の数多くの企業戦略論を統合して、上中下の全3巻で紹介している。ここでは、そもそもRBVが何かを中心に紹介したい。

企業の強みが分かる「VRIO」

RBVには**VRIO**というフレームワークがある。「ブリオ」と読む。ブリとかカツオのような魚のことではない。次の4つの問いの頭文字を取ったものだ。

❶価値（Value）があるか？

VRIOフレームワーク……それは、本当の強みか？

顧客の価値 (Value)	No	Yes	Yes	Yes	Yes
希少である (Rarity)		No	Yes	Yes	Yes
真似が難しい (Inimitability)			No	Yes	Yes
組織体制あり (Organization)				No	Yes

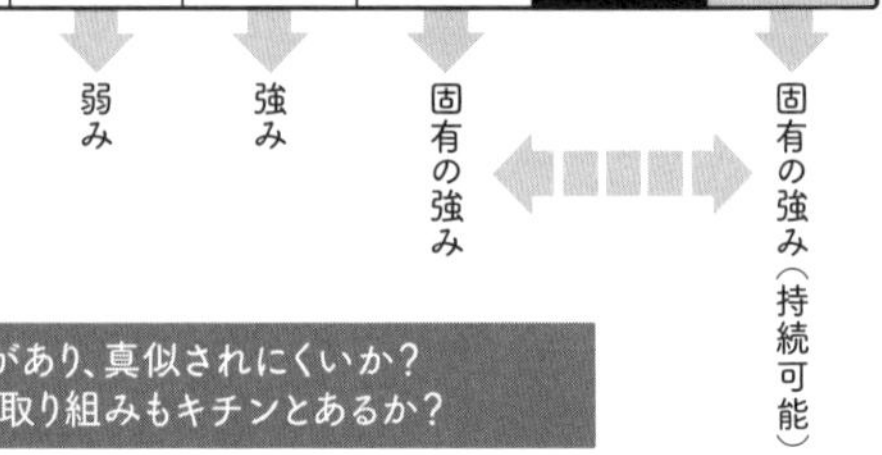

価値や希少性があり、真似されにくいか？
さらに、組織的な取り組みもキチンとあるか？

※『企業戦略論』より著者が作成

❷希少性（Rarity）があるか？
❸真似が難しい（Inimitability）か？
❹組織的（Organization）な仕組みがあるか？

「顧客にとって価値があり、希少性もあり、真似されにくく、組織的な取り組みもキチンとある」経営資源が、本当の企業の強みである、ということだ。

行列ができるケーキ屋を例に考えてみよう。

【❶価値】ビミョーな味のケーキ屋が「当店の強みは、おいしさです！」と言い張ってもダメ。顧客が「おいしい」と価値を感じることが出発点だ。

【❷希少性】顧客が価値を感じても、他社でもできれば「固有の強み」ではない。ケーキ屋の真の実力は、定番の「イチゴのショートケーキ」で分かる。この店のショートケーキは、見た目は普通だが、上品でしつこくない甘さのクリーム、極上のイチゴ、ふわふわなスポンジのバランスが絶妙だ。他店ではこんなケーキは食べられない。

【❸真似が難しい】「固有の強み」でも、模倣しやすければ、すぐに真似されてしまう。この店のショートケーキは、見た目は普通なのに、不思議と他店は真似できない。

【❹組織的な仕組み】 さらに組織的な仕組みもあれば、「持続可能で固有の強み」になる。この店はカリスマパティシエの指導の下で、スタッフがケーキづくりに勤《いそ》しんでいる。この組織的な仕組みがあるおかげで、おいしいケーキがつくられるのだ。

このように強みで大切なのは、「真似が難しいこと」だ。真似を難しくするには、いろいろな方法がある。特許で守る方法もあるし、組織独自の文化をつくる方法もある。他にターゲットの顧客に特化した様々な活動を密接に組み合わせる**「活動システム」**をつくり上げる方法もある。興味深いことにこの活動システムは、「企業の競争力は市場のポジションで決まる」と主張してRBVを批判してきたポーターがBook2『競争戦略論Ⅰ』で提唱したものだ。

おさらいすると、北海道のコンビニ業界第1位のセイコーマートが北海道に特化し様々な活動を組み合わせて、他社が真似できない圧倒的な強みを持つようになったのは、「活動システム」の一例だ。

本当の強みはひと目では見極められない

一方で強みを考える際には、よくある間違いもある。

その1つは、自分の強みを過小評価することだ。強みは自分にとっては「当たり前」で、自分では気づかないことも多い。こんな時、外部の意見が役立つ。

私は会社員時代、自分が考えた戦略を他の人に説明する機会が多かった。ある時「なぜ永井さんは、戦略を分かりやすく説明できるんですか?」と言われたことがある。自分では当たり前のことなのだが、これが自分の強みと初めて知ったのは、実はこの時だ。

もう1つの間違いは、逆に強みを過大評価することだ。たとえば「当社の強みは、社員が真面目で、スキルが高いこと」と考える会社は少なくない。しかしライバルも同じように考えている場合も多いし、これは客観的ではない。だからこれは強みではないのだ。

ところで先のケーキ屋は、ある時から徐々に行列が消えてしまった。

店が新オーナーに替わった。新オーナーが店をこっそり観察すると、カリスマパティシエは暇そうにしていて、ケーキを忙しくつくるのはスタッフだった。

新オーナーは「パティシエは仕事をしてないじゃないか。スタッフだけで十分だ」と怒り、パティシエをクビにしてしまった。

しかしパティシエはスタッフ教育や新メニューづくりに注力していて、日々のケーキづくりはスタッフに一任していたのである。パティシエを失った店はスタッフの退店が続き、次第に味が落ちていった。ケーキを楽しみにしていた私は、とても残念だった。

簡単で分かりやすい例を挙げたが、企業の本当の強みは、ひと目では見極められない。間違った判断をするマネジャーもいる。ジックリと観察し、関係者と話し合った上で考え続けることが大切だ。

また強みは永遠に続かない。Book7『コア・コンピタンス経営』で紹介した通り、ソニー独自の強みは「小型化技術による携帯性」だったが、アップルなどもできるようになり、固有の強みではなくなった。

多くの日本企業は、「自社ならではの強み」を持っている。

しかし気づかないことも多い。また強みと思っても賞味期限が切れていることもある。自社の強みを再確認する上で、本書は役立つはずだ。

POINT

真の強みには、①価値、②希少性、③真似されにくさ、④組織体制がある

9

『ダイナミック・ケイパビリティ戦略』（ダイヤモンド社）

――「新しい強み」をゼロからつくる必要はない

デビッド・J・ティース

ニュージーランド出身の経営学者。専攻は経営戦略論、イノベーション論、知財戦略など。カリフォルニア大学バークレー校ハース・ビジネススクール教授。グローバル・ビジネス分野における経営管理論を担当。同校のビジネス・イノベーション研究所のディレクターを務める。企業の理論、戦略経営、技術変化の経済学、知識経営、技術移転、反トラスト経済学およびイノベーションの大家として知られる。

「深夜残業するやつが偉い」「風邪で休む？　弱いなぁ」「家庭は犠牲にしろ」

私が若手の頃、モーレツ社員の常識だった。今なら時代錯誤もいいところだ。時代とともに、ビジネスパーソンに求められる強みも変わっているのだ。

企業も同じだ。今は絶好調でも、強みの賞味期限は必ず切れるし、賞味期限はどんどん短くなっている。必要なことは、常に「新しい強み」をつくり続けることだ。しかしゼロから強みをつくる必要はない。企業はすでに何らかの強みを持っているからだ。

Book1『新訂　競争の戦略』でポーターの「5つの力」を、Book8『企業戦略論』でバーニーの「RBV」を紹介した。ティースは「2つとも企業環境が安定していることが前提だ」と言う。

いまや環境は激変し続けている。そこで**ポーター流に環境変化を察知し、バーニー流に**

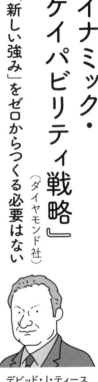

ダイナミック・ケイパビリティの3つの能力
（富士フイルムの場合）

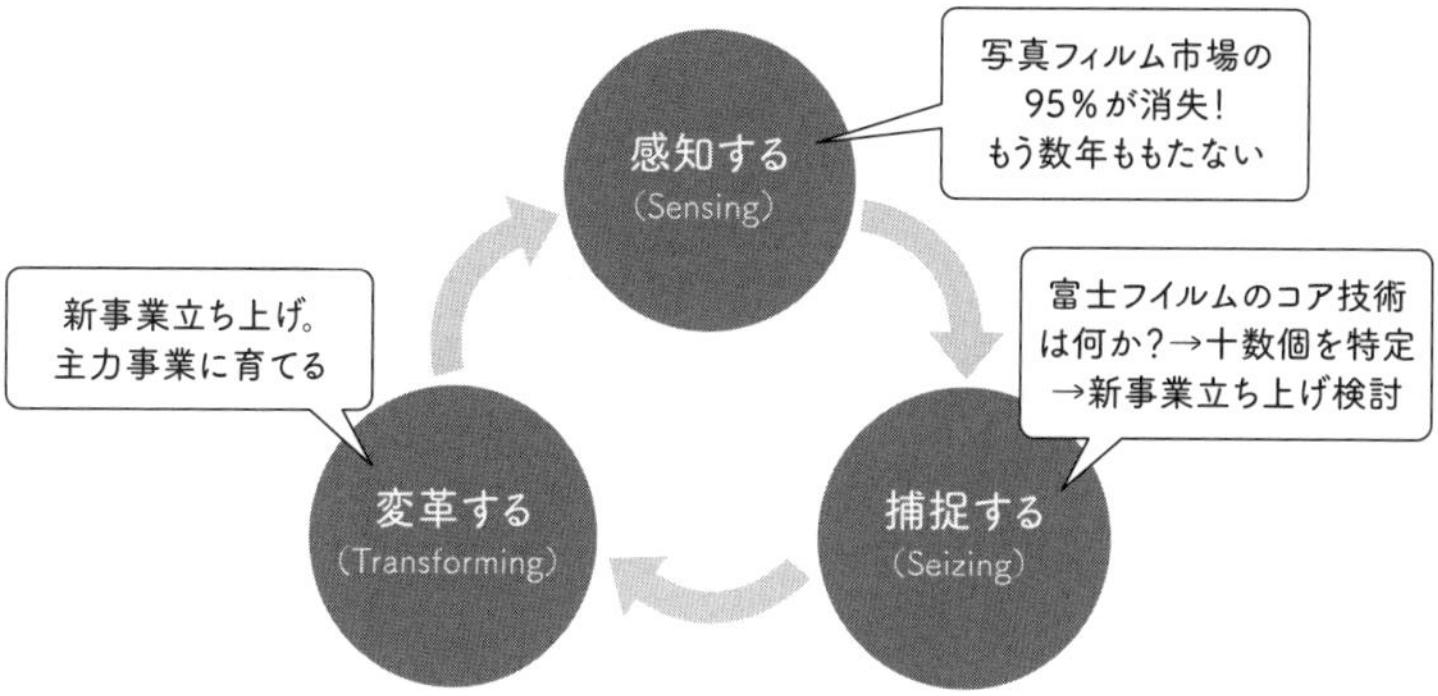

※『ダイナミック・ケイパビリティ戦略』より著者が作成

経営資源を認識して、動的（ダイナミック）に組み直そう、と考えるのがダイナミック・ケイパビリティだ。著者のティースが提唱し、注目を集めている理論である。

ダイナミック・ケイパビリティは、「**感知する**」「**捕捉する**」「**変革する**」という3つの能力から成り立っている。Book4『競争優位の終焉』でも紹介した富士フイルムをこの視点で改めて深掘りしてみよう。写真フィルム市場はデジカメ普及で消滅したが、富士フイルムは危機を乗り越えた。

能力1 感知する

環境の変化を感知する能力だ。

2000年、成長が続く富士フイルムは、売上の6割・利益の3分の2を写真フィルムで稼ぎ絶好調。しかしこの時、「写真フィルム市場は毎年2桁減が続き市場の95％が消滅する。数年ももたない」

という衝撃の調査結果が報告された。残された時間はない。即座に対応することになった。

能力2　捕捉する

変化をチャンスにするため、既存の経営資源を組み合わせ再利用する能力だ。

富士フイルムは、「自社の強みは何か?」を考え始めた。実は世界でカラー写真フィルムをつくれるのは数社だけだった。微細粒子を扱うナノテクノロジーなどの高度な技術が必須だったからだ。そこで自社が持つ十数個のコア技術を洗い出し、これらを組み合わせて新規事業を立ち上げることにした。

能力3　変革する

強みの新しい組み合わせにより、新たな競争優位性を確立する能力だ。

富士フイルムは、写真フィルムで培ったコア技術を活かし、新規事業を立ち上げた。アンチエイジング化粧品「アスタリフト」もその1つ。写真フィルムをつくるために必要なコラーゲンは肌の張りに必須だ。写真の色あせを防ぐ抗酸化技術は肌の老化防止に役立つ。ナノテクノロジーで成分を肌になじませることができる。アスタリフトはこの3つのコア技術を活かして生まれたものだ。他にも液晶保護フィルムなどの高機能材料など様々な事業を展開し、主力事業に育っている。

本書の冒頭で、著者のティースはこのように書いている。

「１９９０年代以降の日本経済の弱体化は、ダイナミック・ケイパビリティの弱さに起因する。……コンセンサス・マネジメントといった日本の会社に特有の価値は、おそらくビジョナリー・リーダーが新市場を創造する能力を制約してきたに違いない。……コンシューマ・プロダクトのブレイクスルーは、もはや数十年も前の過去の話となってしまった」

ティースの指摘の通り、１９９０年まで無敵だった日本企業の多くは、市場変化に対応できないまま、「失われた20年」と呼ばれる長期低迷を続けてきた。

しかし富士フイルムのように、突発的な危機にもリーダーシップを発揮して果敢に対応し、強みを組み替え、危機をチャンスに変えて成長した日本企業もある。

Ｂｏｏｋ10『知識創造企業』を書いた野中郁次郎は、本書で「ダイナミック・ケイパビリティこそ日本企業が強みを発揮できる理論である」と推薦の言葉を寄せている。

変わることを恐れなければ、日本企業は大きく成長できるのである。

POINT

変化を感知し、今の強みを組み直し、変革により「新たな強み」をつくれ

10

『知識創造企業』（東洋経済新報社）

――知識をつくり出すのは、中間管理職だ

野中郁次郎／竹内弘高

野中は一橋大学名誉教授。知識創造理論を世界に広めたナレッジマネジメントの権威。2017年カリフォルニア大学バークレー校ハース・ビジネススクールより「生涯功労賞」を受賞。竹内は一橋大学教授を経て、2010年からハーバード・ビジネス・スクール教授。HBS唯一の日本人教授。2人の共著である『知識創造企業』は全米出版社協会のベストブック・オブ・ザ・イヤー（経営分野）を受賞した。

泳ぐ方法は、言葉で説明されてもなかなか分からない。実際に水に入り息継ぎやバタ足を練習して、私たちは泳げるようになる。言葉にできない知識もある、ということだ。

この言葉にできない知識を「**暗黙知**」、言葉にできる知識を「**形式知**」という。

知識はまるで氷山のような構造だ。海の上に見える氷山の下に膨大な氷の塊があるように、言葉で伝わる形式知の下に言葉にできない膨大な暗黙知がある。

「知識社会」といわれる現代では、企業の中で生まれる「**知識**」が競争力を左右する。

しかし知識が企業の中でどのようにつくられるのか、よく分かっていなかった。

本書は日本企業の事例研究を通して「組織的な知識創造」を理論化し、世界に高く評価された。日本企業の成功は、組織的に知識を創造する仕組みを持っていたおかげなのだ。

SECIモデル：組織的知識創造のプロセス

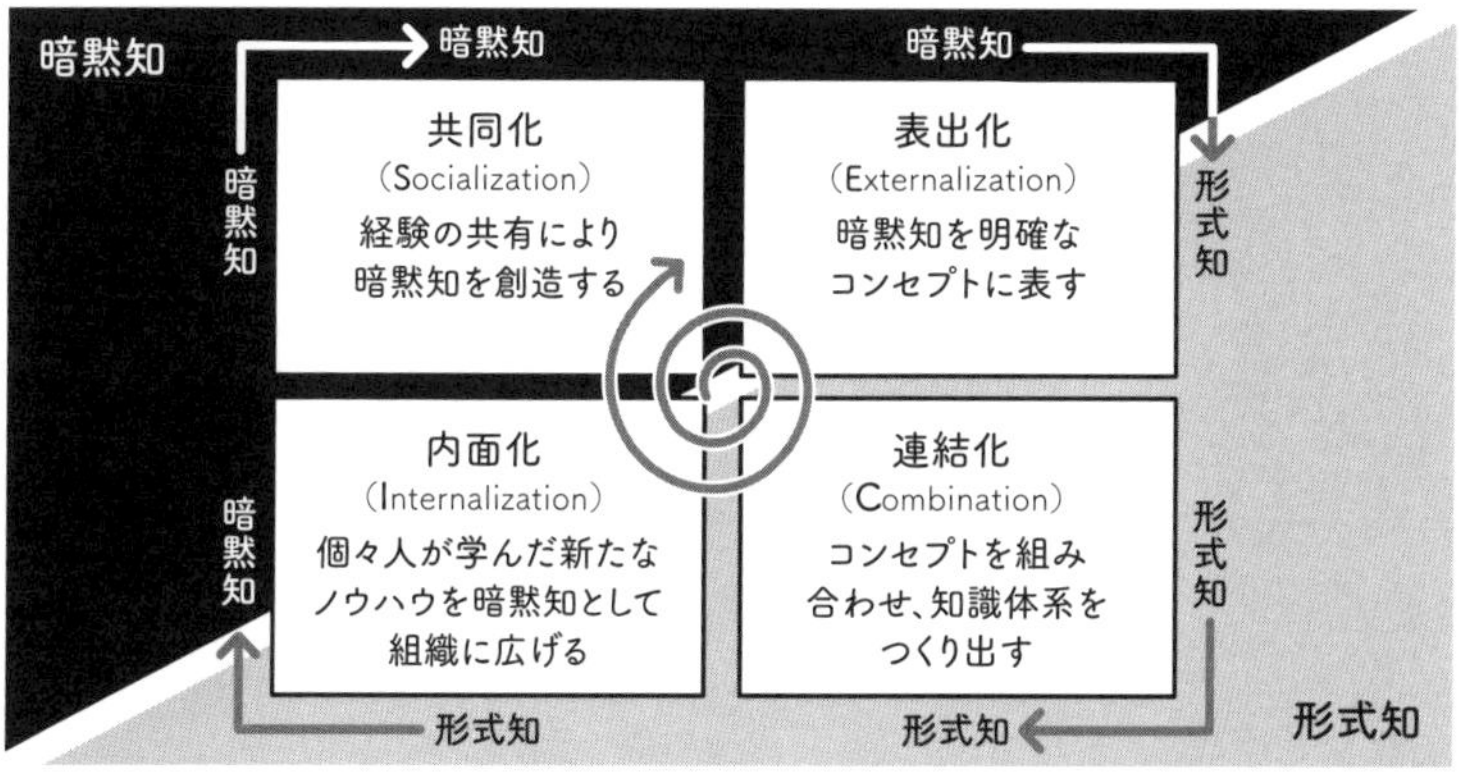

※『知識創造企業』より著者が作成

組織の中では、個人間で形式知と暗黙知を交換し合って知識がつくられる。

私が編集者と本の企画を考えるときも同じである。

「叩き台を考えました。どうでしょう？」

「うーん」「うーん」「ううーん」

編集者と唸りあい、対話を重ね、暗黙知と形式知が反応しあって、本の企画やアイデアが生まれる。

組織で知識が生まれる「SECI（セキ）モデル」

この、組織で知識が生まれる仕組みをモデル化したのが「SECI（セキ）モデル」だ。暗黙知と形式知が4フェーズで変換され、組織で知識が創造されていく。

1981年にホンダが発売した「シティ」を例に考えよう。当時は背が低くて平たい車が多かったが、シティは小さなエンジンを積み、コンパクトで背が高い独特なデザインで大ヒットした。

ホンダは「冒険しよう」というコンセプトで新しい車をつくることになり、若手技術者やデザイナーでチームを結成した。トップは「低価格だが安っぽくない、既存モデルと根本的に異なる車を開発しよう」と指示した。

・**共同化（暗黙知→暗黙知）**

個人同士で経験を共有し、新たな暗黙知を生む段階だ。

ホンダは「ワイガヤ」と呼ばれる手法で、個々のメンバーが持つ経験や暗黙知を徹底的に話し合い、問題意識を共有した。

・**表出化（暗黙知→形式知）**

暗黙知を明確なコンセプトに表現する段階だ。

「冒険しよう」というトップの方針を受け、リーダーの渡辺洋男が「クルマ進化論」という概念を考え出し、メンバーに「車が生命体ならどう進化するか？」と問いかけた。メンバーは議論を重ね「車は球体に進化する。全長が短く背が高い車は、軽くて値段が安く、居住性と頑丈さもすぐれるはずだ」と考えた。そして「マン・マキシマム、マシン・ミニマム」「トールボーイ」などのコンセプトが生まれた。

・連結化（形式知→形式知）

コンセプトを組み合わせ、知識体系をつくる段階だ。ホンダはコンセプト「トールボーイ」で、都市型カー「ホンダ・シティ」をつくり上げた。

・内面化（形式知→暗黙知）

個々人が学んだ暗黙知を組織に広げる段階だ。シティ開発メンバーは、その後、学んだ経験を様々なプロジェクトで活かすようになった。

このように知識を生み出すには、知識を共有する多様な場を社内に用意することだ。

ホンダでは、先にも紹介した「ワイガヤ」という手法がある。合宿で行う場合の参加者は7～8名。具体的なテーマを3日3晩、延々と議論し続ける。

初日は本音で意見を主張しあい、議論が白熱する。2日目には互いに意見を理解しようとし始める。3日目になると論理的な意見も出尽くしてくるが、そこでさらに初日の議論に立ち戻ると、さらに深く本質的な議論になり、創造的な新しい解決策に辿り着くという。

そして3日3晩の生きた時間を共有した参加メンバーは、その後もスムーズにコミュニケーションが取れるようになり、部門を超えた協業ができるようになる。

ミドルアップダウン・マネジメント

中間管理職はトップと現場の矛盾解消を通して、知識を生み出す

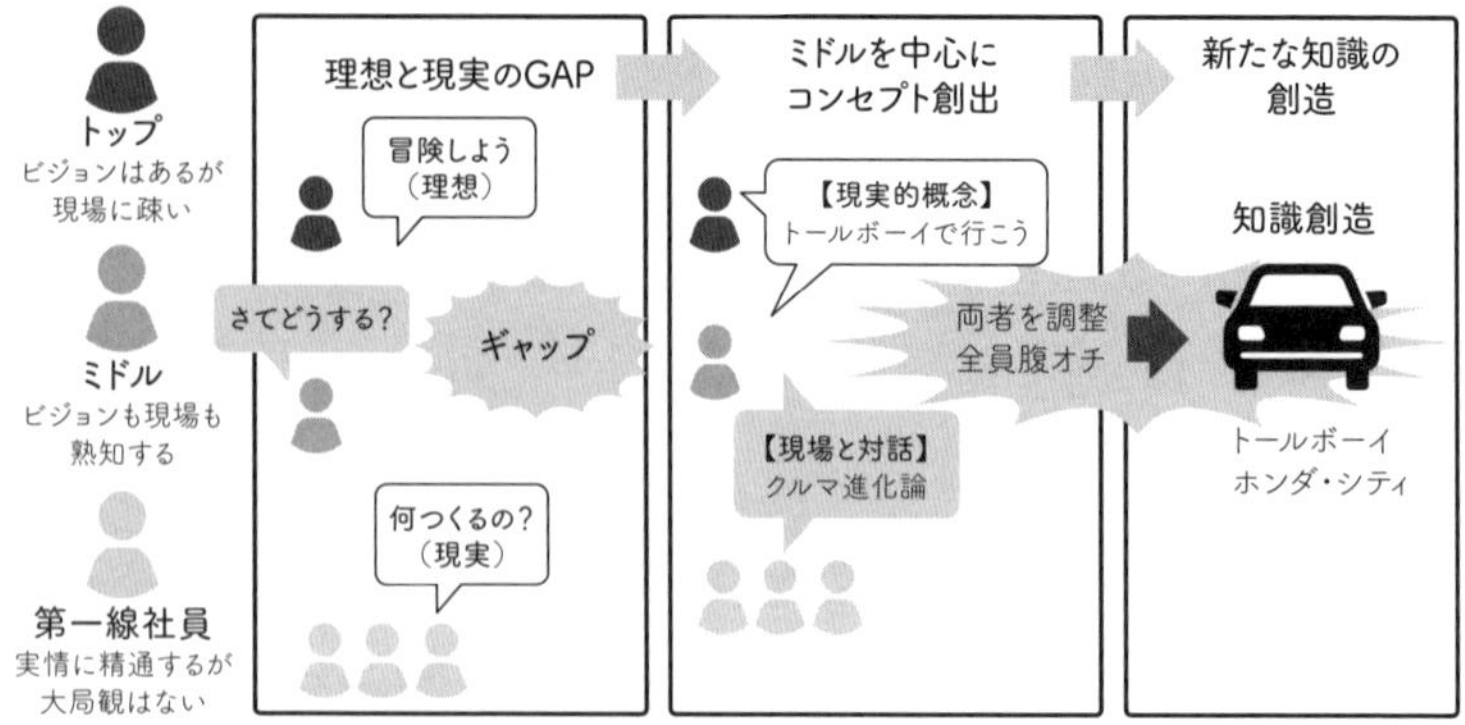

※『知識創造企業』より著者が作成

日本はミドルアップダウン型

企業の経営スタイルには、トップダウン型とボトムアップ型がある、といわれてきた。

トップダウン型の典型は、米国GE社だ。CEOのウェルチは「1位か2位でなければ撤退」と戦略を決め、戦略を実行させた。トップダウン型は強力なリーダーシップで戦略を現場に降ろすが、現場での暗黙知の成長は軽視しがちだ。

ボトムアップ型の典型は、米国3M社だ。3Mは社員の自律性を重視している。

3Mのポストイットは教会の聖歌隊にいた研究者が「楽譜に貼ったり、はがしたりできるしおりがほしい」と試作し、社内でサンプルを配って広がったものだ。

ボトムアップ型は社員が自律的に動き、現場の暗黙知を商品化するのが得意だ。しかし暗黙知は個人

に留まっている。暗黙知を全社に広げるのも難しい。

これら2つのモデルの弱点は、ミドルマネジャーの役割が評価されていないことだ。知識をつくる役割は、トップダウン型ではトップが、ボトムアップ型では現場の個人が、それぞれ担っている。

日本企業は**ミドルアップダウン・マネジメント**だ。

「中間管理職は上から怒られ、下から突き上げられる」といわれるが、実はそれが大事なのだ。中間管理職がトップの理想と現場が抱える現実の矛盾を解消することで、組織で知識が創造されていく。

ホンダは「冒険しよう」というトップ方針を受けてリーダーが現場と対話を繰り返し、「クルマ進化論」「トールボーイ」というコンセプトを生み出した。リーダーは「理想と現実の大きなギャップのおかげで成功した。クルマはどうあるべきかを考え新技術やコンセプトをつくり出せた」と述べている。

今こそ求められる「知識の創造」

組織の知識創造の仕組みを世界で初めて解き明かした本書は世界に大きな影響を与えた。

一方で、著者の野中郁次郎はあとがきで「日本企業は、各部署では知識創造をしているが、企業全体として取り組みがない」として、日本企業の課題を指摘している。今の日本企業は、ともすると話し合いが目的化してダラダラと会議し、生産性がとても悪い。**議論の目的は「知識の創造」だ**。野中郁次郎の指摘の意味を、今こそ考えたい。

いまや成長する海外のグローバル企業は、組織的な知識創造を重視している。グーグルは、オフィスに社員が集まり飲食をともにして情報共有する環境を整えている。ネットだけで業務が進むデジタル時代こそ、直接人が触れ合うことで生まれる知識が重要だと、グーグルは分かっているのだ。おそらく本書の間接的な影響も大きいだろう。

現代ほど新たな知識の創出が求められている時代はない。

戦略的に組織的な知識創造を考え直す上で、今こそ本書は大いに役立つはずだ。

POINT

ミドルこそがヒーロー。知識を組織的に生み出す仕組みを再びつくり出せ

第2章

「顧客」と「イノベーション」

顧客はビジネスにとって最も大切な資産だ。
しかし顧客にもいろいろある。
自分たちにとって、誰が顧客なのか?
顧客は、どのように振る舞うか?
顧客は、どうすれば商品・サービスを買うのか?
まずは理解することが必要だ。
実はイノベーションも、まずは顧客ありきなのだ。
そこで顧客を理解するための名著6冊を紹介する。

11

『顧客ロイヤルティのマネジメント』（ダイヤモンド社）

——新規開拓よりも、今の顧客

フレデリック・F・ライクヘルド

ベイン・アンド・カンパニー名誉ディレクター。ハーバード大学卒業後、ハーバード・ビジネス・スクールにてMBA取得。ベイン・アンド・カンパニーディレクターを経て現職。顧客ロイヤルティに関するビジネス戦略の第一人者であり、企業で広く使われているNPSの創業者でもある。"Consulting Magazine"は2003年に彼を「世界のトップ25コンサルタント」に選んでいる。

「購入いただければ、私が責任を持ってサポートさせていただきます」

熱心な営業だったが、買った途端に音沙汰がなくなった。新規営業に忙しいようだ。（あれ？　責任を持ってサポートするって、何だったたの？）

新規顧客の開拓に忙しい営業は、実に多い。

たしかに新しい顧客を見つけることも大切だが、もっと大切なのは今の顧客を大切にすることだ。単なる道徳観とか精神論の話ではない。ビジネスの話である。今の顧客を大切にすれば、売上も利益も大きくアップするからだ。本書はその仕組みを教えてくれる。

基本となるのが「**顧客維持率**」の考え方だ。これは今の顧客のうち、1年後も取引がある顧客の比率だ。顧客維持率が高いと、顧客が買い続ける期間も長くなる。

顧客維持率が高いと、多くの顧客が長期間買い続ける

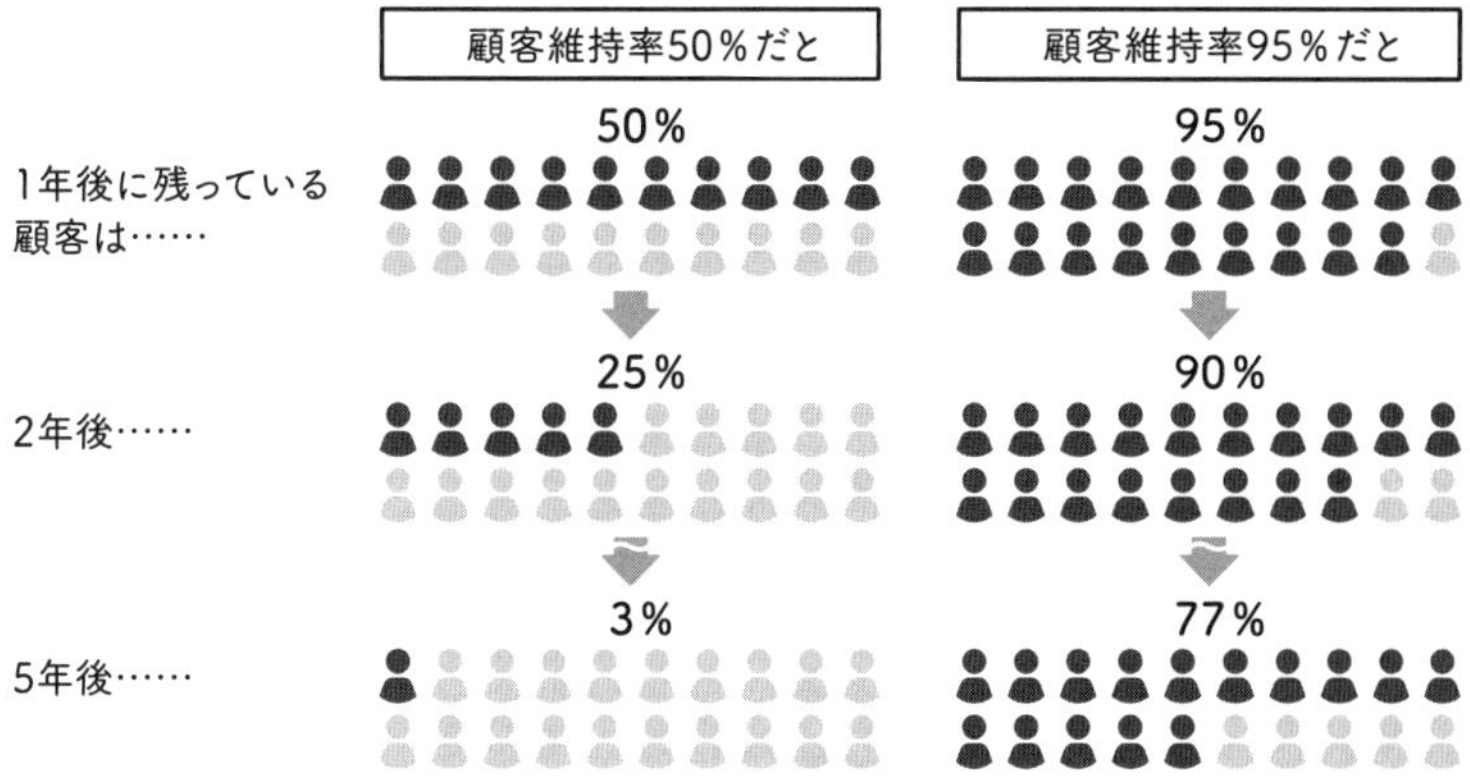

※『顧客ロイヤルティのマネジメント』より著者が作成

図のように、顧客維持率50％だと顧客は毎年半分ずつ減り続け、2年後に4分の1、5年後はたった3％しか残らない。

顧客維持率95％だと、顧客は毎年5％しか減らない。顧客数は1年後には95％、2年後は90％、5年後でも77％が残っている。

顧客が長く買い続ければ長い目で見てその顧客からの売上も増えていく。今の顧客を放置して新規顧客開拓ばかりやるのは、実にもったいないことだ。

栓をせずに風呂にお湯を入れ続けると、お湯は抜ける一方で溜まらない。同じように顧客を放置して新規顧客獲得している間に、大切な今の顧客は離れている。今の顧客を大切にすることが必要なのだ。

「顧客ロイヤルティ」が莫大な利益につながる

今の顧客を大切にするにはどうすればいいのか？

ここで必要なのが**「顧客ロイヤルティ」**という考

え方だ。ロイヤルティとは「絆」という意味。「顧客ロイヤルティ」とは「顧客との絆」のことだ。

「顧客」と一言でいうが、顧客ロイヤルティで見ると顧客にはいろいろある。大きく分けると、買う前の「**見込客**」。初めて買った「**新規顧客**」。繰り返し買う「**得意客**」だ。

「ディズニーランド命」である知人のキョーコさんの場合。

キョーコさんは、子供の頃にディズニーランドのCMを見て、「いつか行きたいなぁ」と思っていたという。この段階で、ディズニーランドから見ると「見込客」だ。

高校生の時、親友と一緒に初めてディズニーランドに行った。「まるで夢の世界！」と感激したという。キョーコさんは「新規顧客」になった。

その後キョーコさんはリピーターになり、年間パスポートで月に2回行くようになった。彼女が「ディズニー生活」というブログを始めると大人気。ブログを見てディズニーランドのリピーターになった人も多いという。ここまでくると立派な「得意客」だ。

このように「見込客→新規顧客→得意客」となることで、顧客ロイヤルティが高まっていく。顧客ロイヤルティが高い顧客は、莫大な売上と利益を企業にもたらす。

長い目で見て顧客が企業にもたらす価値のことを「**顧客生涯価値**」という。図は、顧客ロイヤルティが高い顧客の顧客生涯価値が高くなる仕組みを解き明かしたものだ。

顧客ロイヤルティが高い顧客は、顧客生涯価値も高くなる

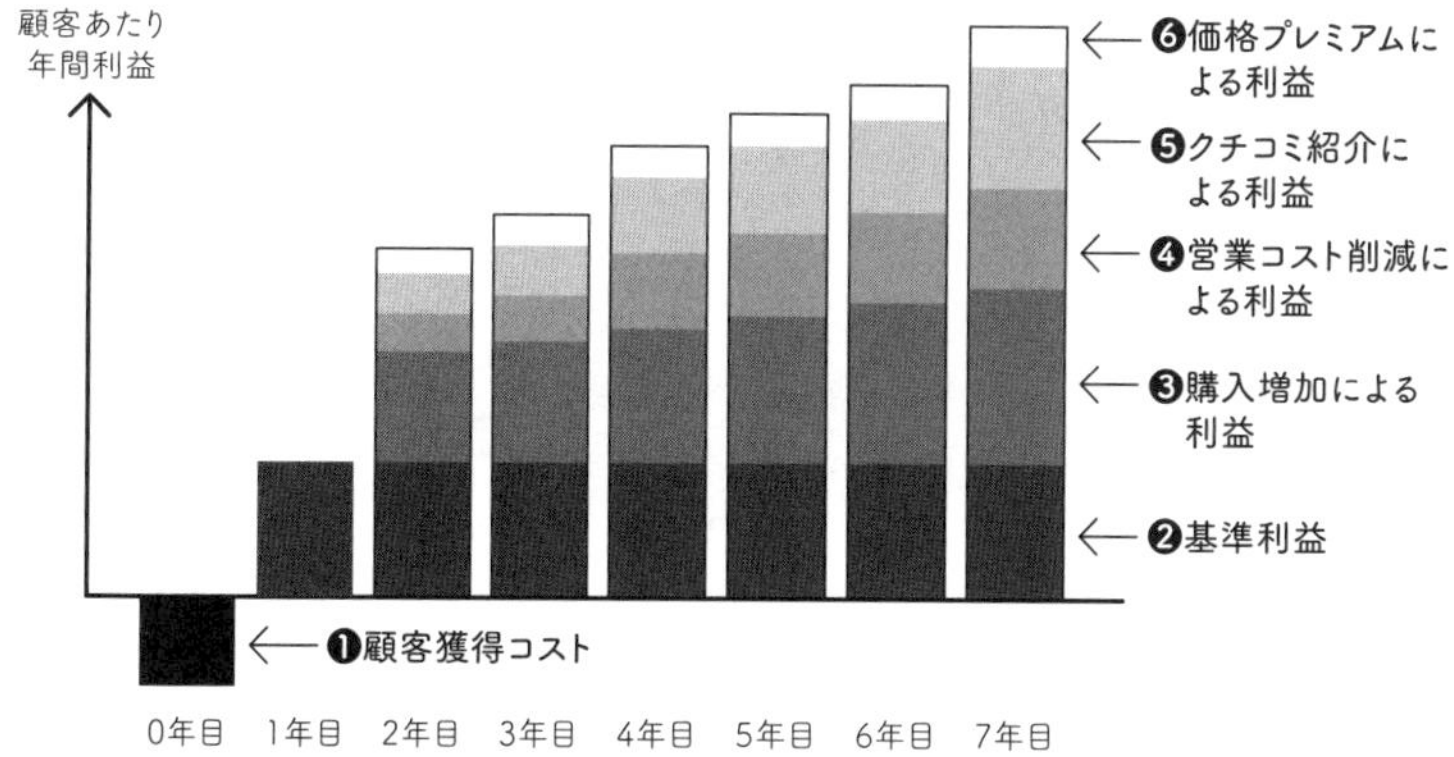

出典：『顧客ロイヤルティのマネジメント』

キョーコさんの場合、こうなる。

【❶顧客獲得コスト】 顧客を獲得するにはお金がかかる。ディズニーランドも広告などにお金をかけている。キョーコさんは子供の頃に見たCMのおかげでディズニーに興味を持つようになった。

【❷基準利益】 キョーコさんが入場チケットを買うことで、ディズニーは利益が得られる。

【❸購入増加による利益】 ディズニーランドの平均滞在時間は9時間だという。実はディズニーランドでは、入場やアトラクションチケット売上よりも、グッズ販売や飲食の売上のほうが多い。長時間滞在して満足した顧客ほど、様々な商品を買う。

【❹営業コスト削減による利益】 キョーコさんのようなリピーターは、ディズニーでどこに何があるかを熟知している。スタッフの手間がかからないので、会社側のコストは減る。売上は変わらないので、利益は増える。

【❺クチコミ紹介による利益】 キョーコさんのようなディズニーランド命の顧客は、他人に熱心に勧めたり、知人を連れてきたりする。

【❻価格プレミアムによる利益】 少々高くても、価格を気にしなくなる。

ディズニーランド来場者の98％はリピーターだという。ディズニーランドは顧客を裏切らないように、常に新しい「夢の空間体験」ができるように努力している。

「社員ロイヤルティ」を高める方法

ところで、ここで1つ疑問が出てくる。

「そもそも最重要視すべきは、顧客なのか？」

実は本書は、「一番大切にすべきは顧客である」とは言っていない。「**社員ロイヤルティ**」も大事だとしている。

ディズニーランドのスタッフは誰もが心からの笑顔だ。サービス業では仕事にやりがいを持つ満足度が高いスタッフが、高い顧客満足を生み出す。ディズニーランドも、スタッフの満足度を高めるために価値観の徹底共有など、様々なことをしている。

そしてBook33『ビジョナリー・カンパニー』でも紹介するように、ディズニーランドは価値観を共有するためのカルトのような文化を持ち、維持し続けている。

1996年出版の本書は社会に大きな影響をもたらした。ポイントカードやマイレージプログラム、コールセンターなどは顧客ロイヤルティの考え方が基である。最先端のIT企業でも実践されている。**ネットフリックスやアマゾンのような海外クラウド業者は、顧客ロイヤルティを最も重要視し、日々の業務で顧客維持率を常にチェックして、必要な対策を取っている。**その結果、劇的に売上を拡大させている。

低収益に苦しむ企業はこの仕組みを理解せず、新規顧客開拓が大事と考え、消耗戦を繰り返しているところが少なくない。「新規顧客開拓が一番大事」と思っている人こそ、本書に目を通して考えていただくと、新たな可能性が見えてくるはずだ。

POINT

顧客ロイヤルティの仕組みを理解して、顧客生涯価値を最大化せよ

12

『ネット・プロモーター経営』（プレジデント社）

――顧客に聞くべき、たった1つの質問

フレデリック・F・ライクヘルド

ベイン・アンド・カンパニー名誉ディレクター。ハーバード大学卒業後、ハーバード・ビジネス・スクールにてMBA取得。ベイン・アンド・カンパニーディレクターを経て現職。顧客ロイヤルティに関するビジネス戦略の第一人者であり、企業で広く使われているNPSの創業者でもある。"Consulting Magazine" は2003年に彼を「世界のトップ25コンサルタント」に選んでいる。

ある日、私はネット版英字新聞を購読することにした。申し込みは簡単だった。1年後。読まない日が続いたので解約することにしたが、解約方法が分からない。やっと電話先を見つけ出して電話すると、英語の音声案内。すぐ電話を切ってしまった。しかし他には方法がない。再度電話したら、今度は外国人オペレータが登場。英語でやり取りし、やっと解約。周りに聞いたら「解約が面倒で続けている」という人が多数いた。数カ月後、この会社から顧客アンケートが届いた。100個の質問が延々と続いている。「なんか、ちょっと違う気がするんだけどなぁ……」思わず頭を抱えた。

Book11『顧客ロイヤルティのマネジメント』で紹介したように顧客を維持することは大切だが、顧客が解約せずに売上があっても、「よい売上」と「悪い売上」がある。

よい売上は、満足した顧客が繰り返し買う。結果、売上は継続的に成長していく。悪い売上は、不満な顧客が仕方なく買う。そして他によいサービスが現れると破綻する。

米国でオンラインサービスを提供していたAOLは、解約が難しいことで有名だった。2000年の企業価値は20兆円だったが、高速オンラインサービスを提供するライバルが現れると顧客は徐々に離れ、9年後には企業価値は20分の1に縮小してしまった。

顧客ロイヤルティを把握した上で、正しく対応することが必要だ。

本書は『顧客ロイヤルティのマネジメント』の著者ライクヘルドが、顧客ロイヤルティを具体的に把握する**NPS**という方法論を提唱した一冊である。いまやNPSはグローバル企業で多く使われるようになっているので、紹介したい。

「顧客満足度調査」は何のため？

顧客満足度を把握するためによく行われているのが、顧客満足を100点満点で把握する**「顧客満足度調査」**だ。しかし現実には、会社ではこんな場面も多い。

「結果は満足度80点だけど、これっていいの？　悪いの？　何やればいいの？」

「そういえばこの前は100点近かったけど、なんで売上が下がっているの？」

顧客満足度の数字だけでは、具体的に何をすればいいのか分からないのである。

そこでライクヘルドが試行錯誤の末に考え出したのが、「ネットプロモータースコア」

顧客満足度調査とNPSの違い

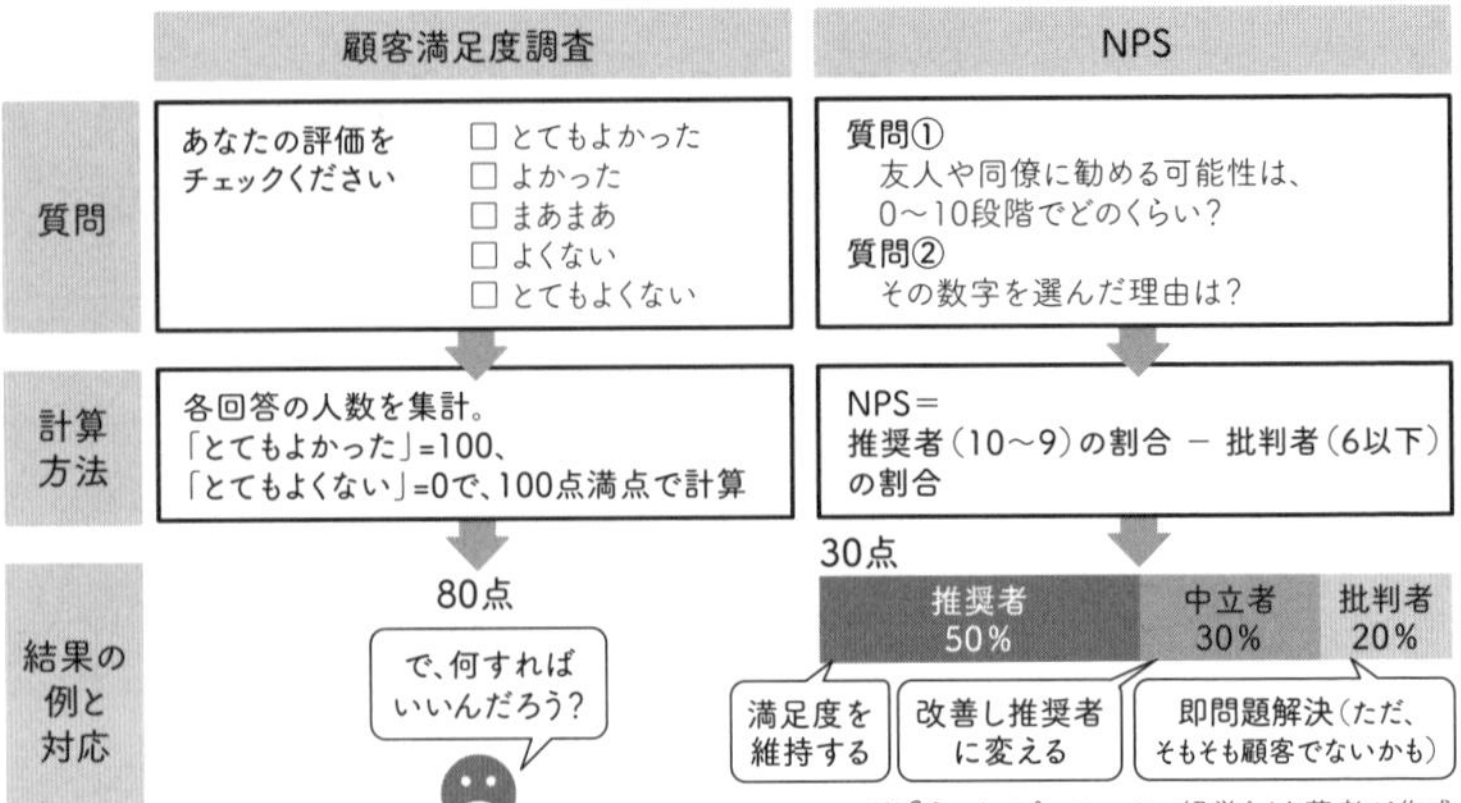

※『ネット・プロモーター経営』より著者が作成

（以下、NPS）だ。次の2つの質問をする。

Q1：当社を友人や同僚に勧める可能性は、0〜10段階でどのくらいありますか？

Q2：その数字を選んだ理由をお教えください

どの回答かで、回答者が次のいずれかが分かる。

【推奨者（10〜9）】 群を抜いて再購入率が高い。さらに他の人たちに商品を勧めてくれるので、口コミを通じて商品が広がっていく。

【中立者（8〜7）】 再購入率は推奨者よりも低い。それなりに満足しているが、他人には勧めない。

【批判者（6以下）】 再購入率はとても低く、他の人が購入するのを妨げる。悪いウワサと否定的な口コミの源。今ではSNSで1万人に広がることもあるので怖い存在だ（「真ん中の6点で批判者は厳しいのでは？」という人が多いが、実際に6点で批判口コミが多いことが裏付けられている）。

NPSとビジネスは、相関関係がある

NPSが高い事業部は、シェアも伸ばしている

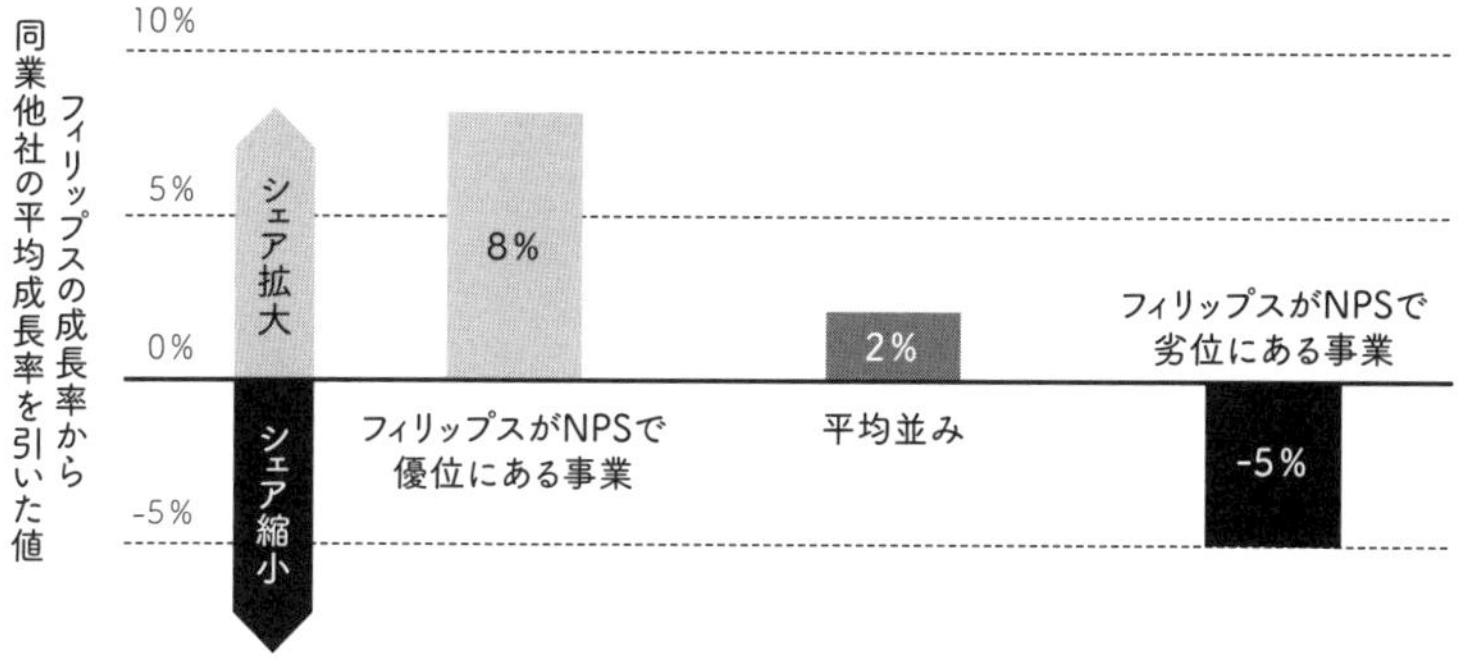

出典:『ネット・プロモーター経営』

その上で、次の式でNPSのスコアを計算する。

NPS=推奨者の割合-批判者の割合

顧客満足度調査とNPSの違いは右図の通りだ。顧客満足度調査では数字が出ても対応策が明確ではないが、NPSでは対応は明確だ。推奨者を増やし中立者と批判者を減らせばいい。批判者の不満をどうしても解決できない場合、彼らをそもそも自社の顧客にすべきなのかを検討することも必要だ。

NPSが上がれば、売上も上がる。オランダのフィリップス社には、多くの事業部がある。ライバルよりもNPSが高い事業部は、その市場でシェアを伸ばしている。一方でライバルよりもNPSが低い事業部は、シェアを減らしている。

NPSの勘所は、いくつかある。

ポイント1 数字はありのままを把握する

ＮＰＳの見かけのスコアを良くしてもまったく意味はない。顧客の実態をありのまま把握し、対策を取ることが大切だ。

日本マクドナルドはクーポンアプリＫＯＤＯで来店客のＮＰＳを把握し、店舗に結果をすべて公開して、「店の成績評価には一切使わない。顧客のコメントを見て改善できるところはすぐ改善してください」と伝えているという。

ポイント2 **回答率を高めることが大切**

何か不愉快なことがあると、アンケートを求められても「二度と買わない」と思って答えなかった経験はないだろうか？　回答しない人には、中立者と批判者が多いのである。

ある企業のＮＰＳは、回答率20％でプラス50。まずまずの数字に見えるが、残り80％の購買行動を調べた結果、批判者が多くＮＰＳはマイナス40。実態はとても悪かったのだ。

ＮＰＳの回答率が低い場合は、なんらかの問題があると考え、その後の顧客行動を追跡調査するなどの対応を考える必要がある。

ポイント3 **設問数は絞る**

設問数はできる限り減らし、顧客が回答する負担を減らすことが必要だ。不満な顧客は質問数が多いとますます回答しなくなり、顧客の実態を把握できない。

ポイント4 継続性が大事

ＮＰＳにより常に顧客の実態を把握し、課題を探り改善を継続することが、顧客ロイヤルティを高めることにつながっていく。

ある会社では、批判者の顧客がいると、即座に責任者が直接出向き、何が悪かったのかを聞き届け、改善を約束することが当たり前になっている。会社の仕組みに、顧客から学び改善し続ける活動を組み込むことも必要だ。

ＮＰＳも万能ではない。他人に勧めたくないシークレットシューズのような商品では、ＮＰＳで顧客ロイヤルティは把握できないので、顧客満足度調査のほうが有効だ。

現実には「当社は顧客中心主義だ」という企業でも、顧客の状況が見える化できていないケースは決して少なくない。しかし把握できないものは、そもそも改善しようがない。

本書は顧客ロイヤルティを見える化し、具体的に高める方法を教えてくれる。「顧客中心主義を実現したい」と考えるビジネスパーソンは、ぜひ参考にしてほしい。

POINT

顧客ロイヤルティを見える化し、推奨者を増やして批判者を減らせ

13 『キャズム Ver.2』（翔泳社）

――顧客が新商品を買わない本当の理由

ジェフリー・ムーア

破壊的テクノロジーがビジネスと組織運営に与える影響と企業がとるべき戦略をテーマに、著述と講演を続け、スタートアップと大企業の双方に助言をしている。複数のベンチャーキャピタルを支援するとともに、コンサルティングやトレーニングを手がけるキャズムインスティチュート、キャズムグループ、TCG アドバイザーズの名誉会長を務める。

私がＩＢＭ時代に企業向け製品を企画した時のこと。販売が始まったが売れない。「企画した張本人が売ってこい」ということで、私は製品セールス担当になった。営業の日々が続いたが、９割の顧客はなかなか新商品を買わない。しかし中にはアッサリ即決する顧客が１割いた。彼らは商品を徹底的に使い込んで成果をあげていた。

当時、私は「お客さんもいろいろだな」と思ったが、数年後に読んだ本書でこの理由が鮮やかに解説されていて、感動したことをよく覚えている。本書はコンサルタントのムーアが新商品を普及させる方法をまとめたハイテク・マーケティングのバイブルだ。

ここであなたに質問がある。「あなたは、電気自動車をいつ買いますか？」

この回答で、新商品の普及段階を示した**テクノロジー・ライフサイクル**の図上で、あな

テクノロジー・ライフサイクルとキャズム

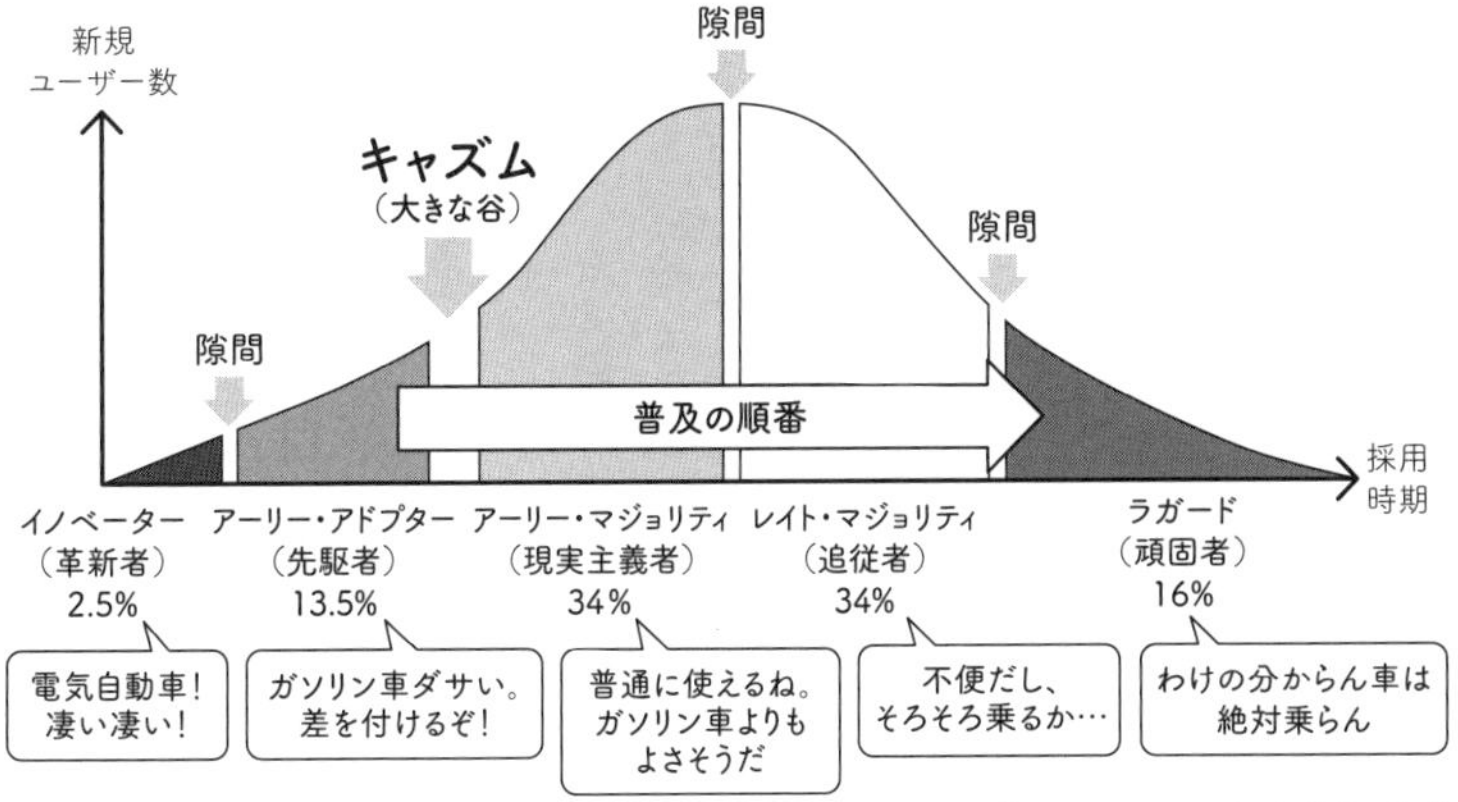

※『キャズム Ver.2』より著者が作成

たがどこにいるのかが分かる。

「わけの分からない車には、絶対乗らない」人は、新しいテクノロジーに興味を示さない「**ラガード**」、頑固者である。

「今のガソリン車が不便になったら買う」人は、「**レイト・マジョリティ**」、追従者だ。

「電気自動車用の充電ステーションが街中にできれば買う」人は、「**アーリー・マジョリティ**」、現実主義者だ。

「誰も乗っていない時に買う」人たちは「**イノベーター**」（革新者）と「**アーリー・アドプター**」（先駆者）だ。

それぞれの比率は決まっていて図のようになる。

冒頭で私が売り込んだ顧客のうち、なかなか買わなかったのはアーリー・マジョリティ以降の顧客で、全体の84％もいる。購入を即決し使い込んだのは、イノベーターとアーリー・アドプターでたった

16%。だから新商品がなかなか売れなかったのだ。

顧客がこの順でスムーズに買ってくれれば、新商品販売は苦労しない。しかし現実は甘くない。各グループの間に隙間がある。ここに落ちると商品はその先には普及せず、ジ・エンドだ。一番大きな隙間は、アーリー・アドプターとアーリー・マジョリティの間にある。これが本書のタイトルでもある「**キャズム**」だ。「大きな谷」という意味だ。

キャズムを越えるために必要な2つのこと

キャズムがあるのは、アーリー・アドプターとアーリー・マジョリティとでは考え方と行動が正反対だからだ。

アーリー・アドプターはリスクを好む。「誰も乗っていないから、差を付けられる」と考え、自分が納得すれば自宅に充電ステーションをつくってでも電気自動車を買う。

アーリー・マジョリティは、逆にリスクが大嫌いだ。「電気自動車は危険かもしれない。それに駐車場や普通のガソリンスタンドで充電できないのは不便」と考える。電気自動車が安全と分かり、電気自動車用サービスが充実してから、やっと検討を始める。

新商品普及にはこのキャズムを越えることが必須だ。そのために必要なことが2つある。

まず「**ホールプロダクト**」(whole product)を用意することだ。「すべてを提供する製品」という意味で、顧客が必要とするすべての商品やサービスのことだ。

電気自動車を買っても、それだけでは使えない。ガソリンスタンドや自宅の駐車場でも充電でき、街の自動車整備工場でも整備や修理ができ、イエローハットで専用パーツも買え、電気自動車を使うための講習会も必要だ。これら全体が、ホールプロダクトだ。

アーリー・アドプターはホールプロダクトがなくても自分で何とかしてしまう。独力で自宅に充電ステーションをつくったりする。

しかしアーリー・マジョリティは面倒なことはやらない。しかもアーリー・マジョリティ以降の顧客は全体の84％。ホールプロダクトがない限り本格的に普及しないのだ。

キャズムを越えるためにもう1つ必要なものは、**他のアーリー・マジョリティの事例**だ。

アーリー・マジョリティに「ヤマダ様はご自分で充電ステーションをつくって、電気自動車の生活を楽しんでおられますよ」と紹介しても、「自分はそんなことまでして乗りたくないから……」とまったく興味を示さない。自分と同じタイプのアーリー・マジョリティが使うのを見て、初めて購入を考え始める。

しかしアーリー・マジョリティはリスクを嫌うので、そもそも最初のユーザーになりたがらない。まさにジレンマである。だからキャズムという大きな谷ができるのだ。

そこで必要なのは、アーリー・マジョリティのユーザー事例をつくることだ。

しかし幅広くアーリー・マジョリティを攻めてもダメだ。絞り込みが必要になる。

75の業務を2分野に絞り込んだ「ドキュメンタム」

参考になるのが、企業向け文書管理システムを開発・販売するドキュメンタムの挑戦だ。

ドキュメンタムは、企業向けに設計図面や契約文書といった様々な業務の文書を管理するシステムを開発・提供していた。最初の頃は、アーリー・アドプターが採用して大きく成長した。しかし数年後、キャズムの直前まで来て成長が止まった。

そこで75まで広げた顧客の業務分野を、思い切って2分野に絞り込んだ。

その1つが、製薬会社の新薬認可申請業務だ。

製薬会社は、新薬認可申請業務で「大きな痛み」を抱えていた。申請書類だけで25〜50万ページ（提出書類である。準備書類はもっと多い）。膨大なデータを調べた上で書類をつくる必要があるので、1日1億円の費用と数カ月間もの時間が必要だった。さらに申請が遅れると、その期間の新薬特許収入も失われる。

担当役員は、「お金はかかってもいいから、業務をなんとか簡単・迅速にしたい」。

そこでドキュメンタムはこの製薬会社の新薬認可の申請業務に徹底的に集中し、専用システムをつくって大きな成果をあげた。その後、製薬業界トップ40社中30社が採用、製薬業界ではキャズムを一気に越えた。

さらに同じ課題を持つ製造や金融などの業界にも広げていった。

CEOは「2分野への絞り込みはリスクがあったのでは？」と質問されこう答えている。

「たしかに大きなリスクだったが、より大きなリスクは75分野のまま絞り込まないことだ」

絞り込まないと、どの業界もキャズム越えできず、いずれ会社は行き詰まったはずだ。

このようにキャズムを越えるには、「顧客の痛みの大きさ」を基準にして市場を徹底的に小さく絞り込むことだ。そしてその痛みを解決し、その小さな市場のすべてのアーリー・マジョリティを取り込み、市場を制覇する。さらにその経験と実績を活かし、他市場に広げていく。

日本企業は技術はすぐれているが、顧客を攻略する戦略が欠けている場合が多い。だからいい技術を持っていても市場になかなか普及しない。もったいないことだ。

キャズム理論を正しく理解してビジネスに取り入れ、現時点のターゲット顧客と顧客の痛みを見極め、商品を広げていけば、新商品が成功する可能性は格段に高まる。

「新商品を本格的に普及させたい」と考えている人は、ぜひ本書を一読してほしい。

POINT

「痛み」を持つ顧客に絞り込みキャズムを越え、大きく成長しよう

14

『イノベーションのジレンマ』（翔泳社）

――「こんなのオモチャ」に負けるのはなぜ？

クレイトン・クリステンセン

ハーバード・ビジネス・スクール教授。「破壊的イノベーション」の理論を確立させた、企業におけるイノベーション研究の第一人者。ハーバード・ビジネス・レビュー誌の年間最優秀記事に贈られるマッキンゼー賞を5回受賞。イノベーションに特化した経営コンサルタント会社など複数の企業の共同創業者でもある。「最も影響力のある経営思想家トップ50」（Thinkers50）の1位に2度選出。

２００８年、日本でｉＰｈｏｎｅの販売が始まった。カメラはオマケ同然。動画機能もない。当時、１億台以上のコンパクトデジカメを生産していたカメラメーカーは「こんなのはオモチャだ」と相手にしなかった。

８年後の２０１６年。コンパクトデジカメの生産量は、８分の１に激減。オモチャと思っていたスマホカメラに負けて、カメラ市場から追い出されてしまった。

カメラメーカーは真剣に顧客の声を聞き、膨大な技術開発投資を続けた。サボっていたわけではない。本書はなぜこんなことが起こるのかを解き明かした一冊である。

著者のクリステンセンは、本書で次のように述べている。

「リーダー企業は競争感覚を研ぎ澄まし、顧客に注意深く耳を傾け、新技術に積極的に投

資するからこそ、リーダーの地位を失う」

１９９７年の出版当時、世の常識を根底からちゃぶ台返しした指摘だった。

「イノベーションのジレンマ」のブームが起き、クリステンセンは時代の寵児《ちょうじ》になった。

なぜこんなことが起こるのか？　顧客の立場で考えてみよう。

カメラ好きな私は、ｉＰｈｏｎｅ発売の3年後くらいまで毎年デジカメを買っていた。

毎年、妻とこんな会話をしていた。

「また買うの？」

「今度のはすごく性能が向上したんだ。写真展用の作品も撮れるよ」

「去年も、そう言って買ったよね」

私は初代ｉＰｈｏｎｅも使っていたが、カメラはまったく使わなかった。

数年後。新型ｉＰｈｏｎｅを買った私は、写真画像を見て驚いた。

「今使っているコンパクトデジカメと、ほとんど変わらない……」

いつの間にかスマホのカメラ性能はコンパクトデジカメに並んでいた。動画も十分。荷物は減らせるし、いつでも気軽に写真を撮影できる。私はスマホで写真や動画を撮るようになり、コンパクトデジカメは買わなくなった。

この時期、カメラメーカーの製品企画会議では、こんなことが起こっていたはずだ。

「ユーザーの声は？」

「『解像度を上げてほしい。きれいな写真を撮りたい』という声が圧倒的ですね」

「では満を持して、この新技術を新型コンパクトデジカメに投入しましょう」

このように既存顧客の声を真剣に聞き、要望に合った高性能製品の開発を目指してヒト・モノ・カネを投資して、真面目に応えていたのだ。

一方のスマホメーカーの製品企画会議では、こんなことが起こっていたはずだ。

「『オモチャだ』って言われちゃいましたね」

「でも『写真をすぐにメールできるのは便利。つい使っちゃう』って声もありますよ」

こうしてスマホメーカーは手探りでカメラの機能強化を図ってきた。一方でカメラメーカーは、手探りでの開発は成功の保証がないので「リスクが大きい」と考え、避ける。そして気がついたら負けていて、市場から追い出されてしまった。


この状況を解き明かすヒントが、**持続的技術と破壊的技術**という考え方だ。

持続的技術は、製品性能を高める技術だ。コンパクトデジカメも持続的技術で性能を徐々に高めてきた。

破壊的技術は、製品性能は下がるが、低価格・シンプル・小型化などを実現し、それまで使わなかった新しい顧客に使われる技術だ。スマホカメラは、破壊的技術だ。カメラ性能は低いが、常に持ち歩きメールも送れる。人々はスマホで写真を撮るようになった。

持続的技術と破壊的技術
なぜコンパクトデジカメは、スマホカメラに負けたのか？

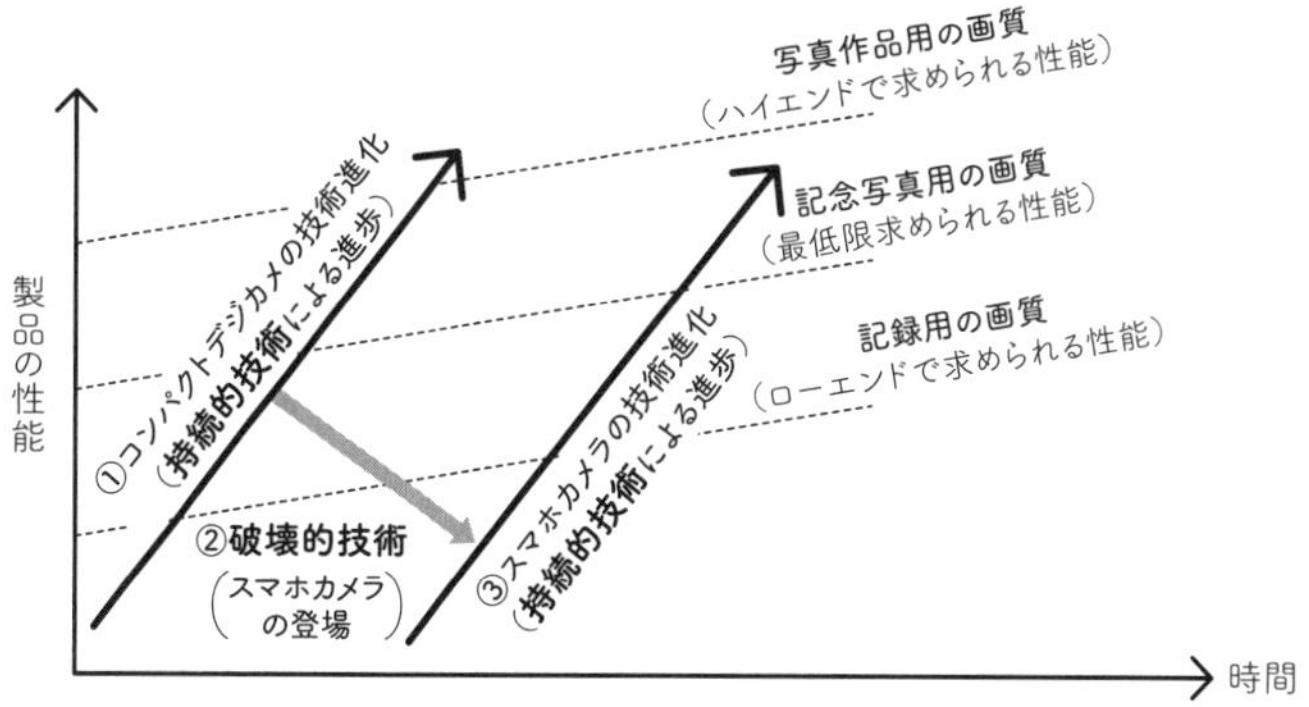

※『イノベーションのジレンマ』より著者が作成

一方で、技術は常に進化する。破壊的技術だったスマホカメラも徐々に性能を高めていった。スマホカメラが記念写真用にも十分な性能を持つと、携帯性と利便性で劣るコンパクトデジカメの出番はなくなり、気がつくと市場から追い出されていた。

実はかつてコンパクトデジカメもイノベーターとしてフィルムカメラを市場から追い出した。しかし、スマホカメラという新たなイノベーターに市場から追い出された。このようにイノベーターが陥るジレンマが「イノベーションのジレンマ」なのだ。

パソコン市場で破壊的技術を成功させたＩＢＭ

ではリーダー企業が破壊的技術を成功させるには、どうすればいいのか？

１９８１年、ＩＴ業界の覇者だったＩＢＭが黎明期のパソコン市場に進出し、瞬く間にリーダーになった時の方法を見てみよう。

❶プロジェクトを小さな組織にまるごと任せる

当時のＩＢＭは官僚的な大組織だった。既存事業のやり方では遅すぎると分かっていた。そこでパソコンプロジェクトは、14名の社内ベンチャー組織として立ち上がった。

❷失敗するなら早めに失敗させて小さな犠牲に留める

チームには「手段は問わない。ただし期限は1年間」と、自由裁量と厳しい期限が与えられた。

❸既存の価値観や仕組みは、失敗要因になるので使わない

チームリーダーはＩＢＭの価値観にとらわれなかった。ＩＢＭは自社開発主義だし、社内には高性能チップやＯＳはあったが、社内交渉すると期限に間に合わない。そこでチップはインテルから、ＯＳはマイクロソフトから調達し、短期間でＩＢＭ ＰＣを開発した。

❹まったく新しい市場を見つけるか、開拓させる

ＩＢＭ ＰＣは、ＩＢＭが未経験だった小売業者経由で販売し、瞬く間に成功した。しかし数年後、チームリーダーは航空機事故で急逝してしまった。誠に残念である。

ところで本書に影響され、「何でも破壊する」と考える人がいるが、それはやや違う。実は「破壊的技術」という日本語訳は適切ではない。本書ではdisruptiveを「破壊的」と訳したが、本来は「(安定した状態を) 攪《かく》乱させる」という意味だ。つまり「攪乱的技術」

がより正確だ。本書が言いたいことは、単に破壊するのではなく、「安定市場の秩序を乱し新たな顧客を生み出すところに、イノベーションの種がある」ということなのだ。しかし「破壊的技術」がすでに定着しているので、本章でも「破壊的技術」という言葉を使っている。

本書は日本経済が低迷を始めた1997年の出版だが、冒頭に著者のこんな言葉がある。

「60年代、70年代の日本の驚異的な経済成長を支えてきた産業のほとんどが、欧米の競合相手にとって破壊的技術であった。（小型車のトヨタ、携帯ラジオや超小型テレビのソニーなど、多くの企業が）欧米市場を下部から破壊した。……ここ数年間、日本経済が停滞している理由は、日本の大企業が同様の力に動かされていることにある。……市場の最上層まで上り詰めて行き場をなくしている」

実に正確に、かつての日本企業の強みと、現在の問題を見抜いている。本書出版から22年が経過した現在でも、本書の重要性はまったく変わらない。破壊的技術を成功させるカギは、新たな顧客を生み出せるかどうかにかかっている。

POINT

市場の秩序を乱し、新たな顧客を発掘してイノベーションを起こせ

15 『イノベーションへの解』

――「無消費者」を狙え

（翔泳社）

クレイトン・クリステンセン

ハーバード・ビジネス・スクール教授。「破壊的イノベーション」の理論を確立させた、企業におけるイノベーション研究の第一人者。ハーバード・ビジネス・レビュー誌の年間最優秀記事に贈られるマッキンゼー賞を5回受賞。イノベーションに特化した経営コンサルタント会社など複数の企業の共同創業者でもある。「最も影響力のある経営思想家トップ50」（Thinkers50）の1位に2度選出。

本書の著者クリステンセンは「破壊的技術でイノベーションを12回も起こした日本企業がある」と言っている。かつてベンチャーとして欧米家電メーカーに挑んだソニーだ。

前項の『イノベーションのジレンマ』はリーダー企業が破壊的技術に敗れる仕組みを解明した。本書は逆にソニーのようにリーダー企業を破壊する方法を解明した一冊だ。

簡単におさらいすると、**破壊的技術**とは製品の性能を引き下げつつ、低価格・シンプル・小型・使い勝手向上などを実現する技術。本書では、破壊的技術を2種類に分けている。

❶新市場型破壊

商品を使わなかった人たちが使い始める破壊的技術だ。

１９５０年代、ソニーは米国で携帯型トランジスタラジオを発売した。当時、店頭でソニーのラジオを見た米国人のパパはこう思った——。

「安っぽくて小さいし雑音も多い。ウチの真空管ラジオと比べものにならん。今晩も子供たちとあのラジオドラマを聴くか」

当時は欧米メーカーの真空管ラジオ全盛期。音質はよいが大きいので、居間で家族が聴いていた。さらに当時、米国のパパは威厳があった。

一方で、ソニーのトランジスタラジオを見つけた若者は、興奮してこう思ったはずだ。

「最高！　パパは『ロックは不良の音楽』って言うけど、これなら外で仲間と踊りながら、ロック聴き放題じゃん」　当時ロックンロールが流行り始めていた時期だったのである。

こうして最初は、真空管ラジオを買えない若者がトランジスタラジオを買った。

その後、トランジスタラジオの音質は向上した。こうなると真空管ラジオの取り柄は大きいだけ。怖いパパもトランジスタラジオを買うようになり真空管ラジオは消えた。このようにそれまで買わなかった人を顧客に取り込み、成長するのが新市場型破壊だ。

❷ローエンド型破壊

「とりあえず、安ければいい」という顧客に、低コスト製品を提供する破壊的技術だ。

百貨店の接客は、親切丁寧だ。この接客コストも高い価格に反映されている。

一方でディスカウントストアでは商品は自分で選ぶ。１００均に至っては「店員への声がけ厳禁」という店もある。手間を省き低コスト化し、安値を実現しているのだ。ディスカウントストアも100均も、百貨店に対するローエンド型破壊だ。

このようにローエンド型破壊は、低価格志向の顧客に応える。

リーダー企業はヒト・モノ・カネがあるので、破壊的技術に対抗するのは一見、楽勝だ。しかし現実には、リーダー企業が破壊的技術に対抗するのはとても難しい。

まず新市場型破壊を仕掛けられても、リーダー企業はなかなか気づかない。

真空管ラジオメーカーのお得意様はパパだ。「ロックを聴くラジオがほしい」という若者なんて、真空管ラジオメーカーは見たことがないので、彼らがラジオを買っていることは知らない。そしていつの間にかトランジスタラジオの性能が向上し、市場を乗っ取られる。コンパクトデジカメがスマホカメラに駆逐されたのも、同じパターンだ。

ローエンド型破壊を仕掛けられると、リーダー企業はよりハイエンドに逃げようとする。たとえば百貨店は、ディスカウントストアや100均との価格勝負は避けようと考える。そこでディスカウントストアや100均で売る商品は減らし、百貨店しか扱えないような品揃えにする。こうして百貨店はじり貧に陥ってしまう。

では破壊的技術でリーダー企業に戦いを挑むには、どうすればいいのか？

成長の種は「片づけなければならない用事」にある

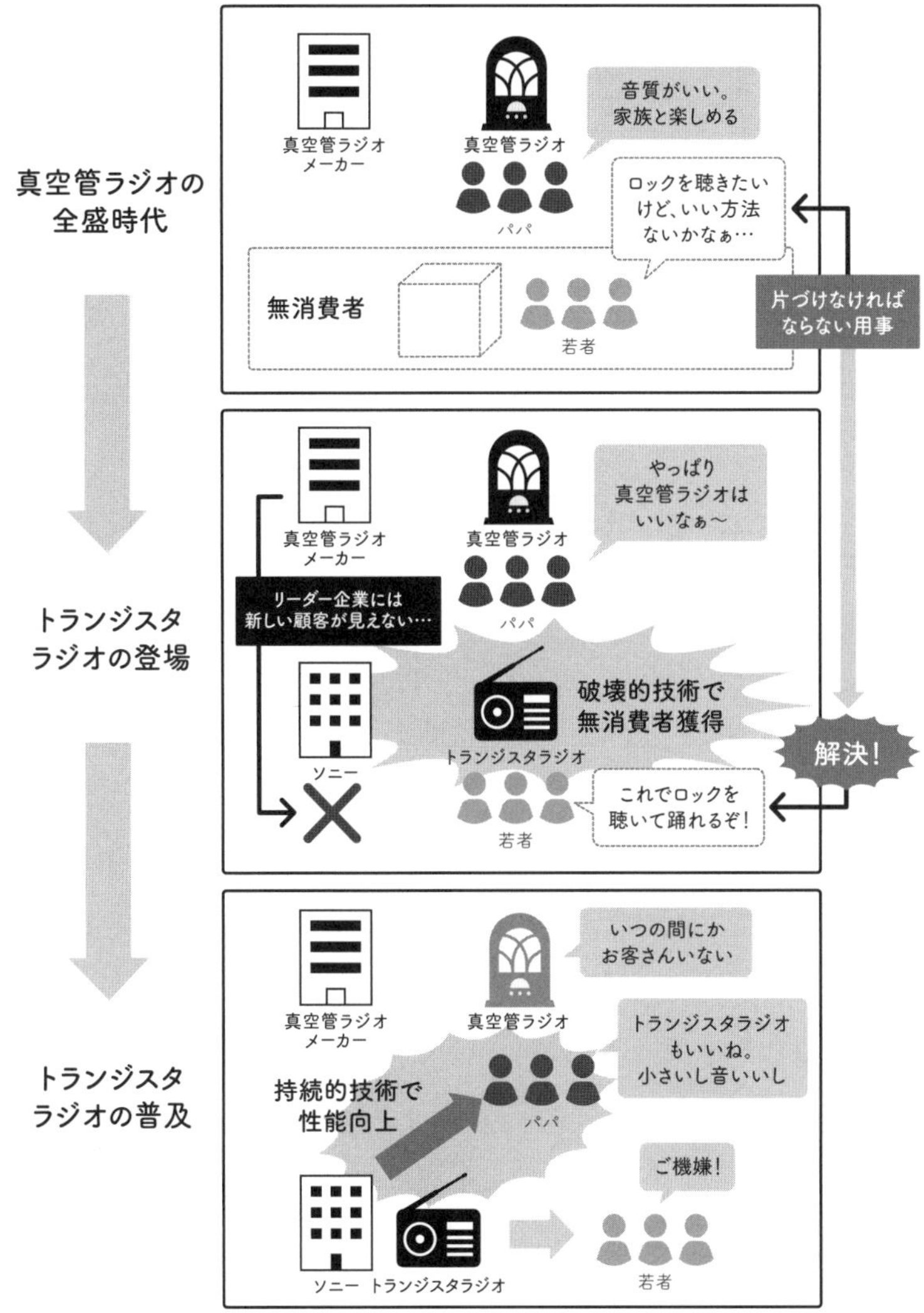

『イノベーションへの解』より著者が作成

それは顧客の「**片づけなければならない用事**」を見つけることだ。

「用事」というと難しそうだが、要は「顧客がやりたいけれど、できないこと」だ。

トランジスタラジオの場合、若者たちは「ロックを聴いて踊りたい」という「用事」があったが、解決方法がなかった。そこへソニーがトランジスタラジオを発売したので、若者はこぞって買った。そして、持続的技術で性能を向上させて市場を制覇した。

顧客は「用事」があっても、解決策が見つからないことがある。成長の種は「用事」があるけれど解決策が見つからないので何も買わない「**無消費者**」の中にある。

ソニー創業者・盛田昭夫さんは、無消費者が誰で、どんな用事を持っているかを見抜き、解決策と結びつける名人だった。ウォークマンも「外出先でいつもの音楽を聴きたい」という用事を見抜いて、解決した破壊的技術だった。

破壊的技術をビジネスにする方法

本書は「無消費者」を探し、破壊的技術を使ってビジネスにする方法を紹介している。

❶顧客は用事を片づけたいが、スキルやお金がなくて、解決策を入手できずにいる
↓米国の若者は、ロックを聴く方法がなかった
❷この顧客は、他に解決策がないので、商品の性能が低くても喜んで買う
↓ロックを聴きたい若者たちは、トランジスタラジオの音質が悪くても喜んで買った

❸破壊的技術では、高度な技術を使い、誰でも買えるシンプルな商品をつくることもある
→ソニーは最新トランジスタ技術を使い、若者向けにラジオをつくった
❹新しい顧客は、破壊的技術を新しい販売チャネルで買い、それまでと違う場で利用する
→若者たちは、野外でラジオを聴くというまったく新しいスタイルを生んだ

クリステンセンは、『イノベーションのジレンマ』の6年後に出版された本書でも、日本の問題について指摘している。その指摘は前著よりも具体的で厳しい。

「日本の有力企業の多くが、他社の破壊を通じて飛躍的な成長を遂げた。だが破壊が既存の有力企業を脅かす恐れがあることなどから、日本の経済システムは構造的に新たな破壊的成長の波の出現を阻害しているのである」

本書の出版から10年以上経過した現在、やっと日本でもベンチャーを成長させようという機運が生まれてきた。日本には破壊的技術になり得る技術の種はたくさんある。

必要なことは、それを無消費者の「片づけなければならない用事」と結びつけることだ。

その方法を考える上で、今こそ本書の提言は大きな意味を持つはずだ。

POINT

「無消費者」こそがイノベーションの種

16

『ジョブ理論』（ハーパーコリンズ・ジャパン）

――イノベーションには成功パターンがある

クレイトン・クリステンセン

ハーバード・ビジネス・スクール教授。「破壊的イノベーション」の理論を確立させた、企業におけるイノベーション研究の第一人者。ハーバード・ビジネス・レビュー誌の年間最優秀記事に贈られるマッキンゼー賞を5回受賞。イノベーションに特化した経営コンサルタント会社など複数の企業の共同創業者でもある。「最も影響力のある経営思想家トップ50」（Thinkers50）の1位に2度選出。

世の常識を次々と破壊する人を「イノベーター」と呼ぶことが多い。中には「オレはイノベーターだ。常識外れの無茶な挑戦をする」と考え、そう振る舞う人もいる。

しかし単に無茶をするだけでは、成功確率は低い。実はイノベーションには、成功パターンがある。これが分かれば成功を運任せにする必要がなくなる。

本書でクリステンセンは、運任せにせずにイノベーションを起こす方法を紹介している。それが「**ジョブ理論**」。「ジョブ」とは「顧客が片づけなければいけないこと」だ。

ジョブ理論は「**ジョブ**」「**雇用**」「**解雇**」という独特の言葉で商品を買う理由を考える。

我が家はマンションの1階だ。庭の雑草は生え放題。管理人さんからは「手入れしてください」と言われている。この「庭の手入れをしなければならない」が「ジョブ」だ。

しかし私は庭仕事が大の苦手。私が庭の手入れをやらないので、見かねた妻が専門の庭師にお願いしたら、短時間できれいサッパリ雑草がなくなった。しかも庭一面を人工芝でカバーし、草が生えないようにしてくれた。我が家では草むしりの「ジョブ」から私はめでたく「解雇」され、庭師が「雇用」されたのだ。

ジョブ理論ではこのように、顧客の立場に立って次の質問を問い続けていく。

「どんな『ジョブ（用事）』を片づけたくて、あなたはその商品・サービスを『雇用』するのか？」

この「ジョブ・雇用・解雇」というたとえは、日本人には馴染みにくいものだ。米国企業では、新しい仕事が発生するたびに、そのスキルを持つ人を雇用する。その仕事が終わると、解雇される。ジョブ理論は、この米国流の仕事方法にたとえたものだ。

「オンライン通信課程」でイノベーションを起こした大学

事例で考えると分かりやすい。米国のある大学は、全米2番手グループの大学だった。「美しいキャンパス、手頃な学費、充実した教育」という売り文句で生徒を募集したが、反応は今ひとつ。ジョブ理論を学んだ学長は、「学生がこの大学を雇用して片づけたいジョブは何だろう?」と疑問を持った。

入学希望の高校生に聞くと、キャンパスや学費、教育には関心はなく「応援できるスポーツチームはあるか?」「人生の意味を話し合える先生と交流する機会はあるか?」という質問ばかり。ここにはライバルがたくさんいる。競争が厳しいのは目に見えている。

一方で、大学にはオンライン通信課程もあった。ほぼ放置していたのに学生が来ていた。様々な事情で大学進学せず社会人になった人たちで、仕事や家庭と両立して学んでいた。平均年齢30歳。彼らの声はこうだった。

「生活レベルを向上させるために、立派な学歴がほしい」

彼らは、利便性・サポート体制・資格取得・短期終了を求めていた。同じ悩みを持ったまま教育を受けずにいる人も多かった。

そこでこの大学は、オンライン通信課程を強化した。それまで問い合わせが来ても放置していたが、24時間以内に担当者が折り返し電話するように変えた。通信課程の学生ごとにアドバイザーを付け、社会人が学ぶ必要性を訴える広告も出した。

10年後の2016年、この大学の売上は5億4000万ドル(600億円)。年平均売上成長率は34%。「米国の中でもイノベーションに富んだ大学」と評されるまでになった。

顧客の「片づけたいジョブ」を見つけ、解決策を提供して「雇用」され成功したのだ。

顧客の「ジョブ」を見失ったスーパー

逆に顧客の「ジョブ」を見失って失敗したのが、ウチの近所にあるスーパーだ。普通のスーパーだが、普段の食品や台所道具などの日用品が揃うので、我が家は重宝していた。夕方になるとレジには奥様方が行列して、賑わっていた。

ある日このスーパーが全面改装し、全国の食材を揃えたオシャレな空間に生まれ変わった。「沿線にはグルメな専業主婦が多い。好みにあわせよう」ということのようだ。

しかしグルメな食材を数多く陳列するため、洗剤などの日用品は売るのをやめた。改装から数週間後。夕方の奥様方のレジ行列が消えた。見た感じで客数は3割減だ。

このスーパーは「沿線に住む、グルメな専業主婦」をターゲットに、オシャレな高級食材店に生まれ変わった。一見すばらしい。私も思わぬ食材を見つけることがある。

しかし以前のスーパーは、「夫や子供の帰宅前に夕飯づくりを済ませるため、短時間で買い物を済ませたい」というジョブを抱える主婦たちに「雇用」されていたのである。

グルメな食材専門店に特化したために、主婦の「必要なものをすべて短時間で買い揃える」というジョブには応えられなくなり、「解雇」されたのである。

「沿線に住む、グルメな専業主婦」というように、表面的に顧客のプロフィールを考えるだけでは、いまや商品は売れない。

必要なのは、顧客を徹底的に観察し、顧客に「雇用」されることだ。

ここで問うべきは、「顧客は、どんな商品やサービスを求めているのか？」ではない。それだけでは、他の選択肢（＝ライバル）がよければ、そちらを選ぶ。

ここで問うべきは、**「顧客は、どんなジョブを片づけたくて、その商品・サービスを雇用するのか？」**なのだ。

「ジョブ」と「ニーズ」の違い

スティーブ・ジョブズやアマゾンのジェフ・ベゾスのような世界を変えたイノベーターは、人とは違う目でモノゴトを見て考え続けている。これを具体的な方法論にしたのが、ジョブ理論なのだ。

一方でこんな疑問もあるかもしれない。

「よく『ニーズを考えろ』ともいわれるよね。『ジョブ』と『ニーズ』はどう違うの？」

ニーズは「健康でありたい」とか「何か食べたい」というように漠然としている。解決方法もいろいろある。しかしその解決方法で商品を買うかどうかは、必ずしも確実でない。

ジョブは顧客の具体的で切実な状況で生まれる。たとえばこんなものだ。

「草ボウボウの庭を、なんとかしたい」
「よりよい仕事に就くために、立派な学歴がほしい」
「夕方の忙しい時間に、買い物を短時間で済ませたい」

ジョブ理論で考えると、ライバルは同じ市場にいるライバルだけではなくなる。

映画やドラマをネット配信するネットフリックスのリード・ヘイスティングスCEOは、「ライバルはアマゾンか？」と問われて、こう答えている。

「リラックスするためにすることは、すべてライバルだ。ビデオゲームとも競うし、ワインとも競う。実に手ごわいライバルだね」

ヘイスティングスは「家でリラックスした時間を過ごしたい」というジョブについて考え抜き、ネットフリックスを成長させている。徹底的に顧客視点で考え抜くジョブ理論でビジネスを捉え直すと、まったく新しい視点が得られるはずだ。

ジョブ理論は、Ｂｏｏｋ15『イノベーションへの解』で紹介した「片づけなければならない用事」を、さらに深掘りしたものだ。クリステンセンはこのために会社を立ち上げ、ジョブ理論を多くの企業で10年以上実践・検証してきた。その成果をまとめたのが本書である。

「顧客はなぜ商品を買うのか？」という問いに、本書は多くのことを教えてくれる。今の顧客は実に多くの選択肢を持っているので、単にニーズに対応するだけでは買ってくれないのだ。「いい商品なのに売れない」と悩む人は、ぜひ一読をお勧めしたい。

POINT

顧客が片づけたい「ジョブ」を見抜き、「雇用」される商品をつくれ

第3章

「起業」と「新規事業」

起業や新規事業は、企業を成長させる。
そのために必要なのがイノベーションだ。
しかしイノベーションは必ずしも正しく
理解されていないことも多いし、
起業や新規事業立ち上げの方法論も、大きく変わっている。
かつての方法論には、すでに時代遅れになっているものも多い。
一方で、時代が変わっても変わらない考え方もある。
そこで起業と新規事業を理解するための
名著10冊を紹介する。

17

『企業家とは何か』（東洋経済新報社）

――起業家論の源流は、ここにある

J.A.シュンペーター
1883年オーストリア・ハンガリー帝国（後のチェコ）モラヴィア生まれの経済学者である。企業者の行う不断のイノベーション（革新）が経済を変動させるという理論を構築した。また、経済成長の創案者でもある。

シュンペーターは、１００年前の経済学者である。

本章の最初で彼の本を紹介する理由は、彼こそが現代のイノベーション論や起業家論の源流だからだ。シュンペーターが分かれば、起業と新規事業がより深く理解できる。

本書は、シュンペーターがドイツ語で書いた論文４件を日本で独自にまとめた一冊だ。経済学の大著が多い彼の著書の中では比較的分かりやすいので選んだ（ちなみに本書のタイトルでもある「企業家」は4論文の最初の論文〝Unternehmer〟を訳したもので、「アントレプレナー」「起業家」という意味だ。ここでは本書に倣《なら》い「企業家」で統一する）。

シュンペーターは経済学者の立場で「**経済発展の原動力は、イノベーション（革新）だ**」と言い切った。ではイノベーションとはどのようなものなのか？

2007年、アップルはiPhoneを発表した。この時のジョブズのプレゼンは、いまや伝説である。冒頭、ジョブズはiPhoneをこのように紹介した。


「今日という日を、2年半待ち続けていた。アップルは革新的な新製品を3つ発表する。

1つ目は、ワイド画面タッチ操作のiPod。

2つ目は、革新的な携帯電話。

3つ目は、画期的なネット通信デバイス。

そう、3つだ。iPod。携帯電話。ネット通信デバイス。

わかったかな。これらは、3つの別々のデバイスではない。1つのデバイスなんだ。

私たちはそれを、『iPhone』と名付けた」


iPhoneは技術的には必ずしも斬新ではないが、まさにイノベーションだ。

イノベーションとは、**既存知と既存知の新しい組み合わせ**なのだ。

iPhoneも、iPod、携帯電話、ネット通信デバイスの3つを組み合わせてまったく新しい価値を生み出し、世の中を大きく変えた。

イノベーションというと何やら凄そうだが、要は「既存知と既存知の新しい組み合わせ」でしかない。しかし、これがなかなか難しいのだ。

結果をあとから見ると、この「既存知と既存知の新しい組み合わせ」は誰でも理解できる。「オレでも考えつくよ」と感じる人もいるかもしれない。

しかし現実には、事前には誰も理解できないのである。当初ジョブズが「iPodを電話に進化させる」と言った時も、彼の周囲にいる人の多くはジョブズの狙いを理解できず、「荒唐無稽だ」と思っていたかもしれない。

そうして生まれたイノベーションが、世の中を変えていくのだ。

イノベーションを生み出す「既存知の組み合わせ」

人類発展の歴史は、このようなイノベーションの歴史でもある。

5000年前、タイヤが生まれた。シュメール人がモノを運ぶため、ソリの下に車輪を付けたのだ。この車輪は木の板を丸く継ぎ合わせ、真ん中に心棒を入れ、外周を動物の毛で覆ったものだった。タイヤのおかげで、人類の輸送能力は急激にアップした。

2000年前のローマ時代、ケルト人が木の車輪の外周に鉄の輪を焼いてはめる「鉄のタイヤ」を生み出し、タイヤの強度と寿命は格段に上がった。これはゴム製タイヤ誕生までの1900年間使われた。

イノベーションが生まれると、従来のやり方は根本的に変わり、世の中も大きく変わる。太古の昔から人類は数多くのイノベーションを積み重ね、ここまで進化してきた。起業や新規事業に多くの人々が魅了されるのも、このように社会の発展に貢献できる可能性があるからだ。

シュンペーターは、このイノベーションを生み出す既存知と既存知の新しい組み合わせを「**新結合**」と名付けて、次の5つのパターンを挙げている。

【❶新しい商品をつくる】iPhoneは、3つの商品を組み合わせた新しい商品だ。

【❷新しい生産方法を生み出す】Book20『トヨタ生産方式』で紹介する「かんばん方式」は、従来の生産システムに、米国のスーパーの仕組みを組み合わせたものだ。

【❸新しい組織をつくる】Book42『幸之助論』で紹介する松下電器の事業部制は、会社が大きくなり社員の責任感が薄れる問題に直面したため、かつて持っていた小企業の良さを組み合わせ、徹底した権限委譲で社員に責任を持たせるべく行ったものだ。

【❹新しい販売市場をつくる】Book41『成功はゴミ箱の中に』で紹介するレイ・クロックは、マクドナルド兄弟が発明したハンバーガー生産システムに、フランチャイズチェーンの仕組みを組み合わせることで、マクドナルドを全世界に展開した。

【❺新しい供給源を見つける】バイオ燃料にはトウモロコシなどが使われているが、食料である穀物価格高騰などの問題があった。そこでユーグレナは、新たに藻の一種であるミドリムシと組み合わせて、次世代バイオジェット燃料を生み出そうとしている。

誰でも企業家（起業家）になり得る

このようなイノベーションを生み出すのが、企業家だ。

ただし企業家は発明家ではない。発明家の役割は、アイデアを生み出すことだ。企業家の役割は、発明（アイデア）を利用して新しい事業を行うことだ。

ジョブズはまさに企業家中の企業家である。彼は技術を発明したのではない。しかし既存知と既存知を組み合わせ、イノベーションを起こし、そして世の中を大きく変えたのだ。

何か新しいことを行ったり、すでに行われていることを新しい方法で行うのが、企業家だ。壮大なことでなくてもいい。シュンペーターは「たとえ小さなことでも、それまでにない新しいことを行っているのならば、それは企業家である」と言う。

あなたも企業家（＝起業家）になり得る、ということだ。

さらにシュンペーターは、企業家と資本家を分けた上で「**イノベーションは企業家と資本家で実現される。リスクを負うのは、企業家ではなく資本家だ**」と言っている。

ビジネスの成功は不確実だ。不確実なビジネスにお金を出す資本家の役割は、失敗してお金を失うリスクを負うことであり、企業家はリスクなんて気にせず事業の成功を目指し続けるべきだ、ということだ（一人で企業家と資本家を兼ねる創業者もいる）。

日本ではこの役割の違いが十分に認識されていなかった。

これまで日本では、資金は主に銀行の融資などに頼っていて、企業家（＝経営者）が個人で会社の借金の保証人になることも多かった。これでは事業を失敗した経営者はすべてを失う。再挑戦も難しい。そこで最近は経営者個人が借金の保証人にならずに済むベンチャーキャピタルが整備され、事業が失敗しても再挑戦が可能になるように改善している。

１００年以上も前にシュンペーターは経済学者の立場で、「事業を興しイノベーションを実現して新しいことを行う企業家こそが、経済発展の要である」と主張していた。

その後シュンペーターの思想は、経済学から離れて、新たに生まれた起業論やイノベーション論で見直されるようになり、その源流となっている。

私たちビジネスパーソンも、既存のモノを組み合わせて、新しいモノを生み出すことが常に求められている。私たちがシュンペーターから学べるものは多いのだ。

POINT

既存知と既存知の新たな組み合わせで、イノベーションを生み出せ

18

『アントレプレナーの教科書』（翔泳社）

――いい商品なのに売れないのは、顧客開発していないからだ

スティーブン・G・ブランク

シリコンバレーの元シリアルアントレプレナーであり、教育者、著述家。8社の創業に携わり、4社は株式上場を果たす。現役引退後はアントレプレナーシップ教育に従事。スタンフォード大学、カルフォルニア大学などでスタートアップの立ち上げ方法とアントレプレナーシップ教育の講座を持つ。顧客開発モデルの実践講座「リーンローンチパッド」を開発し、米国の国立科学財団に採用される。

「数多くのお客様の要望に対応し、当社の技術を結集して開発した商品だ。絶対売れる！」

こうして鳴り物入りで売り始めたが、サッパリ売れずに人知れず消え去った「黒歴史商品」は、実は世の中には結構多い。

数多くの顧客からの要望に対応しているのに、なぜこんなことになるのだろうか？

多くの企業は「**製品開発モデル**」で商品開発を進めていく。

「**コンセプトをつくる→製品開発する→機能検証テストをする→販売開始する**」

著者のブランクによると、「そもそもこれは大間違い。顧客が買うか検証していない」。

ブランクはアントレプレナー、つまり「起業家」だ。8社の起業に関わり、4社を株式上場させたという「伝説の起業家」の経験が凝縮されたのが、本書である。

「製品開発モデル」と「顧客開発モデル」

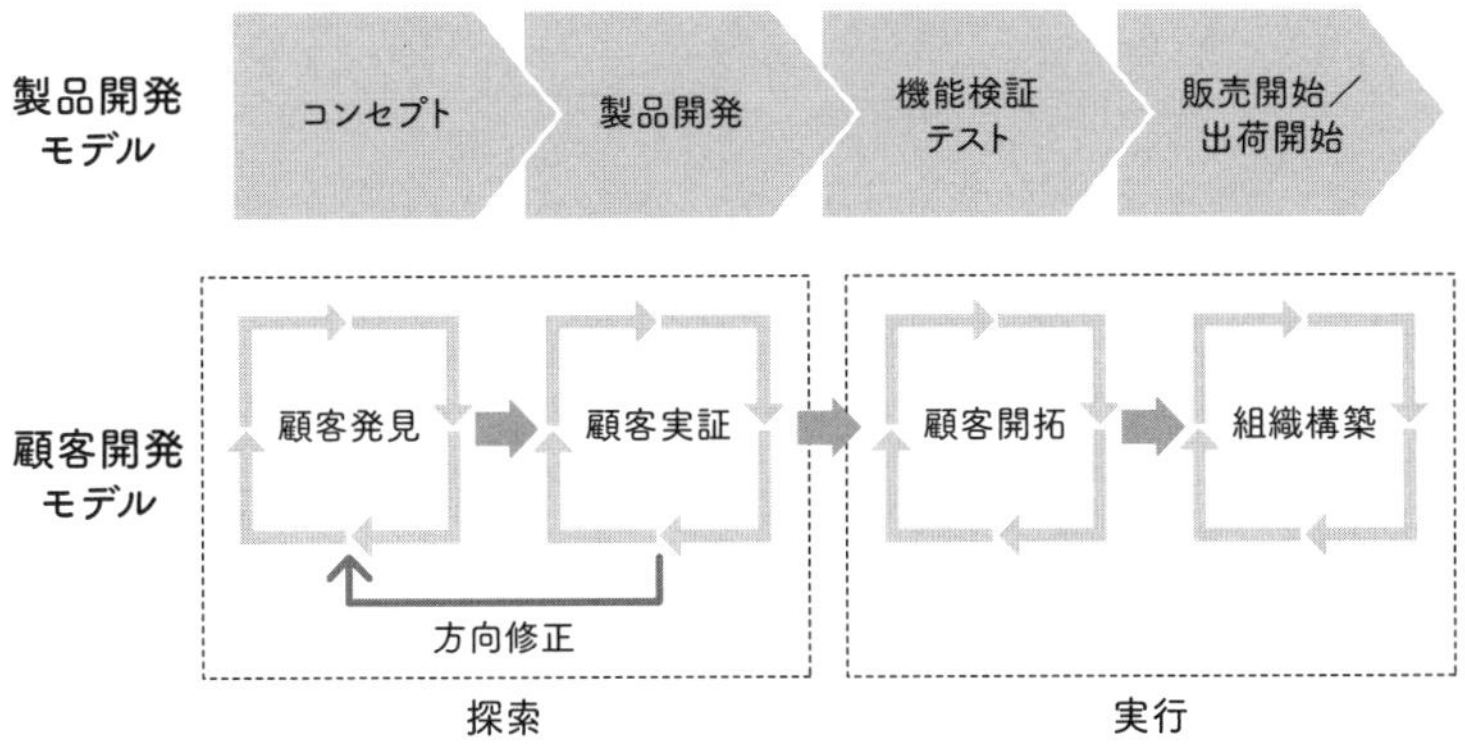

出典：『アントレプレナーの教科書』（著者が一部改変）

「自分は会社員だから関係ない」と思うかもしれないが、新商品開発はアントレプレナーと同じことをやっている。本書から学べることは多いのだ。

ブランクは「**製品開発でなく、顧客開発をしろ**」と言っている。「それは営業の仕事」と思うかもしれないが、そうではない。そもそも新商品の役割は「顧客に新しい価値を提供すること」だ。

成功する商品は、顧客が価値を認識して買う。
失敗する商品は、誰も価値を認識せず、買わない。

数多くの顧客ニーズに対応するのではなく、本当に買う顧客が存在するかを検証し、その顧客を開発する必要がある。そこで次のことを考え続ける。

- **自社商品が解決する顧客の課題は、何か？**
- **顧客はその課題を重要で切実と思っているか？**
- **どうやればその顧客に到達できるか？**

図のように「顧客開発モデル」という4ステップ

で、最初は徹底的に少数の顧客に絞り込んで進めていく。最初の段階では「顧客発見」と「顧客実証」のサイクルを回し続ける。では、どのように進めればいいのか？

アスリートという顧客を発見した「エアウィーヴ」

フィギュアスケートの浅田真央さんが現役の頃、海外から成田空港に帰国してTVカメラに映る時、いつもスーツケースの上にロール状に大きく丸めた荷物を持っていた。あれはベッドのマットレスの上に重ねる「エアウィーヴ」というマットレスパッドだ。

「よい演技のために、睡眠で疲労を取りたい」と考える浅田真央さんは、2009年から毎晩エアウィーヴを愛用している。では、エアウィーヴはどのように開発されたのか？

もともとエアウィーヴ社は、釣り糸などをつくるプラスティック成型機械の製造会社だ。経営が悪化していたので「プラスティックの糸を固める技術で、高反発クッション材をつくろう」と考え、法人企業向けにソファのクッション材をつくった。しかし売れなかった。

そこで狙いを一般消費者向けの寝具に切り換え、マットレスパッドの試作品を200枚つくった。知り合いに使ってもらうと大好評。

そこで初年度は広告費4000万円を投入して販売を始めたが、180枚しか売れずに売上は1000万円に留まった。いい商品なのに、売れなかったのである。

しかしある顧客から大きな反応があった。アスリートだった。

睡眠で疲れが取れるエアウィーヴは、アスリートにとって競技で勝つための武器だった。売れなかったが「アスリート」という顧客を発見したのは大きな収穫だった。アスリートをターゲットに絞ってエアウィーヴを提供し改良を重ね、２００８年の北京五輪で70名の選手が使うようになった。さらに地道に意見を聞いて改良を続け、２０１０年のバンクーバー冬季五輪では日本選手の７割が使うようになった。

このようにエアウィーヴは、トップアスリートの課題に向き合い、試行錯誤を通して彼らから学びながら、商品を育てていった。その後、サッカーワールドカップの代表選手が使い始め、評判を聞いた全日空の国際線ファーストクラスや高島屋などの一流百貨店も扱い始め、「一流の人が使う寝具」の定番に育っていった。

エアウィーヴは試行錯誤を通して「アスリート」という顧客を発見し、その顧客から学び続けて実証しながら商品を育てる「顧客開発モデル」を実践し、成長したのである。

ブランクは、このように顧客を発見し、見極める方法も紹介している。

１つめは、**課題を抱え、その課題を理解している顧客がいること**。アスリートも「質の高い睡眠がほしい」という切実な課題を抱えていた。２つめは、その**顧客が解決策を探していて、期限もあること**。彼らも五輪を目標に身体づくりをしていた。３つめは、**顧客が課題解決にお金を惜しまないこと**。彼らもよい睡眠のために投資を惜しまなかった。

そして最初の段階では、その他大勢の顧客についていったん忘れることだ。

商品開発チームは、時間にもヒト・モノ・カネにも限りがある。だから徹底的に少数の顧客に絞り込み、彼らが「どうしてもほしい」と思える商品に仕上げることが必要だ。エアウィーヴもアスリートに絞り込み、「質が高い睡眠を取りたい」という切実な課題を解決することに集中した。

商品開発が失敗する理由

一方で、次のような従来の商品開発の常識は、顧客開発モデルでは間違いである。

間違い1　すべての顧客のニーズを理解しようとする

多数の顧客でなく、絞り込んだ少数の顧客がどうしてもほしい機能を実現することだ。一般消費者に聞くと、「柔らかい寝具がいい」と言われがちだが、アスリートはそんなことを求めていない。

間違い2　顧客の機能要望リストを製品開発部隊にそのまま渡す

営業チームは顧客の要望リストをドサッと商品開発チームに渡しがちだが、これでは開発作業が増えるだけで顧客が買うかどうかは保証できない。必要なのは、少数顧客がどうしてもほしい必要最小限の機能だ。アスリートは「質の高い睡眠」が必須だった。

間違い3 顧客を集めてインタビューして、買うかどうかを確かめる

インタビューで「ほしい」と言う回答者は、現実には買わないことも多い。必要なのは少数顧客がコミットして「実際に買う」という事実だ。アスリートは多忙にも関わらず積極的に協力した。

少数の顧客が唯一の選択肢として買うようになれば、新商品は売れる。

少数の顧客が買うようになった後は、より多くの顧客へと範囲を広げていく。エアウィーヴは「質の高い睡眠を求めるオリンピック選手が使っている」と訴求して、商品を「一流の人が使う寝具」と位置づけ、快適な睡眠を求める消費者に広げていった。

新商品を成功させるために必要なことは、すばらしい製品を開発することだけではない。顧客に幅広く意見を聞くことでもない。「どうしてもその商品が必要だ」という少数の顧客を見つけ、唯一無二の選択肢になることだ。顧客の範囲を広げるのは、その後だ。必要なのは製品開発ではなく、顧客開発なのである。

POINT

切実な課題を持つ少数顧客を見極めた上で唯一無二の商品を育てろ

19

『リーン・スタートアップ』（日経ＢＰ社）

――顧客からの「学び」が新しいビジネスを生み出す

エリック・リース

アントレプレナー。著書『リーン・スタートアップ』で紹介したリーン・スタートアップ手法はビジネスの分野で大きなムーブメントとなり、世界中の企業や個人が実践している。CTOを務めたIMVUをはじめ、たくさんのスタートアップを立ち上げるとともに、スタートアップ、ベンチャーキャピタル、GEをはじめとする大企業などに事業戦略や製品戦略のアドバイスを提供している。

本書はスタートアップ（世の中にない新しいビジネスを立ち上げる企業）を成功させる方法を、分かりやすく紹介している。

実はＢｏｏｋ20で紹介する『トヨタ生産方式』から学んで生まれた本である。

一見、トヨタとスタートアップは、あまり関係がない。しかし本書のタイトル「リーン」は、トヨタ生産方式を米国の学者が解明した「リーン生産方式」が基である。

「リーン生産方式」では、現場の学びを重視し、ムダを徹底的に省く。

「リーン・スタートアップ」も、**「顧客にメリットを提供しない活動は、すべてムダ」**と考え、顧客からの学びを重視し、ムダを徹底的に省いて、新規事業を立ち上げる。

著者のリースはスタートアップ企業ＩＭＶＵの若き最高技術責任者の立場で、Ｂｏｏｋ

18『アントレプレナーの教科書』を書いたブランクの一番弟子として学んだ。

そして現場で実践し学んだことをさらに進化させた方法論を「リーン・スタートアップ」と名付け、現在は幅広い業界にコンサルティングを提供している。

『アントレプレナーの教科書』でブランクは、「商品が必要な顧客を早く発見しろ」と言った。リースはこれをさらに一歩進めて、「顧客が必要とする**『実用上最小限の機能を持った製品』**を早くつくり、検証しろ」と言っている。この「実用上最小限の機能を持った製品」のことを「MVP」(Minimum Viable Product)と名付けている。

顧客から学び、改善し続ける

しかし従来型の製品開発をしてきた人ほど、「商品やサービスが、そう簡単につくれるわけがない」と思いがちだ。そこでどうやるか、事例で考えてみよう。

「ザッポス」という、米国で靴のネット販売をする会社だ。

ザッポスの起業は1999年。当時はネットでモノを買う人自体が少ない時代だ。試し履きが必要な靴が売れるかなんて、いくら調べても分かるわけがない。そこでザッポスは簡単なMVPをつくり、本当に靴が売れるかを検証した。

まず近所の靴屋で許可をもらい、商品の靴の写真を撮った。

店には「ネットで売ります。注文が来たら売値で買います」と伝えた。

そして数日で簡単なウェブサイトをつくり、靴の写真を掲載して注文できるようにした。

こうして実際にやってみると、本当に注文が来た。

値下げすると注文がどう変わるかも分かった。靴の返品への対応方法も学べた。

靴のネット販売を始めたザッポスは急成長し、アマゾンが巨額で買収した。


リーン・スタートアップはこうして「学び」の積み重ねを重視する。「アイデア」を基に製品（＝MVP）を「構築」し、顧客の反応などのデータを「計測」し、結果から「学び」を重ね、学びのフィードバックループを何回も何回も繰り返す。

これは日本人になじみ深い「改善活動」だ。ただし徹底的に顧客視点に立った改善活動だ。顧客からの学びを重視し、改善を続けるのである。


ここで陥りがちな罠がある。完璧にやろうとして、学びのループを1周回すのに時間がかかりすぎることだ。実は時間がかかりすぎること自体が、大きなムダである。

たとえばザッポスが「顧客が見るサイトだから、ちゃんと美しくつくろう」と考えてサイトを1カ月間かけてつくっても、その1カ月間の顧客からの学びはゼロ。つまり、その1カ月間はムダである。

ザッポスは数日間でMVPとして簡単な販売サイトをつくり、実際に靴を販売し、デー

「学び」のフィードバックループ

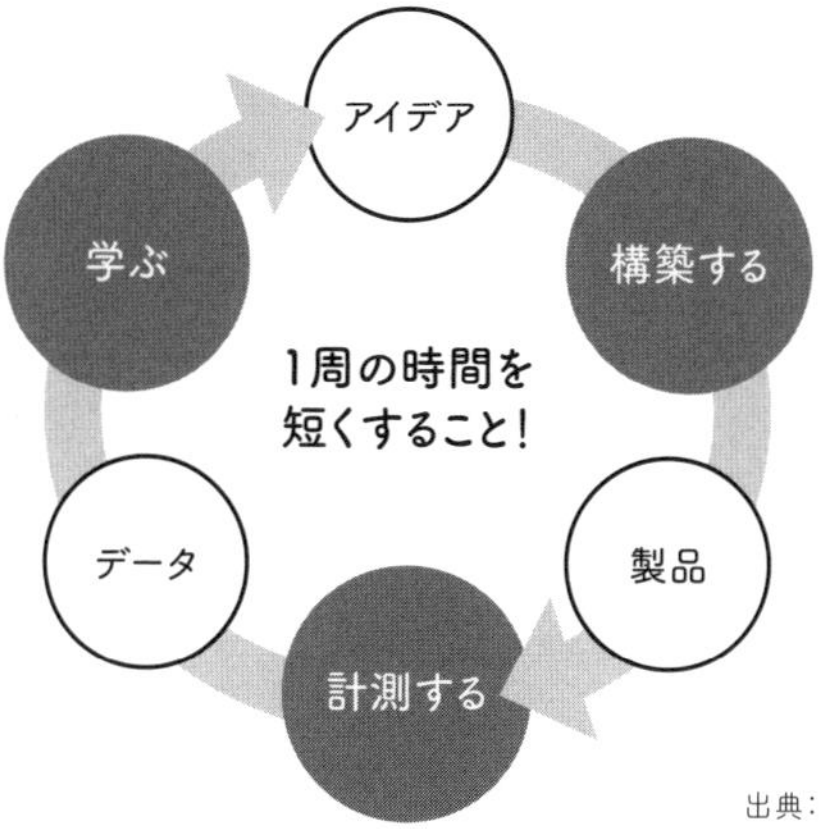

出典：『リーン・スタートアップ』

タを取った。開始して数日後には学びを得ている。

さらに学んだ結果を基に、値下げしたり返品対応したりして、ループを高速で回し続け、短時間で多くの学びを積み重ねていった。

このように、各活動を完璧に行うことが大切なのではない。ループを数多く回し続けて、顧客からの学びをより多く蓄積することが大切なのだ。

こうして、新規事業立ち上げのムダを最小限にできるのである。

戦略の方向転換「ピボット」

私たちは、新規事業や起業では、凄いアイデアとか戦略が重要と思いがちだ。

しかし、それらは全体の5％に過ぎない。

95％は、製品に優先順位を付け、顧客を選び、顧客に検証し、データを取り、学びを積み重ね、方向修正する、といった地道な作業の積み重ねなのだ。

米国ボティズン社の創業者は、「市民が政治に参加できる仕組みをつくりたい」と考え、有権者がネットでつながる機能を3カ月間かけてつくったが、登録者数も使う人も少なかった。8カ月間かけて細かく使い勝手を改良し利用者や登録率は増えたが、当初の目標には、まだまだ遠い。

そこで機能を大胆に見直して有権者同士がつながる機能は廃止。代わりに政治家にネットで直接意見を伝えられるシステムにしたところ、登録数も使い続ける人も急増したが、「お金を払ってもいい」という人は1％以下。これではビジネスにならない。

そこで再度方向転換し、ロビー活動をする企業からお金をもらう仕組みに変えたが、今度はどの企業も渋って契約してくれない。

ここでさらに方向転換し、ユーザーが実現したい政治運動に賛同する仲間を1メッセージ20セント（20円）払って集められるサイトにつくりかえた。すると登録率も使い続ける人も増え、ユーザーの11％がお金を支払ってくれるようになった。

ボティズンは細かい修正と戦略の方向転換をしつこく続けることで、成功したのだ。

本書ではこのような戦略の方向転換のことを「**ピボット**」と名付けている。ピボットとは「方向を変える」という意味だ。

このように、必要なのは、地道に愚直に、顧客視点でひたすら改善を続けることなのだ。

一方で、日本では「カイゼンなんて、もう古い」という人がいる。「改善活動ばかりしているから、日本はダメなのだ。新発想が必要だ」という人もいる。

とんでもない話である。日本の生産現場で磨かれてきたカイゼン活動は、シリコンバレーで「顧客視点で学びを蓄積する」という形で進化し、いまや世界で実践され多くの新規事業を生み出している。シリコンバレーの起業家たちは、「**凄いアイデアは全体の5%で、95%は地道なカイゼン作業の積み重ねだ**」ということをよく分かっているのである。

未知の領域に挑んでいる世界最先端のビジネスだからこそ、顧客視点での愚直な改善活動により、新たな学びを積み重ねることが何よりも大切なのだ。

日本が生み出した世界に誇るべき改善活動を、今こそ顧客視点で見直すべきなのである。

POINT

最短距離で顧客が必要とするMVPをつくり、愚直に改善し続けよう

20

『トヨタ生産方式』（ダイヤモンド社）

——「つくりすぎのムダ」こそ、諸悪の根源

大野耐一

かんばん方式など生産管理のあり方として世界的に有名になった「トヨタ生産方式」を体系化した人物。1912年中国大連生まれ。1932年名古屋高等工業学校卒業後、豊田紡績入社。その後、トヨタ自動車工業に転籍。同社副社長、相談役、豊田合成相談役、豊田紡績会長などを歴任。1990年逝去。

トヨタは世界で最も効率よく車を生産する自動車会社である。そのトヨタの生産方式を紹介したのがこの一冊だ。著者・大野耐一は**トヨタ生産方式**をつくり上げた世界的にも有名な人物。本書の出版は1978年。40年前の本だが、世界中で読まれている。

第3章「『起業』と『新規事業』」で本書を紹介する理由は、世界の起業の考え方に大きな影響を与えているからだ。いまや世界で定番となったBook19『リーン・スタートアップ』は、著者エリック・リースがムダを徹底的に省くトヨタ生産方式を学び、顧客視点で新規事業を立ち上げる方法論へ進化させたものだ。

本書で一貫しているのは、「**ムダの徹底撲滅**」である。

「**ムダ**」とは、コストがかかるだけで付加価値（アウトプット）を生み出さないすべての

モノだ。

トヨタ生産方式はあらゆるムダを徹底的に排除し、効率を極めることを目指す。

企業には実に多くのムダがあるが、最悪なのは「**つくりすぎのムダ**」だ。

たとえば、妻が午後半日かけて夫のためにおいしい料理をつくったのに、夜、夫から「ゴメン。今夜は上司と飲むから、夕食いらない」と電話が来たらどうだろう。

午後半日の妻の手間と時間と愛情。食材費。収まらない妻の怒り。すべてムダである。

誰も使わないモノのつくりすぎは、大いなるムダ。この世の不幸なのである。

「ジャストインタイム」がムダを省く

ムダ撲滅のために、トヨタ生産方式では二本柱がある。

1つが「**ジャストインタイム**（**JIT**）」だ。工場では自動車の部品3000個（78年当時）を加工して組み立てる工程が、何十・何百と続く。そこで各工程で「必要な部品を必要な時に必要な分だけ」用意する考え方がJITだ。では、なぜこれが必要なのか？

私は独身時代、週末に「今週は何を食べるか」を考え、1週間分の食材を買い込んでいたが、腐らせることも多かった。この買い方は工場でいえば**計画生産**だ。計画を立てても、往々にして現実は計画通りにならず、ムダが多く発生する。

今は毎日食材を買いに行く。今日食べるものを考え、必要な食材しか買わず、料理する。

後工程から考えて、必要なものだけを前工程でつくる

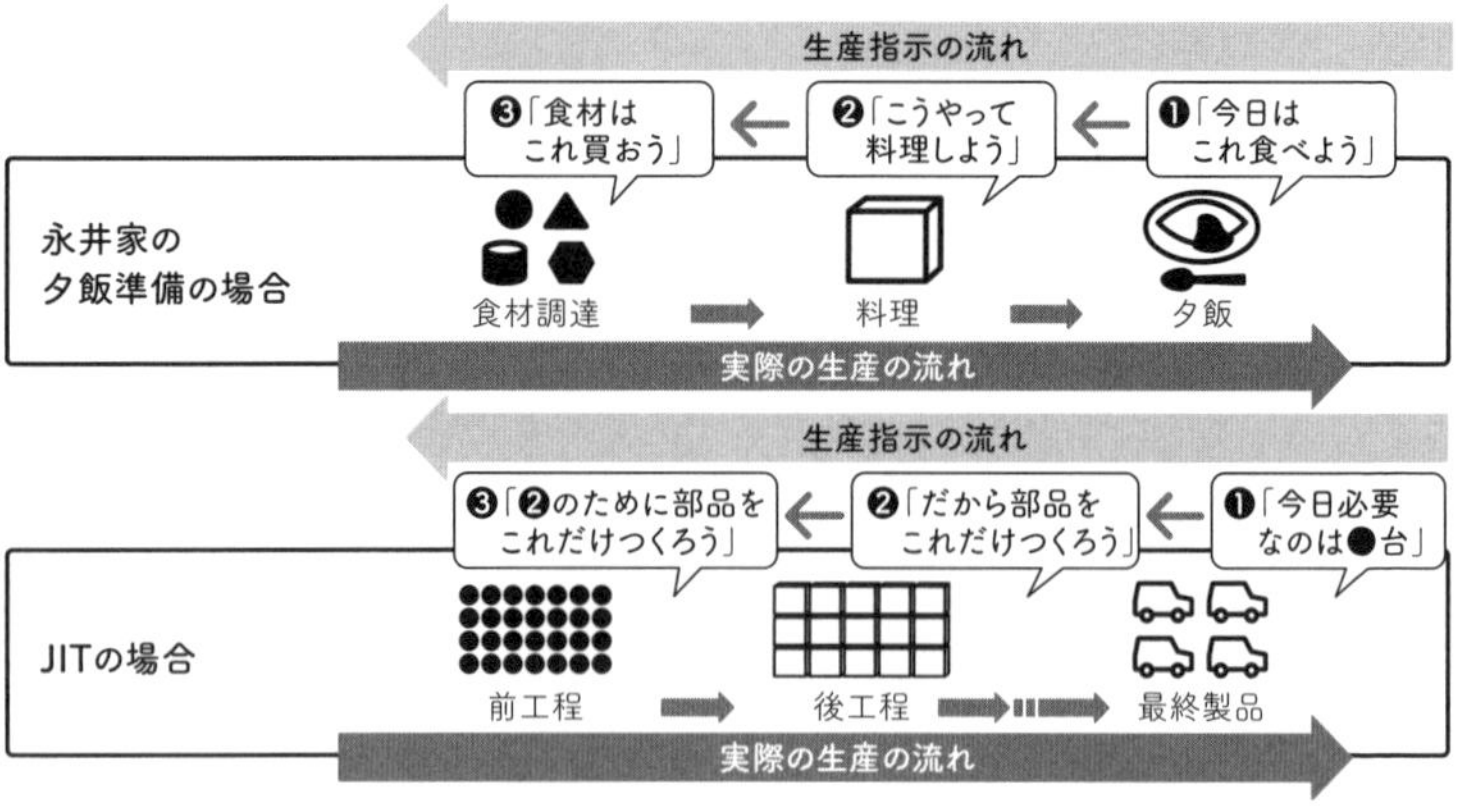

※『トヨタ生産方式』より著者が作成

この「必要な食材を、必要な時、必要な分だけ」はまさにＪＩＴの考え方だ。食べ物を廃棄するムダがなくなる。ＪＩＴではこれを工場で大規模に行っているのだ。

ＪＩＴでは注文に基づき当日の車の生産台数を決め、そのために必要な部品だけを用意する。最初から「これだけつくろう」と計画しない。最終工程から考え、各工程で必要な部品だけ用意する。

しかしトヨタでは最初の頃、「各工程では後工程に渡すのに必要な在庫しか持つな」と言っても、現場では必要以上の在庫を持っていたという。

人間は必要以上の在庫を持ちたがる。我が家も、つい「念のため余分に食材を買おう」と考える。しかし使わないことも多い。余分な在庫はムダだ。

そこで「本当に必要なモノ」を見える化した仕組みが、**「かんばん方式」**だ。

大野さんは米国のスーパーを見て「かんばん」を

思いついたという。スーパーも、必要な商品を必要な時に必要なだけ買える。そこでスーパーは商品を揃えるため、客の購入数を書いたカードを仕入部に送り、商品を補充する。トヨタはこの仕組みを工場で実現したのだ。

大野さんはスーパーマーケットを工場で応用するために、工場の各工程で、前工程がスーパーマーケット、後工程が顧客と考えた。こう考えれば、顧客である後工程が、必要な部品を、必要な時に、必要な量だけ、スーパーマーケットである前工程に取りに行けばいい。この必要な部品が何かを伝える手段が「かんばん」なのだ。「かんばん」は一枚の紙カードで部品の製造や運搬に必要な情報が書かれており、現物の部品は常に「かんばん」と一緒に動く。

「ニンベン」が付く自働化

もう1つの柱が「**自働化**」だ。自動化ではない。ニンベンが付く自「働」化だ。

原型はトヨタ創業時にある。明治初期、織物は手作業で織られていた。豊田佐吉が1896年に発明した自動織機は、糸切れなどの異常を検知すると、運転停止する機能があった。

自動でつくるだけではなく、善し悪しを判断し「働（はたら）く」のが「自働化」だ。

トヨタの工場では標準の作業ができない時、工員は誰でも生産ラインを止められる。停止後に人が見て問題を特定し、解決策を標準作業に組み込めば問題は再発しない。

この時、トヨタでは問題の原因追及のために「**5回のなぜ**」を徹底的に考える。「機械が止まった」という問題が起こった場合、こう考える。

❶「**なぜ**機械は止まったか」↓「オーバーロードがかかって、ヒューズが切れたからだ」
❷「**なぜ**オーバーロードがかかったのか」↓「軸受部の潤滑が十分でないからだ」
❸「**なぜ**十分に潤滑しないのか」↓「潤滑ポンプが十分くみ上げていないからだ」
❹「**なぜ**十分くみ上げないのか」↓「ポンプの軸が摩耗しガタガタになっているからだ」
❺「**なぜ**摩耗したのか」↓「ろ過器がついていないので、切粉が入ったからだ」

結果、「ろ過器を付ける」という対策を取れば、同じ問題の再発は防げる。

原因究明では**事実を起点に考える**ことが大切だ。そこで現場主義を徹底する。

トヨタの工場には、生産現場の異常を知らせる「アンドン」という表示盤がある。生産工程の問題発生箇所がひと目で見える。これも事実で問題を管理するための道具だ。かんばん方式も「何をつくるか？」という現物を基にムダを撲滅する道具だ。

トヨタはトヨタ生産方式を外部に教えているし、生産工場も公開しているが、トヨタ生産方式を学び「かんばん方式」を導入しても、逆に多くのトラブルを生んだ会社も少なくないという。なぜか？

現場が考えずに、形だけトヨタ生産方式を導入してもうまくいかない。トヨタ生産方式は現場主導の考え方だ。脳の指令がなくても心臓が動き胃腸が食べ物を消化するのは、自律神経のおかげだ。この自律神経のように、現場が自ら考え動くことが大事なのだ。根本の考え方を学び頭で考え抜き、消化して自分の血肉とすることが必要なのである。

このトヨタ生産方式の考え方は、いまや生産現場から大きく飛躍し、様々な分野で世界に広がっている。だからこそ、改めてトヨタ生産方式の考え方を理解することは大事なのである。

POINT

事実起点で、ムダ徹底撲滅を考え抜くトヨタ生産方式を今こそ学べ

21

『アダプト思考』（武田ランダムハウスジャパン）

——失敗からの学びが、進化を生み出す

ティム・ハーフォード

フィナンシャル・タイムズ紙シニアコラムニスト。長年にわたりコラム「The Undercover Economist」を連載。2006年~2009年にはフィナンシャル・タイムズ紙にて編集委員を務めた。シェルや世界銀行での勤務経験もある。2011年~2017年、英国王立経済学会評議員。英国王立統計学会の名誉フェロー。オックスフォード大学ナフィールド・カレッジの客員フェロー。

本書のメッセージをひと言でいうと「**計画に時間をかけすぎるな。失敗を恐れずトライ・アンド・エラーで、どんどん新しいことをやれ**」だ。

完璧な計画のつもりでも、計画通りに行かないことがほとんどだ。現実の世界では想定外なことも多い。あらゆる事態を予想するのはムリなのだ。どうすればいいのか？

経済学者でありジャーナリストでもある著者のハーフォードは、生物学をヒントにした。単細胞だった生物は、長い時間をかけて人類まで進化してきた。しかし生物の進化は、誰かが計画したものではない。まったく無計画なものだったのだ。

生物の進化をコンピュータでシミュレーションした人がいる。コンピュータグラフィックスで水槽の環境をつくり、最初に単純な形態と動きをする仮想生物を入れた。そして

「変異と選択」という進化の仕組みを応用し、水槽の底でもがく個体は排除し、泳げる個体はランダムに変化するようコンピュータに指示した。するとオタマジャクシ、エイ、ウナギに似た仮想生物だけでなく、地球上のどの生物にも似ていない個体がたくさん生まれたという。

今の複雑な生命は、突然変異で生まれ、その中から環境に適合して選ばれたものだけが生き残る、というプロセスが長い時間繰り返されて、進化を続けた結果なのだ。

ちなみに本書のタイトルの「**アダプト**」とは「**適合する**」「**順応する**」という意味だ。

環境に適合するために変わり続ける

「変異」と「選択」という試行錯誤の考え方は、ビジネスの世界も同じである。

誰も思いつかない新しいアイデアを次々と試すと、当然失敗も多い。しかしその失敗が大切なのだ。失敗からの学びで、私たちは激変するビジネス環境に適合して進化できる。

しかし多くの大組織はともするとと「完璧な計画を立てよう」と考え、試行錯誤から学ぼうとしない。さらに人は失敗を認めて方向を変えることを本能的に拒む傾向がある。だから「間違いから学べ」といっても「言うは易く行うは難し」だ。

一方でダーウィンは、次の言葉を残している。

「最も強い者が生き残るのではなく、最も賢い者が生き延びるのでもない。生き残って進

化できるのは、環境に適合し変わることができる者なのだ」

環境に適合して、変わり続けることで、進化が生み出されるのだ。ではどうすればいいのか？　ハーフォードは基本原則として次の3ステップを挙げている。

ステップ1　**新しいことを試す**↓ただし挑戦には失敗がつきものと覚悟しておく

ステップ2　**失敗しても大きな問題にならないようにする**↓小さなステップで少しずつ進めたり、失敗しても影響が広がらないようにあらかじめ対策を立てる。大きなギャンブルは避ける

ステップ3　**失敗を失敗として認める**↓失敗を認めない限り失敗から学べない

大企業になったグーグルは、今も新しい挑戦を続けている。そして失敗も実に多い。鳴り物入りで始まったグーグルプラスというSNSサービスは中止され、ロボット分野でも先進企業を買収したがソフトバンクに売却した。それでも新たな挑戦をやめない。

グーグルは「実験的な試みの多くは失敗する」と知った上で、社員が試行錯誤を繰り返すことが企業文化なのだ。会長だったエリック・シュミットは、こう述べている。

「グーグルでの自分の仕事は、自分が意思決定することではなく、社内の議論を促す触媒となり、ほかの社員が決定に至るようにさせることだと考えている」

企業戦略を持たず、個人の挑戦で新しいものを生み出すことがグーグルの企業戦略だ。

変化をやめた時点で衰退が始まる

100年以上前、エジソンは「発明工場」に数千人の人材を集め、1000以上の発明と技術革新を行った。エジソンは次の言葉を残している。

「1万回失敗しても、それは失敗ではない。1回失敗するたびにまた一歩進んでいる」

「真の成功とは、24時間の中にどれだけの数の実験を詰め込めるかによって決まる」

ファーストリテイリングの柳井正社長も「成功よりも失敗のほうがはるかに多い。1勝9敗だ」と言っている。それでも挑戦するのは、守りに入って変わらなくなるほうが危険だからだ。変わらなくなった時点で進化が止まり、衰退が始まるのである。

低迷する多くの日本の大企業は、リスクを怖れ、事なかれ主義で変わろうとしない。たしかに命運を賭けたギャンブルは避けるべきだ。しかし3ステップの基本原則に従って挑戦し、失敗から学び続けることで、日本企業は激変する環境でも進化できるのだ。

POINT

失敗前提で、小さな挑戦を繰り返し、失敗を失敗と認め、進化せよ

22

『ZERO to ONE』（NHK出版）

――「隠れた真実」を探し出せ

ピーター・ティール

シリコンバレーで最も注目される起業家、投資家のひとり。1998年にPayPalを共同創業して会長兼CEOに就任し、2002年に15億ドルでeBayに売却。初期のPayPalメンバーはペイパル・マフィアと呼ばれシリコンバレーで絶大な影響力を持つ。航空宇宙、人工知能、先進コンピュータ、エネルギー、健康、インターネットといった分野で革新的なテクノロジーを持つスタートアップに投資している。

著者のティールは、世界最大のオンライン決済サービスとなったペイパルの創業者だ。ペイパルはｅＢａｙに買収され、巨額の資金を得て数多くの企業を創業している。ペイパル創業メンバーはその結束力と影響力から**「ペイパルマフィア」**と呼ばれている。スペースＸを創業し、テスラも経営するあのイーロン・マスクもその一人だ。

ペイパルマフィアは、シリコンバレーで絶大な影響力を持っている。

ティール自身も、投資家として数多くのスタートアップに関わってきた。本書はティールが自分の経験を、スタンフォード大学の学生に講義した内容を本にしたものである。

本書はゼロから１（＝新しい何か）を生み出す考え方を教えてくれる。人類は太古の昔から、ゼロから１を生み出し、進化してきた。しかし未来は今の延長では予想できない。

たとえばほんのひと昔前まで、世界がネットでつながり、どこにいてもスマホを使い動画で話せるようになり、会社に行かずに仕事ができる時代が来るとは誰も予想しなかった。ティールは世の中の進化には2種類あると言っている。

1つは「**1をnにする**」。過去の成功を参考に、よりうまくやる。しかし新しいモノを生み出すわけではないしすでにライバルがいるので、過当競争になり低収益になるという。もう1つがこの「**ゼロから1を生み出す**」だ。誰もやらないことをやる。過去の成功パターンは参考にならない。ライバルがいなければ市場を独占でき、高収益になるという。

では、どうするか？　ティールが採用面接で必ず聞く質問に、答えが凝縮されている。

「賛成する人がほとんどいない、大切な真実とは何か？」

あなたならどう答えるだろうか？　ここでいったんこの本を閉じて、考えてみてほしい。

競争は大いなるムダ

簡単に見えて、実は答えるのがとても難しい質問である。

「人はお金を持ち歩かなくなる」はダメだ。いまや多くの人が賛成している。

多くの人が微塵も疑わない、常識を越えたところに「**隠れた真実**」があり、未来への進化の種がある。たとえば2009年に、こう考えた人がいた。

「どこかに行きたいという人と送りたい人をつなげれば、ビッグビジネスになる。でも世の中のほとんどの人は、『街中のタクシーをつかまえれば十分だ』と思っていて、このビジネスチャンスに気づいていない」

当時、この考えに賛成する人はほとんどいなかった。しかしこの「どこかに行きたい人と送りたい人をつなげると、ビッグビジネスになる」という隠れた真実を実現した配車サービスが、あのウーバーだ。2018年時点で企業価値8兆円の企業である。

似たようなことをするから競争になる。競争自体、大いなるムダだ。「隠れた真実」を見つけ、それを実現して市場をつくり、独占し支配すれば、ムダな競争をせずに済む。

こうして生まれる独占企業の特徴は4つある。

❶2番手よりも10倍すぐれた「**自社独自の技術**」がある。グーグルは検索、アマゾンは商品の品揃えという技術でライバルを圧倒している

❷フェイスブックは知り合いが多く使っているから価値がある。このように、利用者が増えるほど利便性が高まる「**ネットワーク効果**」を活かしている

❸「**規模の経済**」を追求している。独占企業の多くがソフトウェア企業だ。ソフトウェアのコストは、ほぼ開発費だ。ユーザー数が増えてもコストは増えないので、ユーザー数が増えて売上が増えれば高収益になる

❹これらの実績をベースに「**強いブランド**」をつくり上げている。いまや検索と言えば

グーグルだし、SNSと言えばフェイスブックだ

ビジョンを共有する少人数で始める

新しいことを始めるとき、多くの人が「大きな市場を考えろ」と言うが大間違いだ、とティールは言う。まず小さく始め、小さい市場を独占することだ。

ティールがペイパルの決済サービスを始めた時、eBayで取引が多い数千人のパワーユーザーに狙いを絞り3カ月集中的な売り込みをして、彼らの4分の1に決済サービスとして使ってもらうところから始めた。

そして小さい市場を独占した後は、規模を広げて拡大する。アマゾンは書籍販売で圧倒的な品揃えを実現すると、今度はCD、ビデオなどの商品に規模を拡大した。

小さく始めろという点は、Book13『キャズム Ver.2』の「顧客が痛みを持つ小さな市場に絞り込みキャズムを越えて、別市場へ広げろ」というムーアの考えに近い。

ゼロから1を生み出すには最初が肝心だ。ティールは**「創業時にグチャグチャなスタートアップは、あとで直せない」**という**「ティールの法則」**を提唱している。

まず明確なビジョンをつくり、仲間と意思を共有し、計画的な事業内容を決める。そしてビジョンを共有する少人数で始める。ティールはその理由をこう述べている。

「時間は一番大切な資源だ。一緒にいたいと思えない人のためにそれを使うのはおかしい。絆が強いほど、居心地よく仕事も捗るし、その後の将来のキャリアもうまくいく。だから一緒に働くことを心から楽しんでくれる人を雇うことにした」

ペイパルもビジョンを共有する熱い仲間が集まり、今も強くつながっている。新しい事業を立ち上げる時は、メンバーは少なく、経営資源も限られている。素早く動かなければ生き残れない。だから自分に似通った人間を集めるべきだとティールは考えているのだ。

一方でティールはＢｏｏｋ19『リーン・スタートアップ』やＢｏｏｋ18『アントレプレナーの教科書』の「顧客に耳を傾け、ＭＶＰ（Minimum Viable Product：必要最小限の製品）をつくり、試行錯誤で進化させろ」というやり方を批判している。「スケールが小さい。大胆な計画なしに反復するだけでは、ゼロから1は生み出せない」というのだ。

リーン・スタートアップの考え方の根底にあるのは、Ｂｏｏｋ21『アダプト思考』でも紹介したダーウィンの進化論的な考え方だ。

ティールはその対極にある「**インテリジェントデザイン**」と呼ばれる考え方に基づいている。「宇宙や生命は偶然に生じたのではない。高度に知的な存在によって創造された」という考え方で、進化論を認めていない。科学というよりも、どちらかというと宗教に近い。しかしここでインテリジェントデザインの是非を問うことは、あまり意味はない。

ティールは「**ゼロから1を生み出すには、最初に偉大なる意思が必要**」と考えているのだ。常識にとらわれずに、ほとんどの人が認めない「隠れた真実」を探し出し挑戦することに巨大なビジネスの種が眠っていると、ティールは狂信的に信じているのだ。

私は、ティールの考え方とリーン・スタートアップのどちらが正しいかを議論するのは、あまり意味がないことだと思っている。各々の方法論で、現実にすばらしい新事業がたくさん生まれているからだ。新しいモノを生み出す方法は、1つではない。人は、みんな違っていい。あなたが「自分の考え方に近い」と思うほうを選べばいいのである。

このように整理して考えると、日本企業は極端だ。成功を一斉に真似する「1からn」の企業ばかりだ。一見リスクが少ないがすぐ過当競争になる。成功の可能性も低い。

「ゼロから1」にする「隠れた真実」に眠っている大きな金脈にもっと目を向けてもいい。企業の会社員こそ、個人でリスクを負うことなく挑戦できる立場にある。多くの会社員が「隠れた真実」を考え、挑戦するようになれば、日本でも数多くのイノベーションが次々と生み出せるようになるはずだ。

POINT

「賛成する人がほとんどいない大切な真実」を見つけて実現しよう

23

『【新版】ブルー・オーシャン戦略』（ダイヤモンド社）

——ライバルがいない新市場をつくる方法

W・チャン・キム／レネ・モボルニュ

ともにINSEADの教授であり、同校ブルー・オーシャン戦略研究所の共同ディレクターを兼ねる。2人の共著『ブルー・オーシャン戦略』は世界的なベストセラーとなり、史上最も影響力の大きい戦略書の代表格と見なされる。2人はThinkers50が選ぶ世界のマネジメントの大家トップ3に名前を連ね、世界中の多数の賞に輝く。ブルー・オーシャン・グローバル・ネットワークの設立者でもある。


「ライバルとの値下げ競争で、商売が厳しい……」

「競合にいかに勝つか、知恵を絞っています」

私は経営者やマネジャーから、こんな相談を受けることが多い。

過度な競争は、消耗戦に陥ってしまう。こんな人たちこそ、本書を読んでほしい。


本書ではライバル同士で激しく競争する市場を、限られた餌《えさ》の小魚（顧客）を多数のサメ（企業）が食いあい真っ赤な血に染まる海にたとえて、「**レッドオーシャン**」と呼ぶ。

一方でライバルなき新市場を、真っ青な海にたとえて「**ブルーオーシャン**」と呼ぶ。

本書はこのブルーオーシャンをつくる方法を具体的に示した一冊だ。

2005年に初版が出版されるや大ブームになり、「ブルーオーシャン」「レッドオーシャン」は一般用語になった。本書がヒットしたのは、ライバルなき新市場を「ブルーオーシャン」という分かりやすい言葉で表現したことも大きな要因だろう。本書は初版の10年後に出版された新版である。

私たちの周りには、電話・自動車・コンビニ・スポーツクラブなど、実に様々な商売がある。そのほとんどは100年前には存在しなかった。この30年間でも、スマホ・ネット通販など、30年前には想像もできなかった市場が生まれている。世の中の変化は速くなっている。さらに30年後には今は考えられない無数の市場が生まれているはずだ。

これらは例外なく、最初はブルーオーシャンとして生まれている。

新市場を切り拓いた「QBハウス」

このブルーオーシャンをつくるにはパターンがある。

本書で紹介されているQBハウスを例に考えていこう。

あなたが男性ならば、月1回くらいのペースで理髪店に行くはずだ。

髪を切る時間は正味10分程度なのに、どの理髪店も時間がかかるし料金も高い。洗髪、乾燥、蒸しタオル、整髪料、肩揉み、中にはお茶を出す店もある。要予約の店も多い。

「髪を切ってほしいだけなのに」と思いつつ、1時間の散髪で3000〜5000円払っている人も多いだろう。

❶一般的な理容店の戦略を把握する

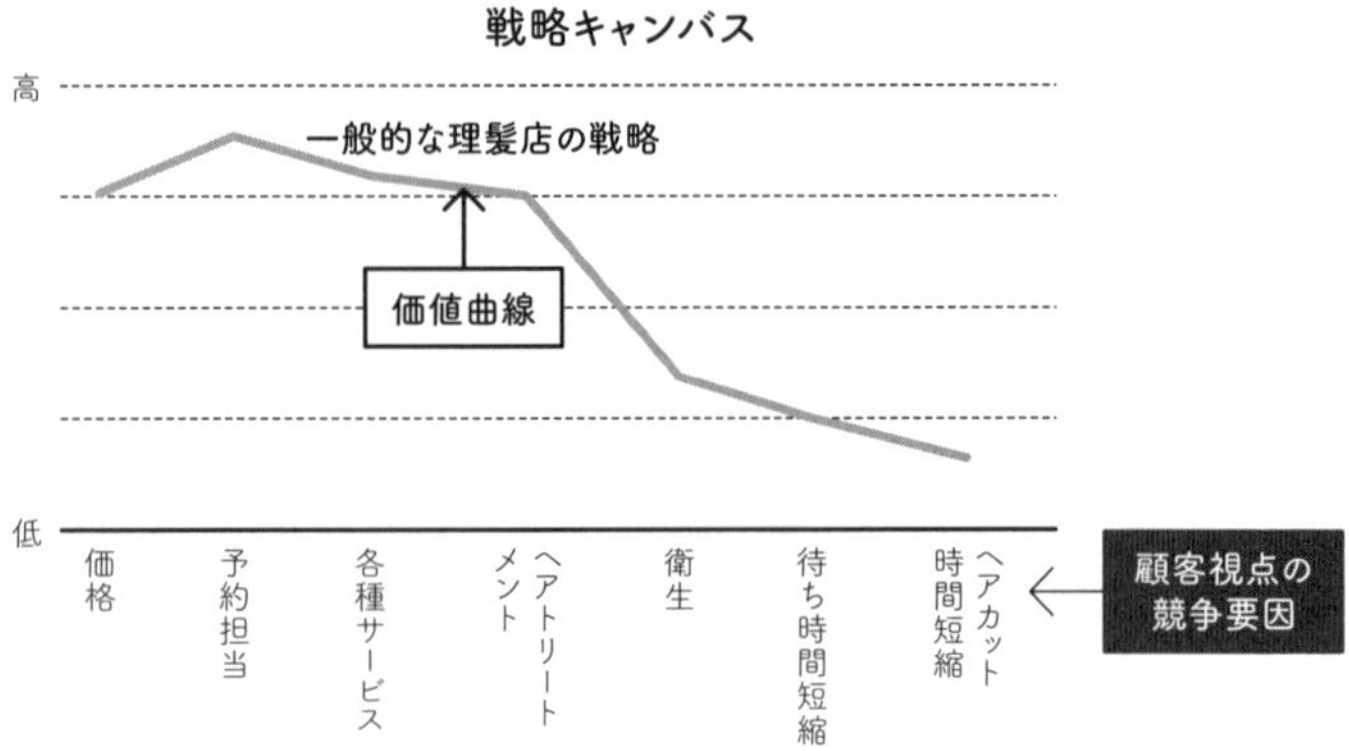

出典:『【新版】ブルー・オーシャン戦略』（著者が一部改変）

QBハウスの創業者・小西国義さんも「なぜ長時間拘束されなければならないのか？」と疑問を持った。調査すると、男性の3割以上が同じ不満を抱いていることが分かった。小西さんは、「これはいける！」と考えてQBハウスを創業した。

QBハウスは、洗髪・乾燥・整髪料・肩揉み・お茶などのサービスは一切やめて、髪のカットに特化した。

しかしカット後の毛くずが残る。そこでエアウォッシャーというシステムで、空気で毛くずを吸い取るようにしている。おかげで水回り工事不要で出店できるようになり、出店コストも下がった。さらに店舗の外に信号機で空き状況を表示することで予約担当も不要にし、料金を1000円（現在は1200円）に下げた。現在、店舗数は500を超え、理容業界が衰退し続ける中、成長し続けている。

❷「4つのアクション」を考える

QBハウスのアクション・マトリクス

取り除く	増やす
・予約担当 ・水回り工事	・衛生 ・待ち時間短縮 ・ヘアカット時間短縮
減らす	**創造する**
・各種サービス ・ヘアトリートメント ・低価格化	・エアウォッシャーシステム

※『【新版】ブルー・オーシャン戦略』より著者が作成

ブルーオーシャン戦略に沿って、QBハウスの戦略を見てみよう。

❶一般的な理髪店の戦略を把握する

ここでは顧客視点で理髪店を選ぶ基準を洗い出す。これを「**顧客視点の競争要因**」と呼ぶ。たとえば次のようなものだ。

価格、予約担当、各種サービス、ヘアトリートメント、衛生、待ち時間短縮、ヘアカット時間短縮。

これらの要因を横軸に取り、それぞれ顧客から見たレベルを「低い」から「高い」でスコアを付け、曲線で結ぶと、一般的な理髪店の戦略が分かる。

このように戦略をまとめた図を「**戦略キャンバス**」、戦略キャンバス上に描かれた曲線を顧客に提供する価値を示すことから、「**価値曲線**」という。

価値曲線を見れば、街で見かける理髪店はどこも似たような戦略であることが一目瞭然だ。

❸新たな戦略キャンバスを描く

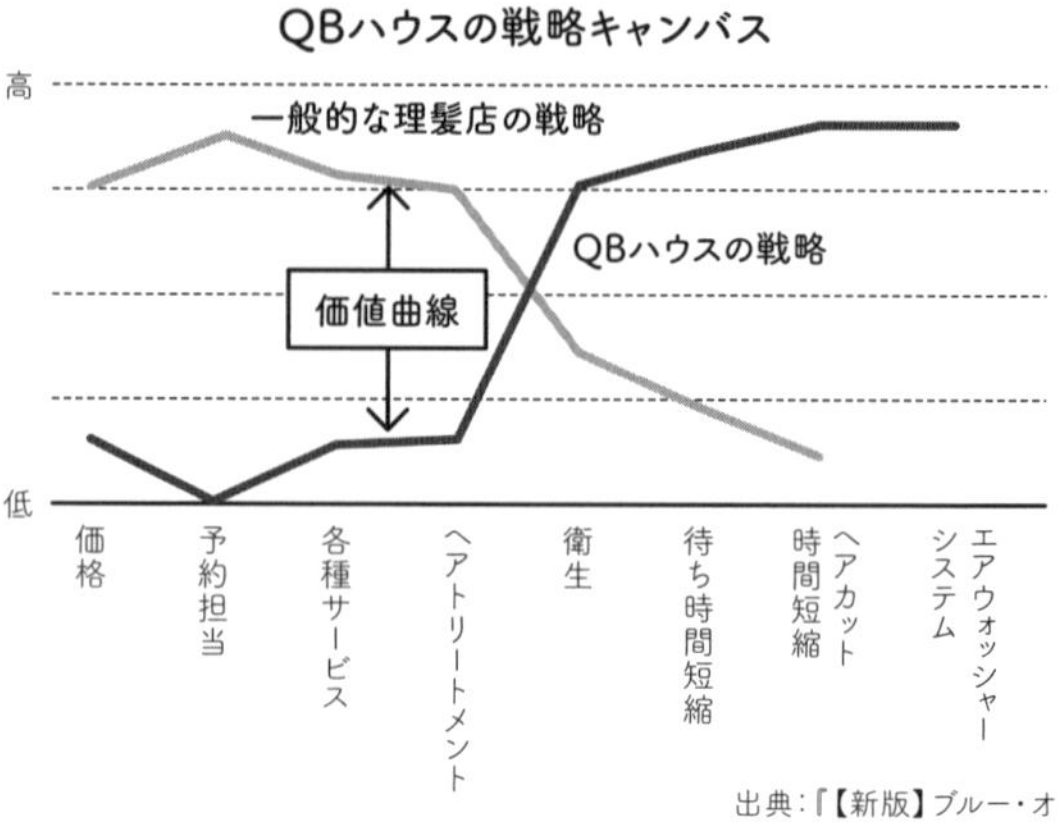

出典：『【新版】ブルー・オーシャン戦略』

❷「4つのアクション」を考える

業界の価値曲線を把握した上で、次の問いへの答えを整理し、アクション・マトリクスをつくる。

Q1：現業界で常識になっている要因のうち、何を**取り除く**か？

Q2：業界標準と比べ、思いきり**減らす**べき要因は何か？

Q3：業界標準と比べ、大胆に**増やす**べき要因は何か？

Q4：現業界でこれまでに提供されていない、新たに**創**《つく》**り出す**べきものは何か？

❸新たな戦略キャンバスを描く

新たな自社の価値曲線を描いていく。曲線の形の違いで、顧客から見ると、一般的な理髪店とQBハウスでは提供される価値がまったく違うことがひと目で分かる。

このようにブルーオーシャン戦略では、ライバルの動向を細かく調査分析しない。代わりに業界全体の戦略を把握し、従来とは異なる考え方を見つけ出そうとする。

「木を見ずに、森を見る」ということだ。

既存のライバルに勝とうと考えるのではなく、あくまで顧客視点で考えて、顧客にまだ提供されていない高い価値をつくり出す一方、業界の常識を大胆にやめ、低コスト化も同時に実現するのである。言い換えると、価値構造とコスト構造の変革なのだ。

ＱＢハウス創業者の小西さんはあるメディアの取材でこう語っている。

「なんだか目の敵《かたき》にされていますが、既存店の息の根を止めようと思ったことなどありません」

ブルーオーシャン戦略の考え方は、ライバルがいない新ビジネスを起こす大きなヒントになるはずだ。

POINT

ライバルに勝とうとせずに、顧客の立場で考え抜いて、新市場をつくれ

24

『ブルー・オーシャン・シフト』（ダイヤモンド社）

——「非顧客第一主義」が新しい市場をつくる

W・チャン・キム／レネ・モボルニュ

ともにINSEADの教授であり、同校ブルー・オーシャン戦略研究所の共同ディレクターを兼ねる。2人の共著『ブルー・オーシャン戦略』は世界的なベストセラーとなり、史上最も影響力の大きい戦略書の代表格と見なされる。2人はThinkers50が選ぶ世界のマネジメントの大家トップ3に名前を連ね、世界中の多数の賞に輝く。ブルー・オーシャン・グローバル・ネットワークの設立者でもある。

Ｂｏｏｋ23で紹介した『【新版】ブルー・オーシャン戦略』を、私がある業界の勉強会で紹介した時のこと。ある熟練の経営者からこう言われた。

「これは若いベンチャーには役立つんでしょうね。ウチは古い会社で、私は今のお客さんが好きなんです。でもこの市場が衰退していて……。どうすればいいんでしょう？」

本書はそんな悩みに応える一冊だ。衰退市場でも新規事業の立ち上げは可能である。本書のタイトルもまさに「ブルー・オーシャンへの移行（シフト）」という意味だ。

本書では、普通の会社がブルー・オーシャン市場を開拓できる方法を紹介している。基本的なツールや方法論は「ブルー・オーシャン戦略」と同じだが、考え方はより実践的だ。

実際に会社で戦略をつくり実行しようとすると、こんな反対にあうことが多い。

「そんなの机上の空論だよ」
「現実にあっていない。うまくいかないだろうな」
「そもそも今のやり方を変える必要なんてないよ」

これは反対する人が、心から納得していないからだ。そこで本書が一貫して重視するのは、「**人間らしいプロセスづくり**」である。新しい課題に挑戦し戦略をつくり実行するのは、組織にいる生身の人間だ。人間だからこそ、心から納得して動くことが大切なのだ。

また私は現場の人たちと話していて、「顧客目線の大切さはよく分かっているが、うまくいかない」と悩む人たちが多いことを痛感している。本書はこの悩みにも応えている。

ここでは本書の中から、この2点について見ていこう。

人間らしいプロセスづくり

ここで重視するのは次の3点だ。

❶進め方を細分化する

「ブルーオーシャン市場を開拓しなければいけない」という大きな課題を一気に解決するのは難しい。しかし「まず業界の現状を知ろう」というように、細かく具体的な作業に分ければ、誰でも対応できるようになる。

❷実体験を重視する

人は誰かから「こう決まったから、よろしく」と言われても、納得しなければなかなか本気で取り組めないものだ。しかし実際に自分で体験して、「これが必要だ」と心から納得できれば、多くの人は本気で動くようになる。このように誰かの指示でなく自らの体験を通して、役員や現場の人たちが変革の必要性を自分で見つける状況を生み出していく。

❸公正と信頼

「誰かが密室で決めている」と思ったら、人はなかなか本気にならない。しかし「会社の意思決定に自分の意見が採用された」という確信があれば、人は大きな力を発揮する。

顧客の苦痛を知り、ターゲットを見つける

顧客目線の大切さは誰でも知っている。しかし現実には会社員であっても、自社商品を使ったことがない人は意外と多いものだ。これでは「顧客目線」で考えるのは難しい。

本書では、ライバルの追い上げにあった米国のドラッグストアチェーンの事例を紹介している。

この会社では「まずは顧客を理解しよう」と考えた。役員が集まり、役員の一人にインフルエンザの患者役になってもらった。彼はチームリーダーからこんな指示を受けた。

「今日は会社を休み、ドラッグストアで処方薬をもらってきてください」

その役員は実際に会社から自宅に戻り指示通りやってみた。他の役員も彼に同行した。

9時30分　役員の自宅に集合。医師に電話。「診察は11時30分から」と告げられた。
10時30分　病院に出発。車で45分かかる。混雑する待合室で30分待つ。
11時45分　看護師に呼ばれ、下着一枚になり、体重と身長を計測する。
12時15分　医師の問診を受け、やっと処方箋を入手する。
12時25分　薬局へ向かう。車で45分。待ち時間15分。
14時00分　無事、処方薬を入手。

同行した全役員の感想は、「もうコリゴリ。症状を放って、自宅にいたほうがラクだ」

ここでチームリーダーが「だから薬が買われないのでは？」と言うと、一同沈黙。

そして議論が始まった。

薬局で薬を処方できれば、問題は解決できる。しかし医師常駐はお金がかかる。上級看護師なら薬の処方ができ、コストは3分の1だ。役員一同は「これでお客様も喜ぶし、売上も伸びる。ブルーオーシャンを開拓できるのではないか？」と考えるようになった。

ドラッグストアで売上を成長させようとすると、品揃えや店舗数拡大などを考えがちだが、これでは他社と同じレベルの競争になり、レッドオーシャンから抜けられない。

非顧客層のどこを狙うか？

ドラッグストアの場合

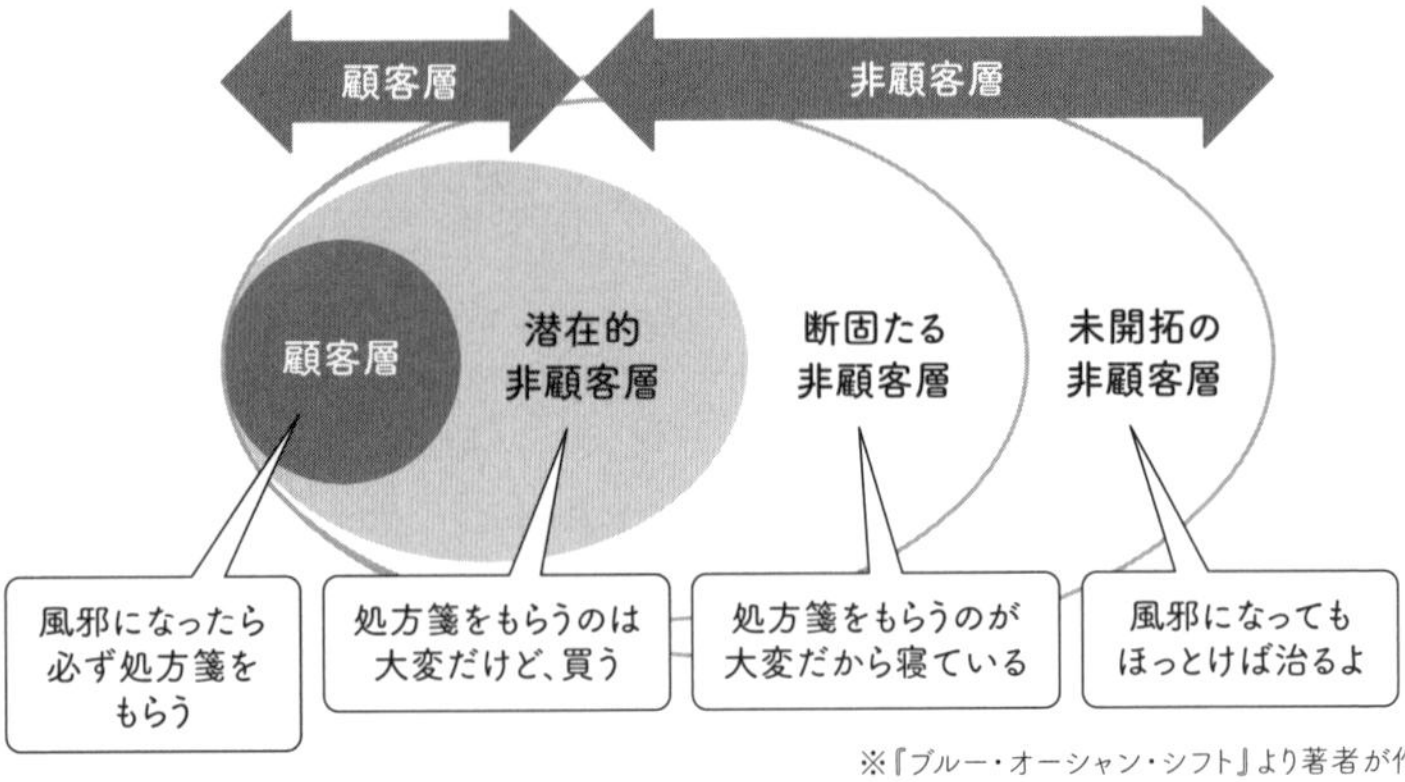

※『ブルー・オーシャン・シフト』より著者が作成

徹底的に顧客になりきることで、それまでまったく見えなかった顧客の苦痛が見えてくるのである。

顧客を理解する上で重要なのは、調査や分析を外注しないことだ。トップや社員が自ら現場に行き、観察し知見を得ることで、プロジェクトに関わる全員が腹オチして取り組めるようになる。

これは私自身も、企業の新商品開発チームに参加して実感している。チームメンバーや私自身が現場に出て課題を発見すれば、その後は全員が積極的に課題解決に取り組むようになり、プロジェクトがうまく進むようになる。

実はブルーオーシャン戦略は「顧客第一主義」ではなく、**「非顧客第一主義」**である。

既存顧客の取り合いは、レッドオーシャンの戦いになる。しかしまだ顧客でない人を掘り起こせば、ブルーオーシャンを開拓できる。そのためには、

「非顧客」の苦痛を見つけ出し、その苦痛を解決することだ。そこで「非顧客層」を3種類で考える。

❶潜在的非顧客層↓仕方なく使っている。そのうちやめるかもしれない
❷断固たる非顧客層↓あえて「使わない」と決めている
❸未開拓の非顧客層↓使うなんて考えたこともない

ドラッグストアの事例をあてはめると、図のようになる。

非顧客層が誰でどんな苦痛を抱えているかが分かれば、その苦痛を解決することで、新たなブルーオーシャンを開拓できるのである。「非顧客を狙え」は、Ｂｏｏｋ15『イノベーションへの解』で紹介した「無消費者を狙え」という考え方と共通している。

一見レッドオーシャンの中にいても、ブルーオーシャンの芽は至る所にある。顧客はなんらかの不満を必ず持っている。その不満が、ブルーオーシャンの芽になるのだ。「うちの会社では、ブルーオーシャン戦略なんてムリだ」という人こそ、本書を読めば得られるものが大きいはずだ。

POINT

どんな市場でもブルーオーシャン市場の芽がある。顧客を観察せよ

25

『発想する会社！』（早川書房）

――デザイン思考で、発想の呪縛を解き放て！

トム・ケリー

多くの一流企業の製品開発を請け負い、そのすぐれた製品のみならず、それを生み出す企業文化までもが注目されているIDEO社のゼネラルマネジャー。兄で会社創立者のデイヴィッド・ケリーとともに経営に携わり、主にビジネス開発、マーケティング、人事、オペレーションの業務を担当。IDEOの方法論であるブレインストーミングやプロトタイプ製作を実践している。

企業の競争力は、社員の発想力やアイデア次第だ。

「凄い発想力やアイデアなんて、天才でなければムリだ」と思うかもしれない。

しかし「**誰でもクリエイティブだ**」と言うのが、著者のトム・ケリーだ。

いまや世界を席巻するグーグルやアップルをはじめ、世界で成長する多くの企業は、本書から大きな影響を受けて組織づくりをしている。

ケリーはデザインコンサルティング会社ＩＤＥＯ（アイデオ）のエグゼクティブだ。

ＩＤＥＯは多くの業界で新商品開発プロジェクトを支援してきた。アップルの最初のマウスも、ジョブズの依頼でＩＤＥＯが関わった。

「デザインって、要はいかに製品をカッコよくつくるかでしょ？　自分には関係ない」と思うかもしれないが、そうではない。デザイン手法をビジネスの現場でも使える問題解決方法に発展させたのが「**デザイン思考**」なのだ。

本書はIDEOが持つ4000件あまりの経験を基に、2001年に出版された。

ここではケリーが4年後に出版した『イノベーションの達人!』の内容も含め紹介する。

IDEOの方法論をひと言でまとめると、①人がどんな課題で困っていて、②実際にどのように使うのかを観察し、③アイデアを重視して解決策を生み出し、さらに④解決策が本当に役立つかを確認する、という実践的なものだ。重要ポイントを見ていこう。

ユーザーを徹底的に観察し、理解する

ハナコさんは夫の実家で、(塩辛いなぁ。ちょっとムリ)と思いながら食事中。そこへお義母さんがニコニコしながら聞く。

「ハナコさん、お味はどう?」

「とってもおいしいですわ。お義母さま」

実は顧客もハナコさんと同じである。

IDEOはあるソフト会社の依頼で、新アプリのユーザーの反応を観察した。

部屋に集められた人たちは操作しにくいアプリを、顔をしかめ、ため息をつきながら不器用に使っていた。終了後にソフト会社から「改善点は?」と聞かれた彼らは、こう答えた。

「何の問題もない。改良すべき点は1つも考えられない」

まさに「とてもおいしいですわ。お義母さま」のハナコさんである。

顧客は何がどう悪いのかをうまく説明できないのだ。

だから顧客に聞くだけではダメだ。自分の目で顧客を観察し、実際に確かめるのである。


P&Gの「クレスト」という練り歯磨きは、キャップのネジに練り歯磨きがついて乾き、キャップが閉まらなくなるのが悩みだった。そこでワンタッチ開閉式で解決を図った。しかしこれだけでは解決できなかった。顧客を実際に観察すると、昔通りの方法でキャップを何回も捻って開けようとして、逆に開けられなくなってしまったのである。折衷案として1回捻るだけで開けられるキャップにしたら大好評。ヒット商品になった。

現場で顧客を徹底的に観察し、何が問題なのかを見極めることが大切だ。

ブレインストーミングでアイデアが生まれない理由

多くの会社で、アイデアを生み出すためにブレインストーミングを行っている。

しかしなかなかアイデアが生まれないのも現実だ。やり方が間違っているのである。

本書では「**ブレインストーミングの6つの落とし穴**」を挙げている。

落とし穴1　鶴の一声で始める

→冒頭で上司が「新しいアイデアがほしい。特許を狙うぞ」と発言したりすると、発想の自由が奪われ、部下は萎縮し、最初からアイデアは出なくなる。

落とし穴2　全員に必ず順番が回ってくる

→強制してもアイデアは出ない。民主的な悪平等だ。

落とし穴3　専門家以外は参加禁止にする→凄いアイデアの多くは、素人発想だ。

落とし穴4　社外（リゾートなど）で行う

→本来、その開放的な環境を自社につくるべきだ。

落とし穴5　ばかげたアイデアを否定する→奇抜なアイデアこそ、革新の種である。

落とし穴6　すべてを書き留める→書き留めている間は、アイデアは思いつかない。

これらすべては、アイデアを生み出すブレーキだ。「ウチの社員、アイデアがないんだよなぁ」と嘆くマネジャーがいたとしたら、実はその人自身がダメな元凶なのである。

本書では「**ブレインストーミングを成功させる7つの秘訣**」も紹介している。

秘訣1　焦点を明確にするが、限定しすぎない

→「AI技術で何ができるか、アイデアを出そう」というテーマでは、「AI活用」という手段が発想の制約になるし、範囲も広すぎる。主語を課題や顧客にし、絞り込むべきだ。たとえばこのように設定する。「来日する海外旅行者が、道に迷わないようにする方法は?」。

秘訣2 **遊び心あるルールを明示する**

↓IDEOの会議室にはこんなルールが大きな字で書いてあるという。よりよいアイデアを大量生産するためだ。「量を狙え」「思い切ったアイデアをどんどん出そう」「目に見えるように表現しよう」。

秘訣3 **アイデアを数える**

↓「数」は「質」を生む。さらに数は参加者を刺激する道具にもなる。1時間に100個のアイデアが出る会議は、流動的で質が高い。

秘訣4 **議論の流れの勢いを止めない**

↓議論の流れの勢いが衰えてきたら、ファシリテーション役が議論を別の視点に誘導し、アイデアを積み上げ続けることが必要だ。

秘訣5 **議論の流れを壁に書き留めて、見える化する**

↓人はアイデアを書き留めた場所に戻ると、そのアイデアを思いついたときの記憶が呼び戻される。

秘訣6 **時にウォーミングアップする**

→こんな時には有効だ。①参加者同士が一緒に仕事をしたことがない。②頻繁に議論したことがない。③別の差し迫った問題で気が散っている。

秘訣7　モノを持ち込む

→いろいろな素材をその場に持ち込んで、実際に手に取って組み合わせることで、アイデアを表現できる。次に紹介するプロトタイプづくりの際には有効だ。

プロトタイプをつくる

幼稚園児は天才だ。思いついたらすぐに泥や粘土をこねたり積み木を組み合わせて、時に大人も驚くようなモノをつくり上げる。この作業がまさにプロトタイプだ。ちょっと考えたことをすぐ形にし、気に入らないとすぐに壊し、つくり直す。

しかし大人になった私たちは、この方法を忘れてしまっている。

デザイン思考では、このプロトタイプを問題解決手段として使う。「プロトタイプなんて、お金も時間もかかって大変だ」と思うかもしれないが、そんなことはない。

IDEOが新しい鼻の外科手術道具の開発プロジェクトに参加していた時のこと。外科医と構想を議論していたが話は堂々巡り。するとIDEOの若手エンジニアが席を立ち、5分後に戻ってきて外科医に「ほしいのはこれでは？」と図（次ページ）の左のプロトタイプを見せたところ、外科医たちは異口同音に「まさにコレだよ！」。

プロトタイプはアイデアを見える化する

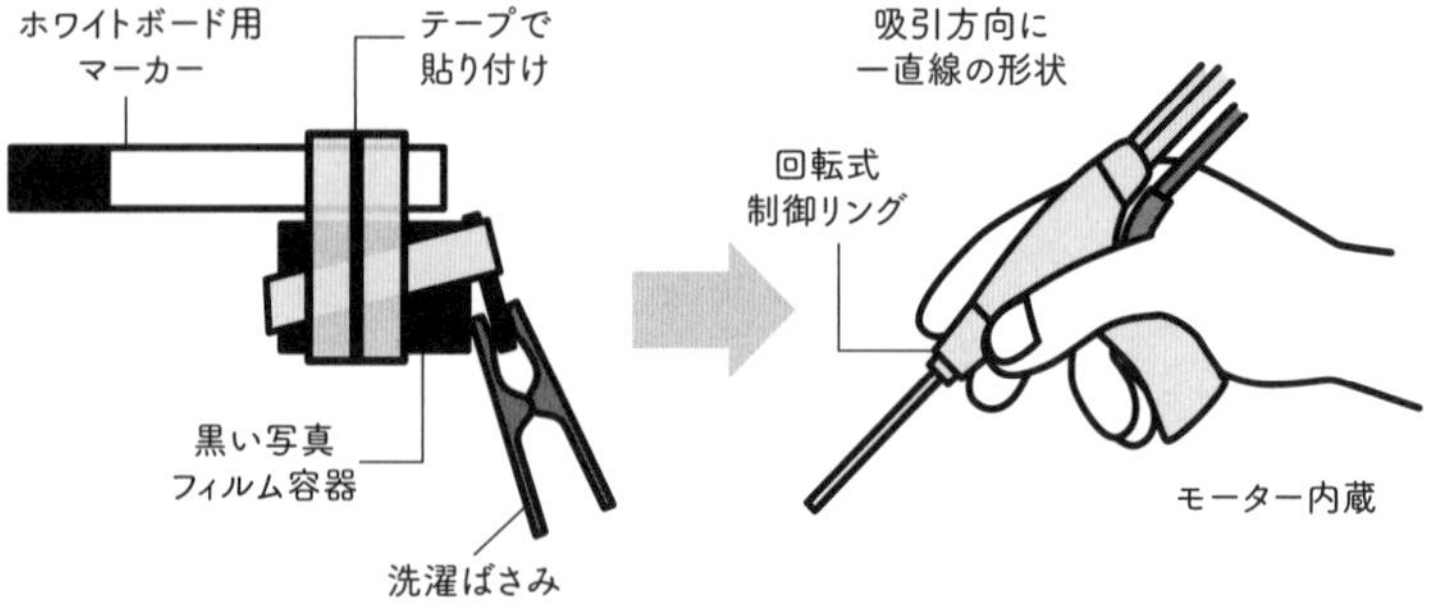

制作時間	5分
制作費用	数百円

Diego Powered Dissector System

※『イノベーションの達人！』より著者が作成

この初期モデルは図右の「ディエゴ・システム」という電子メスになり、多くの手術で使われるようになった。

このプロトタイプは製作時間5分、費用は数百円もかかっていないだろう。

しかしアイデアを出す段階ではこれで十分なのだ。

私たちはこう考えがちだ。

「大事なお客様には、中途半端なアイデアを出してはダメだ」

これがいけないのだ。**「お客様に思い切ってアイデアをどんどんぶつけていこう」と考えれば、多くのプロジェクトで立ちはだかる壁が、斬新なアイデアで打開されていく。**このときにプロトタイプは大きな武器になる。敷居を下げ、アイデアを具体化してくれるのだ。

プロトタイプづくりは、新商品・サービス・プロモーションなど、多くの分野で有効だ。

「まるで別世界の話だなぁ。ウチの会社にはそんなアイデアを出せる人材なんていないよ」

本当にそうだろうか？

鼻の手術道具のプロトタイプをつくるには、何の難しい技術もいらない。幼稚園児でもつくれる。お金もかからない。誰でもこのようなアイデアを生み出すことは可能なのだ。

問題の本質は、多くの企業が社員の自由で新しい発想を呪縛していることだ。

ではその呪縛をいかに解き放つか？　本書は大きなヒントになるはずだ。

Ｂｏｏｋ10『知識創造企業』で紹介したように、「知識社会」では新たな知識を創造する能力が、企業の競争力を左右する。

個人同士で暗黙知と形式知をやり取りし続けながら、組織として新たなアイデアを生み出し続ける具体的な仕組みを考える上で、本書は大いに役立つはずだ。

POINT

潜在能力を解放する環境をつくれば、アイデアは次々と生まれてくる

26

『メイカーズ』（NHK出版）

――デジタルでものづくりが変わる！

クリス・アンダーソン

3D Robotics 社 CEO。ワイアード誌元編集長。「ロングテール」「フリーミアム」「メイカームーブメント」といったキーワードでデジタル時代の新しいパラダイムをいち早く提示し、2007年にはタイム誌の「世界で最も影響力のある100人」にも選ばれている。2012年にドローン開発のスタートアップ、3D Robotics を創業。カリフォルニア州バークレー在住。

インターネットが急速に普及し始めた1990年代後半、私が勤めていたIBMで、会社を辞めてソフトウェアで起業する同僚が増えた。パソコン1台でソフトはつくれるし、ネット経由で世界中に売れる。ソフトビジネス起業の敷居は劇的に下がった。

一方で、社内でものづくりの仕事をする同期もいたが、彼らは起業しなかった。ものづくりで起業するには工場（＝莫大な資金）が必要だったので、起業の敷居が高かったのだ。

本書は、今ものづくりの敷居も一気に下がっていることを教えてくれる。

本書のタイトル『メイカーズ』は、「個人でものづくりをする人たち」という意味だ。個人が開発したソフトウェアが世界中に売れたように、いまや個人がものづくりをして、世界中で売れるようになった。これは3Dプリンターなどの様々な仕組みのおかげだ。

文章をワープロで書いてプリンターで印刷する人は多いだろう。**3DプリンターとCADソフト**により、ものづくりもこれと同じくらい簡単になった。

通常のプリンターでは、ワープロで文章をつくり、紙用のプリンターがインクで印刷する。3Dプリンターの場合、ワープロの代わりにCADソフトで設計図を3Dデータとしてつくる。このデータを3Dプリンターへ送ると、3Dプリンターはインクの代わりに樹脂などの材料を何層も積み重ねて、立体的に造形していく。CADソフトと3Dプリンターさえあれば、造形物は自由自在につくれるのである。

いまや家庭用3Dプリンターは安いもので2万円程度だ。

さらに数十~数万個単位でつくってくれる会社に3Dデータを送れば、ネット経由で文章印刷を大量注文するのと同じように、簡単に品質が高いモノを大量に生産してくれる。

ひと昔前のものづくりは工場の設立などで莫大な費用がかかったが、いまや個人がパソコンとCADソフトを使うことで、劇的に全体のコストを下げて生産できるのである。

しかも何でも自由に思いのまま造形できる。金属粉を使えば金属部品もつくり出せる。

GE社は次世代エアバス向けジェットエンジンに、3Dプリンターでつくった燃料ノズルを搭載している。一体成形できるので溶接回数が5分の1に減り、耐久性は5倍に高まった。

しかし、現在のものづくりがすべて置き換わるわけではない。３Ｄ印刷では、たくさんつくればコストが下がる**「規模の経済」**が効かないからだ。

3D印刷は「規模の経済」が効かない

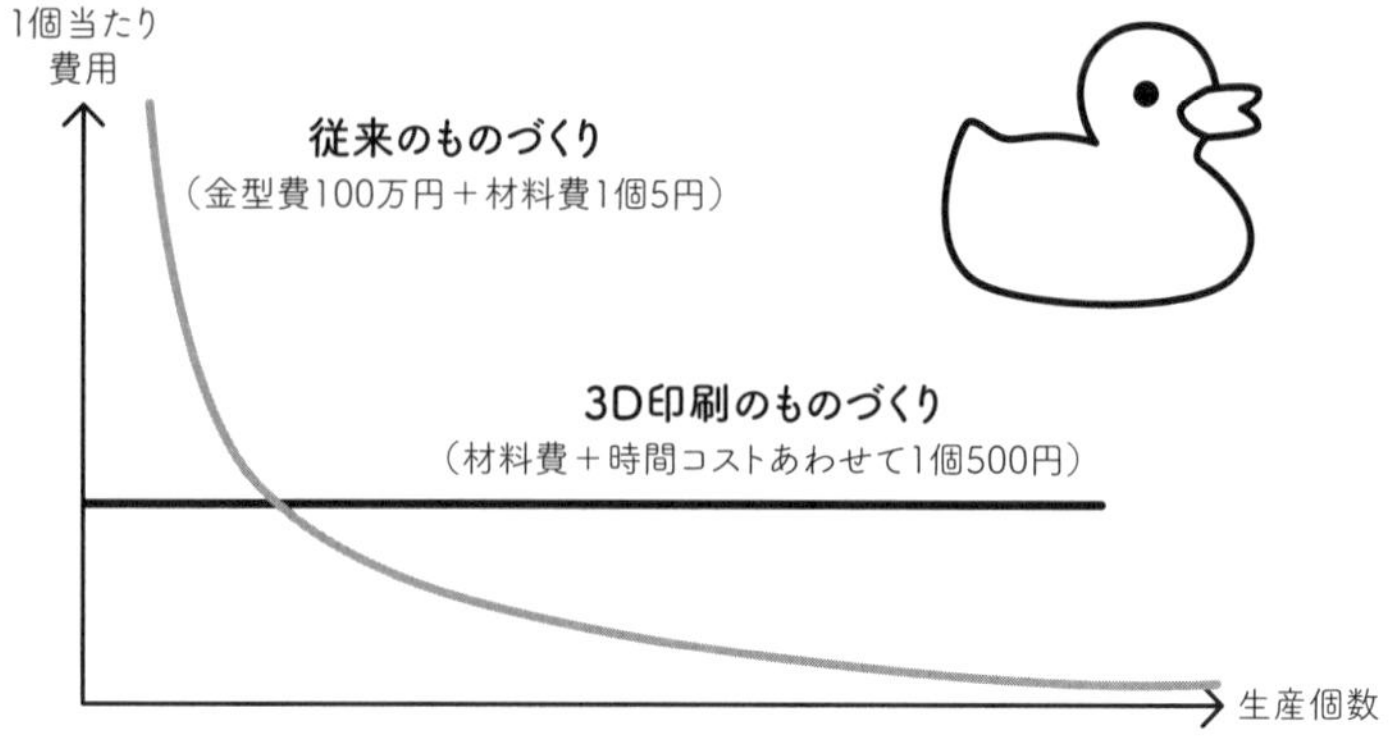

※『メイカーズ』より著者が作成

風呂に浮かべる黄色いアヒルをつくるケースで、考えてみよう。

従来のものづくりでは、最初にアヒルの金型をつくる。「金型」はタイ焼きをつくる型と同じだ。型に生地を流し込めば、同じ形のタイ焼きはいくらでもつくれる。同様にアヒルの金型をつくって黄色い樹脂を流し込めば、同じ形のアヒルをいくらでもつくれる。

この金型をつくるには意外とお金がかかる。

仮に金型製作費が１００万円で樹脂代が１個５円だと、１個目の費用は１００万５円だが、１００万個つくると総額６００万円なので、１個当たりの費用はわずか６円。たくさんつくれば安くなるのだ。

ただし、つくった金型は修正できないので、同じアヒルしかつくれない。

一方、3D印刷のものづくりでは金型は不要だが、3Dプリンターでは1個つくるたびに材料費と時間コストがかかる。1個目の費用が500円だと、100万個目も500円だ。ただし金型とは違って、1個ごとに細かい修正ができる。

このように大量生産の場合、従来のものづくりのほうが1個当たりのコストは圧倒的に安い。しかし最初の金型通りにつくり続けるので、細かな変更や複雑なモノの生産への対応は難しい。

3D印刷は1個当たりのコストが高い。しかし1個ずつアヒルの表情を変えても、アヒルのボディに細かい羽細工をしても、気が変わって「くまモン」をつくっても、コストは変わらない。

3D印刷が強みを発揮できるのは、複雑なモノを少量生産する場合だ。

多くの知恵が集まるものづくりへ

ただこれだけでは、メイカーズ革命の本来の価値を、まだ十分に引き出していない。

ソフトウェアの世界では、リナックスがマイクロソフトやIBMも採用する基本ソフトウェアに育った。ソースコードを公開する「オープンソースソフトウェア」という方法で、世界中の才能あるプログラマーが集まり開発したからだ。

メイカーズ革命ではこの考え方を、ハードウエアの世界で実現できる。設計図の3Dデータはデジタル情報だ。デジタル情報は、誰とでも共有でき、自由にコピーができ、誰でも自由に変更できる。ソースプログラムと同じだ。そこでリナックスがソースコードをすべて公開したように、メイカーズ革命でも設計図はすべて公開する。誰でも設計図を見られるので、短期間でより多くの人の知恵が得られるようになる。

従来のものづくりでは、設計情報は「秘中の秘」。特許で守られ門外不出だった。しかしメイカーズ革命では、多くの人の知恵を集め、短期間で製品開発が可能になる。米国・国防高等研究計画局の次期戦闘車両プロジェクトのコンテストでは、オープンハードウェアで自動車を開発するベンチャーのコミュニティが数週間でデザインをまとめ、3カ月半後に優勝した。従来の社内だけの開発方法では、このスピードで開発するのは難しい。

一方で模倣が心配という人も多いだろう。アンダーソンは、CEOを務める3Dロボティクスで、ドローン（無人飛行機）を開発・販売したときの経験を紹介している。アンダーソンがドローンの設計図をネットで公開すると、低価格で高品質、しかも中国語のマニュアル付きの中国製模造品がネットで売られるようになった。

しかし「真似されるのは成功の証だ」と考えたアンダーソンは、何もしなかった。間もなく「模造品の中国語マニュアルを書いた」という若者が出てきて、「中国語マニュアルを公式マニュアルに移植したい」と申し出てきた。さらに彼は本体のバグも直し始め、アンダーソンのプロジェクトに大きな貢献をするようになった。

これについてアンダーソンはこのように述べている。

「オープンソース化するだけで、僕たちは無料の研究開発機能を手に入れた」

模倣されるのも織り込んだ上で、知識を共有し、ものづくりを進化させていくのだ。

ものづくりの悩みを解決する「クラウドファンディング」

昔からものづくりでは、「資金をどうするか?」「つくっても売れるのか?」という悩みがあった。

この2つの悩みを同時に解決するのが、**クラウドファンディング**だ。「こんな商品をほしい人は○○円出してほしい。目標金額になったら開発する」と顧客を募る。事前に資金調達できるし、「お金を出して買う」という顧客の存在も把握できる。これも、少数生産できるメイカーズ革命のおかげで可能になったことだ。

ナイキはiPodナノを腕時計のように腕にはめこむリストバンドの製品化で、クラウドファンディングを行った。資金調達のためでなく、市場調査に使ったのである。

アンダーソンは、世の中の新たな動きを概念にまとめ、的確な名前をつける達人だ。「フリー」や「ロングテール」も彼が生み出した言葉だ。

ものづくりは急速に変わりつつある。個人に留まらず、大企業にも影響を与えている。将来のものづくりの方向性を理解する上で、本書は参考になるはずだ。

POINT

デジタルなものづくりは複雑なものを少量生産でき、知識も共有できる

第4章

「マーケティング」

実はマーケティングの定義は人それぞれ。
決まった定義はない。
本章では、このマーケティングをやや狭く考えていく。
マーケティングの手段の組み合わせを
「マーケティングミックス」という。
製品(Product)、販促(Promotion)、価格(Price)、
チャネル(Place)を組み合わせたもので、4Pともいわれる。
そこで本章では、
4Pにブランド戦略も加えて紹介していきたい
(なお4Pのうち「製品」については、第3章を参照してほしい)。

27

『ブランド優位の戦略』（ダイヤモンド社）

――「どう見られたいか？」を考え、実現せよ

デービッド・A・アーカー

カリフォルニア大学バークレー校ハース経営大学院名誉教授（マーケティング戦略論）。ブランドのコンサルティング会社プロフェット社副会長。ブランド論の第一人者として知られ、マーケティング・サイエンスの発展に著しく寄与したことに対して「ポール D. コンバース（Paul D. Converse）」賞を、またマーケティング戦略への業績に対して「ヴィジェイ・マハジャン（Vijay Mahajan）」賞を受賞。


車好きの男性は、あの黒・白・水色のＢＭＷロゴを見るとつい乗りたくなる。

エルメス好きの女性は、あのオレンジ色のロゴを見るとついうっとりする。

強いブランドは信頼感抜群。顧客を惹きつけ、値下げしなくても売れる。しかしロゴはブランドのごく一部だ。ブランドは実に奥深いのである。世界的なブランド戦略の大家・アーカーは、本書で強いブランドを戦略的につくる方法を教えてくれる。

ブランドが持つ見えない価値を、アーカーは「**ブランドの資産価値**」（**ブランド・エクイティ**）と名付けている。ブランドはヒト・モノ・カネと同じく企業の資産なのだ。

強いブランドの資産価値をつくるには、**ブランド・アイデンティティ**を考える必要がある。ブランド・アイデンティティとは、「ブランドをどう見られたいのか？」ということ

だ。一方で**ブランド・イメージ**は「今、ブランドがどう見られているか?」だ。

人にたとえると分かりやすい。マンガ『あしたのジョー』の冒頭、主人公・矢吹丈は、ケンカに明け暮れる不良少年だった。これが当時の丈の「ブランド・イメージ」だ。元ボクサーで日雇い労働者に落ちぶれていた丹下段平は、丈と殴り合って丈のパンチ力に驚き、「世界一のボクサーに仕立ててやるぜっ」と言った。これが段平と丈が目指す「ブランド・アイデンティティ」である。

ブランド・アイデンティティは、そのブランドが何を目指すかを決めるものなのだ。強いブランド・アイデンティティを実現するには、次の4つの視点で考える。

視点1 「製品」としてのブランド

コーラの褐色の液体はのどの渇きを癒やすし、おいしいバニラアイスクリームはハーゲンダッツのブランドを感じさせる。顧客は製品を通して、ブランドを実体験する。製品はブランド・アイデンティティの重要な一部だ。しかし製品だけではライバルにすぐに真似される。ブランドは単なる製品以上のものなのだ。

視点2 「組織」としてのブランド

スキンケア商品「ボディショップ」は、「単に化粧品を売るのではなく、世の中をより豊かにする。だから搾取《さくしゅ》しない」という創業者の哲学がある。自然原料だけを使い、動物実験もしない。社員もこの考えを徹底している。顧客は商品を買うことで、この世の中を豊かにする活動に参加している。このように組織や価値観も、強いブランド・アイデンティティをつくっている。

視点3 「人」としてのブランド

ブランドマークの刺青を入れる顧客が世界一多いのが、ハーレー・ダビッドソンだ。日本製バイクのほうがバイク性能は上だが、ハーレーの熱狂的な顧客には、ハーレーはバイク以上のものだ。自由の象徴であり、米国そのものであり、男らしさの表現なのだ。人は強いブランドを、あたかも「自分にとって大切な人間」のように感じる。これを**ブランド・パーソナリティ**とも呼ぶ。

視点4 「シンボル」としてのブランド

ブランドを表現するものは、何でもシンボルになる。コーラの「赤」。マクドナルドのマスコットであるピエロ「ドナルド・マクドナルド」。アップルの創業者スティーブ・ジョブズ。これらがシンボル（象徴）として、強いブランドをパワフルに伝える。

しかし**強いブランドをつくるには、これだけではまだ不十分だ。**顧客がブランドを信頼し、商品を買うようにするには、「顧客にとっての便益」を明確・具体的にすることだ。

❶機能的な便益

先の「製品としてのブランド」に基づいたものだ。ただ機能は真似されやすく、差別化は難しい。多くの企業の「顧客にとっての便益」は、このレベルに留まっている。

❷情緒的な便益

買ったり使ったりすることでいい気持ちになるブランドには、これがある。Book46『予想どおりに不合理』で紹介するように、コカ・コーラとペプシは目隠し試飲テストでは脳の活動に違いはなかったが、どちらを飲んでいるか分かるとコーラのほうが脳の活動が活発になる。「コーラというブランド」が感情によい影響を与えているからだ。「BMWに乗ると気持ちいい」のも同じだ。

❸自己表現的な便益

「カフェでマックブックを使う自分ってクール」とドヤ顔をすることを「ドヤマック」という。単に気持ちいいだけでなく、「これを持つとこういう自分になれる」というものだ。

ブランドの構造を理解すれば、強いブランドをつくる方法が分かる。

アップルの商品が高いのは、ジョブズが「自社商品を高級品にしたい」と考えた結果だ。もともとアップルのブランドイメージは、パソコンオタク向けに洗練された商品を提供する会社だった。そこで贅沢品を参考にした。贅沢品は「高額所得者」に対して、直営

「アップルを高級ブランドにしたい！」

ブランド・イメージ
「今、どう思われているか」
➡
ブランド・アイデンティティ
「どう思われたいか？」

		ブランド・イメージ	ブランド・アイデンティティ
製品		電子機器	電子機器
使用者		パソコンオタク	**高額所得者**
パーソナリティ		オシャレで洗練	オシャレで洗練
便益	機能的	使いやすい	使いやすい
	情緒的	（特になし）	**高級品**
	自己表現的	（特になし）	**「使っている自分はクール」**

（高額所得者・高級品・「使っている自分はクール」から矢印）
- 直営店展開
- クールなキャンペーン

※『ブランド優位の戦略』より著者が作成

店を通じて販売することで、所有する喜びや自己表現を提供する。そこで当時の消費者向け電子機器では非常識だった直営店を展開し、さらに「アップル＝クール」というキャンペーンを行った。

このようにブランド・アイデンティティを目標にして、現在のブランド・イメージとのギャップを把握し、強いブランドをつくる方法を考えるのだ。

首尾一貫した蓄積がブランドを構築する

ブランド・アイデンティティは長期間、首尾一貫してキャンペーンをすることが必要だ。必要なのは、**蓄積効果**だ。ブランド・アイデンティティを頻繁に変えると過去の蓄積はムダになり、顧客も「そのブランドって結局なんなの?」と混乱してしまう。

マールボロは1950年代から「マールボロ・マン」キャンペーンを首尾一貫して続けることで、カウボーイ、強い自尊心、素朴さや男らしさという強力なブランド・イメージをつくり上げた。

首尾一貫すれば、ライバルを圧倒する強いブランドがつくられ、ライバルが真似できなくなる。

顧客に飽きられることは必ずしも悪くはない。世の中に広く受け容れられている裏返しだ。首尾一貫した同じメッセージに「飽きた」顧客のおかげで今の強いブランドがある。一方で時代は激変している。何も変えないと時代遅れで古くさくなる。コアとなるブランド・アイデンティティから離れずに、時代に合わせることが必要だ。

GEは19世紀末に「電気を使った快適な生活を提供する」というキャッチフレーズで「ゼネラル・エレクトリック」というブランド名を付けた。しかし電気と結びついたこの名前は古くなった。そこで今は「GE」の名前を前面に出している。

商品を考えるとき、私たちは機能中心に考えがちだ。しかし顧客は機能だけで商品を選んでいるわけではない。ブランドは商品の価値を決め、商品を選ぶ大きな決め手だ。ブランドとは何なのかを理解したい人は、ぜひ本書を一読してほしい。

POINT

ブランドをどうしたいのか？　機能・情緒・自己表現的便益は何か？

28

『価格の掟』（中央経済社）

——価格戦略が、儲けを決める

どれだけ儲かるかは価格次第だ。次の式でも分かる。

利益 ＝ 販売量 × 価格 − コスト

しかし「販売のプロ」「コスト削減のプロ」は多いが、「価格のプロ」は少ない。

「ザ・プライシングマン」とも呼ばれる著者のサイモンは、世界的な価格戦略の第一人者。世界最大の価格コンサルティング会社のＣＥＯだ。サイモンは本書で、価格戦略の神髄を惜しげもなく紹介している。

本書の冒頭で、サイモンは税金アドバイザーに相談した体験を紹介している。

「ちょっと厄介な税金問題を抱えているんです。アドバイスいただけますか？」

「〇〇すればいいですよ」

30分で即答されたが、後日１５００ドル（15万円）の請求書が届いた。

ハーマン・サイモン

戦略・マーケティング・コンサルティング会社、サイモン・クチャー＆パートナーズの会長。ドイツのマインツ大学とビーレフェルト大学で経営管理とマーケティングの教授を務め、ハーバード大学、スタンフォード大学、ロンドン大学、INSEAD、慶應義塾大学、マサチューセッツ工科大学の客員教授を務めた。ボン大学とケルン大学で経済学と経営学を学び、ボン大学で博士号を取得。

（高すぎる。何かのミスだろう）と考えたサイモンが「30分の仕事にしては、少々お高いのでは？」と言ったところ、こう回答されたという。

「他の人に相談したら3日あっても解決できなかったでしょう。私は15分で問題を理解し、15分で最適な解決策を見つけたのですよ」。サイモンは納得したという。

価格とは価値である。顧客が「その価値なら支払う」という価格が正しい価格だ。自分で価格を決められることが大切だ。相手が「この価格で」と言うようではダメなのだ。
価格戦略では**行動経済学**の考え方が役立つ。価格は人の心理まで考えることが必要なのだ。古典的な経済学は「人は必ず理性的に行動する」と考えるが、これでは限界がある。
行動経済学は、合理的ではない人の行動を解明してくれる。いくつか紹介しよう。

❶プロスペクト理論

「ビジネスは心理学で考えなければならない」が口癖だったセブンアンドアイ元会長・鈴木敏文さんは、消費税が5％になった時に「消費税5％還元セール」を行った。「2割引でも売れないのに……」という反対が多い中、大成功した。

これは「**損する痛みは、得する喜びよりも大きい**」という行動経済学の「プロスペクト理論」の応用だ。還元セールで増税の損失感が消える。だから消費者が反応したのだ。

❷プラシーボ効果

私は自宅でよくコーヒーを飲む。ある日「目が覚めてスッキリする！」と言うと、妻がこう言った。「もう1週間もノンカフェインコーヒーを淹れているんだけど」。

これが「プラシーボ（偽薬）効果」だ。価格でもプラシーボ効果がある。

初めての高級レストランでおいしいものを食べたいと思った時、懐が許す範囲で高めの料理を注文することはないだろうか？

人は価格と品質を結びつけて考える。品質をよく判断できない場合、価格が品質判断のカギになる。こんな場合は、低価格競争を仕掛けても失敗することが多い。

❸アンカー

「アンカー」とは船の錨《いかり》、つまり「基準点」という意味だ。**人は何らかの数字が与えられると、その数字を基準に考えるようになる。**

1930年代のこと。兄弟が経営する洋服仕立て店に客がやってきて、価格を尋ねた。

「ハリー、このスーツいくらだっけ？」兄のシッドが聞く。

「あの上等なスーツかい？　42ドル（現在の価格で10万円）だよ」。弟のハリーが叫び返す。「え？　いくらだって？」シッドは物分かりが悪い人のように振る舞う。

「42ドルだ！」ハリーは繰り返す。シッドは客に振り返って言う。「22ドルです」。

価格戦略の成功要因

低価格戦略	高価格戦略
・最初から低価格戦略。大量販売に専念	・高い価値を提供することが必須
・効率を徹底的に追求	・高い価値に見合う価格に設定
・バラツキのない適切な品質を維持	・バラツキのない高い品質を維持
・顧客に必要ないことは一切やらない	・常によりよい商品・サービスになるように改善
・「調達の達人」を目指す	・高いブランドイメージを訴求
・値引きは避け、常にEDLP（最低価格保証）戦略を実践する	・プロモーションや値引きは徹底回避

途中から路線変更は不可

※『価格の掟』より著者が作成

「スーツ＝42ドル」でアンカーされた客は「22ドル＝安い」と考え即購入する。価格が適切かを判断できない場合、人は「アンカー」に頼るのだ。

Book46『予想どおりに不合理』では、このアンカーを詳しく紹介している。

「低価格戦略」と「高価格戦略」のいずれを選ぶかは、重要な判断だ。顧客はどちらかにアンカーされ、途中の変更はできない。

低価格戦略では、効率を徹底的に追求する。

ニトリは創業以来、「家具を安くし日本を豊かにしよう」と考え、低価格路線を追求し続けている。低コストのために生産から販売まで自社で行うSPAモデルをつくり上げ、ムダを徹底的に省いてきた。

店舗数を増やし、販売量拡大により仕入れ業者との価格交渉力も高め、より安く調達している。さらに値引きは滅多に行わない。常に最低価格を保証している。

高価格戦略では、高い価値を常に高品質に見合った価格で提供し、絶対に値引きしない。

一軒家に住む人にとって、シロアリは大敵。いつの間にか大事な家が食われてしまう。害虫駆除だけでなく、永久に害虫を寄せ付けなければベストだ。本書では永久保証をしている米国の害虫駆除会社の例を紹介している。害虫が出たらお金は払い戻し。再駆除費用や損失も負担する。その代わりに料金は他社の10倍だ。

低価格戦略と高価格戦略のどちらを選ぶべきか？

サイモンは1966〜2010年の米国企業2万5000社を分析した研究者の結果を引用し、こう述べている。

「高価格戦略で成功している企業のほうが、低価格で成功している企業よりも多い。ほとんどの市場で、低価格戦略で成功できるのは1社か2社しかない」

サイモンは値引きについても、自身の経験を紹介している。

庭を手入れした庭師に「3%値引きすれば全額ここで払う」と言うと、こう返された。

「私の利益率は6%です。支払っていただくと手持ちの金は増えますが、3%値引くともう一件の仕事をしなければいけません。ご提案は承りかねます」。実に見事な庭師だ。

しかし現実には庭師のように考えるビジネスパーソンは実に少ない。

ある優秀セールス表彰式に同席した時のこと。試しに表彰されたセールスに聞くと、全員が値引き限度の4割引で売っていた。彼らは価値を売らずに価格勝負をしていたのだ。

値下げは悲惨な状況を招く。日本政府は2009〜2011年に家電エコポイント制度で、省エネ家電購入を促進した。駆け込み特需で家電は売れたが、制度が終わった2011年から数年間、家電業界は深刻な売上不振に陥った。家電は数年に一度の買い物。実質大幅値引きで、家電業界は未来の顧客から売上を立てていたのだ。

逆にわずかな値上げで、儲けは格段に増える。サイモンが2015年に分析したところ、2%値上げでソニーは2・4倍、ウォルマートは41%、GMは37%利益が増えたという。値引きしないセールスに報償金を出すことで、平均販売価格が2%増えた会社もある。

価格戦略についてしっかりした考えを持つ日本企業は少ないのが現実だ。価格戦略を考えたいビジネスパーソンに、ぜひ一度熟読してほしい。

POINT

価格戦略はビジネス戦略。高価格・低価格を選択し、値下げは回避

29

『フリー』（NHK出版）
――無料で儲けるビジネスモデル

クリス・アンダーソン

3D Robotics社CEO。ワイアード誌元編集長。「ロングテール」「フリーミアム」「メイカームーブメント」といったキーワードでデジタル時代の新しいパラダイムをいち早く提示し、2007年にはタイム誌の「世界でもっとも影響力のある100人」にも選ばれている。2012年にドローン開発のスタートアップ、3D Roboticsを創業。カリフォルニア州バークレー在住。

私たちの周りには無料のモノやサービスが実に多い。グーグル検索やGメールは無料だが、便利で高機能だ。ラジオやテレビ番組、最近ではスマホアプリも無料が多い。この無料のビジネスモデルの仕組み「フリー」を解き明かしたのが、本書である。

無料ビジネスが増えてきたのには、3つ理由がある。

❶出費の痛み↓有料だと人は「お金を出すかどうか」考えるが、無料ならこの痛みは感じない。即座に使う。「0円」は実に強力で、ユーザーが爆発的に増える。

❷ネットワーク効果↓使う人が多いほど、サービスの価値が高まる効果だ。電子メールやSNSを使うのが自分1人なら何の価値もない。知り合い全員が使うから便利なのだ。無料にして使う人数が増えるほど、ネットワーク効果で価値が高まる。

フリーのビジネスモデル

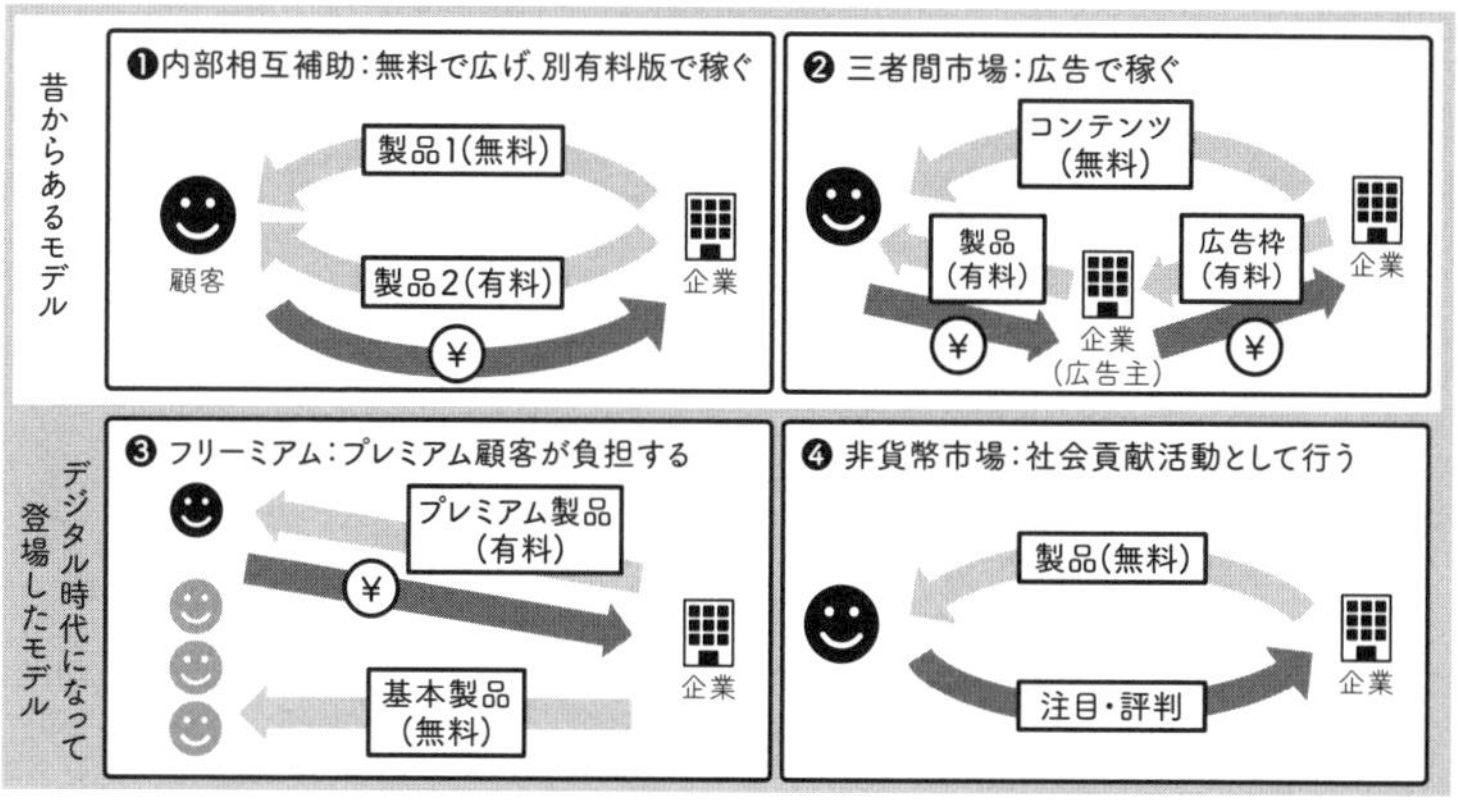

出典：『フリー』（著者が一部改変）

❸限界費用↓限界費用とは、商品を1つ増やすのに必要な費用のこと。普通の商品の限界費用は、1個当たりの製造・流通コスト。商品を無料で提供するにも、それなりにお金がかかる。デジタルの世界だと無限にコピー可能だから、限界費用はほぼゼロになる。無料で大量に配っても、追加のお金はほとんどかからない。

高品質のサービスを無料にすれば、使う人は爆発的に増え、サービスの価値は高まるし、デジタルの世界であればコストもそれほど増えない。

ではどうやって儲けるのか。

本書は4つの方法を紹介している。最初の2つは昔からあったモデル、次の2つはデジタル時代に生まれたモデルだ。

❶内部相互補助↓無料で広げ、別の有料版で稼ぐ方法だ。0円スマホがあるのは、通信料金の中にス

マホ代が含まれているからだ。

❷三者間市場→広告で稼ぐ方法だ。ラジオやテレビが無料なのは、CMで宣伝する商品売上のおかげだ。グーグル検索が無料なのも、広告に広告主がお金を払っているからだ。

❸フリーミアム→一部のプレミアム顧客が負担する方法だ。エバーノートやドロップボックスは無料だが、データ量が多いヘビーユーザーは有料だ。デジタルな世界では限界費用がほぼゼロなので、一部のヘビーユーザーが払えば問題はないのだ。

❹非貨幣市場→社会貢献活動として行う方法だ。ウェブの世界では、情報発信にほとんどお金がかからないので、お金を得ることが目的でなくても、様々な情報をネットで提供できるようになった。ウィキペディアもボランタリーで運営されている。

無料ビジネスとは戦わない

無料ビジネスは大きな破壊力を秘めている。特にデジタルなものであれば複製コストがゼロ。いずれ無料になる可能性が高い。これまでの有料ビジネスを行ってきた人たちにとって大きな脅威だ。ではどうすればいいのか?

音楽業界が参考になる。音楽はスポティファイのようなサービスで聴き放題になった。しかし有名ミュージシャンは稼いでいる。ライブのおかげだ。

有名ミュージシャンと過ごす時間は、何ものにも代え難い。いまや時間が希少な資源だ。デジタル音楽のように無限にコピーできるものは無料になるが、希少なモノや時間の価値は逆に高まっていくのだ。

2016年に亡くなった音楽界のカリスマだったプリンスは、2007年にロンドンの新聞に19ドルのCDを280万部、無料でつけた。一見太っ腹に見えるが、実はしたたかに考えている。その後ロンドン公演全21回分は完売。20億円以上の利益をあげた。生のプリンスに会えることに、人々が大きな価値を感じたからだ。

現在、無料ビジネスは岐路にある。無料のフェイスブックやグーグルを使う際に、人々は無料と引き替えに、自分のプライバシーなどの莫大なコストを負担していることに気づき始めている。

一方で無料ビジネスはフェイスブックやグーグルだけではない。応用範囲は広い。

無料ビジネスと戦おうとせず、むしろ無料ビジネスの特長を理解し、場合によっては味方につけて、希少さを武器に顧客に大きな価値を提供して稼ぐことを考えるべきなのだ。

POINT

デジタル時代のフリーの本質と威力を理解し、ビジネスで活用せよ

30

『パーミッション・マーケティング』（海と月社）

——「狩人」でなく「農夫」になれ

セス・ゴーディン

今、最も影響力のあるビジネス書作家、ブロガーのひとり。元Yahoo!副社長。squidoo.com設立者。「米国屈指の名声を誇るカリスマ的マーケット戦略家」と賞賛され、2013年には「ダイレクト・マーケティングの殿堂」を受賞、現代において最重要のビジネス思想家50人のランキング「Thinkers50」にも選ばれている。

編集者からメールが来た。「明朝10時に電話してOKですか?」

翌朝電話で打ち合わせを終え、ふと考えた。以前はいきなり電話するのが普通だったが、今は相手の都合を確認する。私たちはお互いの時間に干渉しないようになった。

マーケティングでこの変化に対応したのが、**パーミッション・マーケティング**だ。パーミッションとは「許可」「許し」という意味。現代は顧客の事前許可がとても重要なのだ。

本書は1999年の出版だ。当時グーグルは創業2年目。フェイスブックの創業はこの5年後。しかし本書は、現代のウェブマーケティングの本質を押さえている。

アマゾンもグーグルも、本書の提言を忠実に実行して巨大企業に育った。

現代のマーケティングを考える上で、ぜひ理解したい一冊である。

著者のゴーディンはヨーヨーダイン社を創業してパーミッション・マーケティングの方

法論を開発し、大企業に提供していた。そしてヨーヨーダインは、当時飛ぶ鳥を落とす勢いだった米国ヤフーに買収され、ゴーディンはヤフーの副社長に就任した。

ウェブ登場前、企業のマーケティングは広告中心だった。昔は顧客が触れる情報量は少なかったので、広告で商品が目立てば売れた。

今は情報が圧倒的にあふれている。その分、逆に顧客の時間と関心は圧倒的に希薄になった。広告を一方的に見せられても、顧客は振り向かない。

お相手探しのために最高級スーツと靴を身に着けて、独身女性が集まるクラブに行き、手近な女性に唐突にプロポーズし、断られると隣に声をかけ、最後に女性全員から断られた挙げ句、「敗因は、スーツのセレクションかなぁ」と考えるのは、かなりイタい男だ。

しかし、多くの企業は彼を笑えない。企業が大量の広告やメッセージを一方的に出しても売れず、「原因は、広告やメッセージかなぁ」と考えるのは、これと同じなのである。

パーミッション・マーケティングは、**手順を踏み、顧客の信頼を得る。**

たとえば婚活でお互いのプロフィールと意思を確認し、まずはデートする。何回か繰り返すと次第にお互いが理解し合えるようになり、関係が深くなる。これと同じプロセスだ。

見込客（＝お付き合いの可能性があるお相手）からパーミッションを得て、継続的にお付き合いしてパーミッションを深める。顧客の数をやたらと拡大せず、一人ひとりと深く

パーミッションの5段階

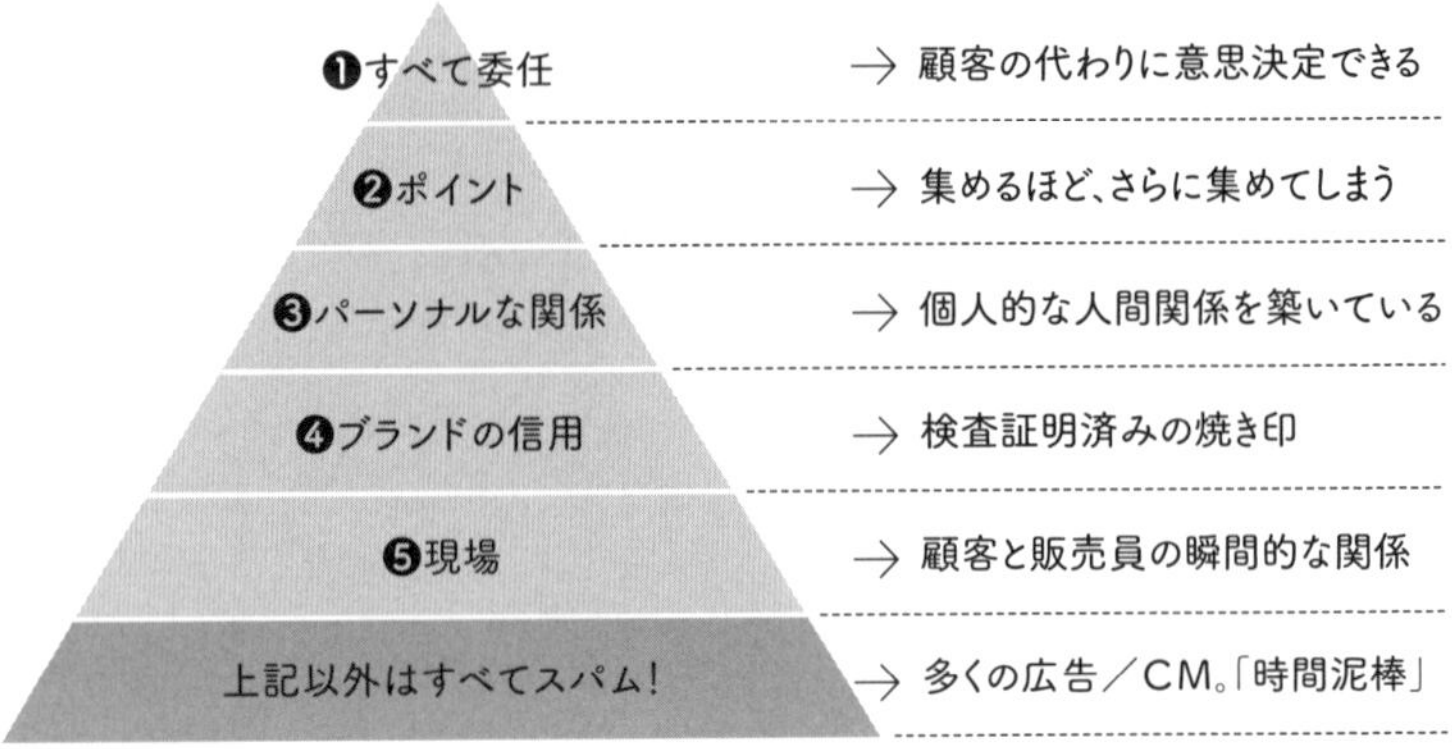
❶すべて委任
→ 顧客の代わりに意思決定できる
❷ポイント
→ 集めるほど、さらに集めてしまう
❸パーソナルな関係
→ 個人的な人間関係を築いている
❹ブランドの信用
→ 検査証明済みの焼き印
❺現場
→ 顧客と販売員の瞬間的な関係
上記以外はすべてスパム！
→ 多くの広告／CM。「時間泥棒」

※『パーミッション・マーケティング』より著者が作成

付き合うのだ。パーミッションを得るには時間と投資の積み重ねが必要だ。顧客の数でなく顧客からどれだけ深いパーミッションを得ているかが重要だ。

パーミッションには5段階ある。

❶すべて委任→医師は書面で「どんな薬を点滴してもOK」とパーミッションを得ている。このように、顧客から意思決定を一任された最高レベルだ。身近なところでは、雑誌の定期購読や電気・ガス・水道・電話料金。今風に言うとサブスクリプションだ。商品の購買代行やアマゾンのお勧め本もこのレベル。顧客は時間とお金を節約でき、選ぶ手間も省ける。パーミッションレベルは継続率で計れる。

❷ポイント→スタンプやマイレージプログラムは、商品を買うたびにポイントがもらえる。集めるほどさらに集めたくなり、もっと買うようになる。

どれくらいポイントを使うかを把握すれば、パーミッションレベルを計れる。

❸パーソナルな関係↓顧客と人間関係があるレベルだ。3番目と低い。ゴーディンは「数字で計れること」を重視するが、個人頼りの人間関係は数字で計れない。日本企業は「営業は自分を売り込め」といわれるように、このレベルに留まることが多い。

❹ブランドの信用↓ゴーディンは、「ブランドは過大評価されている。お金も時間もかかるのに、計測も制御もできない」と手厳しい。ここはBook27『ブランド優位の戦略』を書いたブランド戦略の大家・アーカーと意見が分かれる点だろう。

❺現場↓販売員と顧客は店舗で間近に接するが、それは一瞬にすぎない。速やかに対応しないと消える関係だ。だからパーミッションレベルは低い。そこでマクドナルドは接客品質を高めるためマニュアルで顧客対応を徹底させている。

これら5つ以外は、最低レベルの「スパム」だ。要は「迷惑メール」。ゴーディンは「マーケティングの大半はスパムだ。テレビCMも、知らない人に送りつけるDMも、パーミッションを得ずに送るという点で顧客の時間を盗んでいる」と言い切る。

このパーミッションにはルールがある。

1つめは、**パーミッションは流用できない**ということ。「デートに行けないからボクの友人とデートして」と言おうものなら、彼女とはそこで終了だ。同じようにパーミッションは、パーミッションを与えられた企業だけのもの。流用はできない。他企業にデータを渡してはダメなのだ。

2つめは、**パーミッションは、瞬間ではなくプロセスの積み重ね**ということ。DMや広告は、見せた瞬間に勝負が決まる。だからインパクト最重視だ。一方でパーミッションは、対話の積み重ねだ。種をまき、水と肥料を与え、忍耐を持って育つのを見守る。

3つめは、**顧客はパーミッションをいつでも取り消せる**ということ。顧客の貴重な時間を使っていることを忘れてはいけない。広告は企業が主導権を持っているが、パーミッションは顧客が主導権を握っている。顧客の意思が最優先であり、顧客はいつでもパーミッションを解消できる。

アマゾンでは、ユーザー登録しなくても誰でも商品を検索し放題だ。初回注文時に初めて、メールアドレス・住所・名前を登録する。それでも必要最小限なデータだ。

その後、使うたびに行動データが蓄積されていく。購入商品。他の購入候補。これらの情報でユーザー一人ひとりの好みを把握し、心地よくアマゾンを使える環境を整えていく。これを愚直に20年間継続した結果、アマゾンは巨人になった。

パーミッション・マーケティング最大の敵は「すぐ結果を」というプレッシャーだ。

従来の広告マーケティングは結果がすぐ出る「狩り」に近いが、パーミッション・マーケティングは「農耕」に近い。時間はかかるし毎日手を抜けない。収穫を焦ると育たない。しかし**日々じっくり育て続ければ収穫はどんどん増えていく。成功は忍耐の先にある。**

Book11『顧客ロイヤルティのマネジメント』で紹介した顧客ロイヤルティも顧客からのパーミッション獲得を重視した考え方だ。顧客との絆を深め数値で把握し、対策を取り、売上につなげることが大切なのだ。一方で多くの日本企業は顧客との関係を精神論で考えるが数値化しておらず、20年前に出版された本書の方法論がいまだにできていない。厳しい言い方をすれば20年間遅れているということだ。

一方で私は、パーミッション・マーケティングは必ずしも万能でないとも考えている。この考え方は、自分で何がほしいか知っていることが前提だが、現実には明確でないことも多い。そんな時は、アーカーが提唱するブランド戦略が有効だろう。方法論がどんな状況で有効かはケースバイケース。本質を理解しビジネスで活用することが必要なのだ。

POINT

「絆」を数値化し、時間と手間をかけて顧客からの信頼を深めろ

31

『戦略販売』（ダイヤモンド社）

――法人セールスは、戦略的に考えろ！

R・B・ミラー

スタンフォード大卒。1974年にロバート・B・ミラー社を設立し、「戦略販売プログラム」を開発。その後、企業教育や販売コンサルタントとして活躍し、スティーブン・ハイマンとともにミラー・ハイマン社を世界有数のコンサルティング会社に育てた。米国海軍の砲撃将校として朝鮮戦争での従軍経験がある。

私たちが普段見かけるセールスは、店頭で消費者に商品を販売する人たちだ。しかし私たちは日頃目にしないが、企業のセールスの多くは法人相手に商品を売っている。

セールスの現場では、マネジャーがセールスにこんな指導をすることが少なくない。

「お客様に体当たりだ。自分を売り込め！　オフィスで考えるのは時間のムダだ」

たしかに顧客と話すことは大事だが、行き当たりばったりでは、成功確率は低い。

本書は法人セールスの戦略的で実践的な方法を教えてくれる。１９８５年出版の本だが、現代の法人セールスの基本が詰まっている。

たとえば「セールスじょうご」の考え方は、私が在職していたＩＢＭでも案件管理手法として世界共通に展開していた。本書の日本語版はすでに絶版だが、英語では２００７年に新版が出版されている。そこで英語新版の内容も含めて紹介したい。

我が家のテレビがだいぶ古くなった。たまたま入った家電店で50型テレビが安かった。店員も熱心に勧める。妻にスマホで写真を送り意見を聞くと、すぐ返事が来た。

「大きすぎない？　部屋が狭くなるよ」。50型テレビ購入は見送りになった。

このように買う時に2人以上の同意が必要だと、販売は途端に難しくなる。法人セールスはもっと多くの人が複雑に絡む。だから売るのが難しい。そこで戦略が必要になるのだ。

戦略販売では、必要な関係者をキッチリ押さえた上で、セールスがいかに主導権を取るかを徹底的に考え、販売の成功確率を上げる。そのために、次の6要素を考える。

要素1　4つのバイヤーを見極める

「取引先の部長は私の先輩で、仁義を大切にする人です。この案件確実に取れます！」

これではダメ。義理人情に頼るセールスは少なくないが、会社員は異動するものだし、そもそも企業は合理的に考える。顧客を「人物」でなく、「役割」で見ることが必要だ。

この役割を持つ人をバイヤー（買い手）という。バイヤーには4種類ある。

❶エコノミック・バイヤー

価格が価値に見合うか考え、購買の最終決定をする。判断基準は採算性だ。組織上層部にいることが多い。取引ごとにこの役割の人は変わる。少額ならば課長レベル、大規模投資なら社長の場合もある。

❷ユーザー・バイヤー

実際に商品を使う。自分の仕事への影響に関心がある。たとえば工場に自動化ロボットを売る場合、工場長は「生産性が上がるな」「でも工員に新しい手順を覚えさせるのは手間がかかりそうだ」と考える。

❸テクニカル・バイヤー

商品が問題ないかを確認する。工場でロボットを売る時、顧客は自社の専門家に「本当に工場で動くか？」を確認させる。

❹コーチ

顧客企業を熟知し、あなたの味方として他バイヤーを仲介し、必要な情報を与えてくれる。顧客企業内にいることもあれば第三者の組織や自社内にいることもある。

最初の段階でこの4つのバイヤーが誰かを見極め、全員から賛同を得ることが必要だ。

要素2 危険信号を察知し、チャンスに変える

売れない場合、必ず事前に次の危険信号が出ているので見逃さず対策を取るべきだ。

❶情報が不足している

↓誰がバイヤーなのか不明だったり、バイヤーが何を考えているか分からずにセールスをすると、失敗することが多い

❷情報が不確実である

↓情報を得ても意味が判断できなかったり、憶測で「買ってくれそうだ」と判断するのは危険だ。不確実な情報は、必ず裏を取って確実にする

❸バイヤーにコンタクトできない

↓4つのバイヤーには必ずコンタクトする。怠ると売れない。「相手は偉い社長だから会えない」という場合、自社の社長と会う機会をつくる

❹新任者へ交替した↓前任者の約束をちゃぶ台返ししたりする。すぐコンタクトする

❺組織変更した↓組織変更で顧客の役割は変わる。根回しがやり直しになる可能性が高い

危険信号はチャンスにもなる。会ってくれなかったスズキ専務が新任のサトウ専務に代われば、自社に好意的なヤマダ工場長の仲介でサトウ専務に会えるかもしれない。「❸バイヤーにコンタクトできない」「❹新任者へ交替した」をチャンスに活かした例だ。

要素3 顧客の反応を見極める

売れるかどうかは顧客の反応次第。反応には4種類ある。どれか見極めることだ。

売れるかどうかは、顧客の反応次第

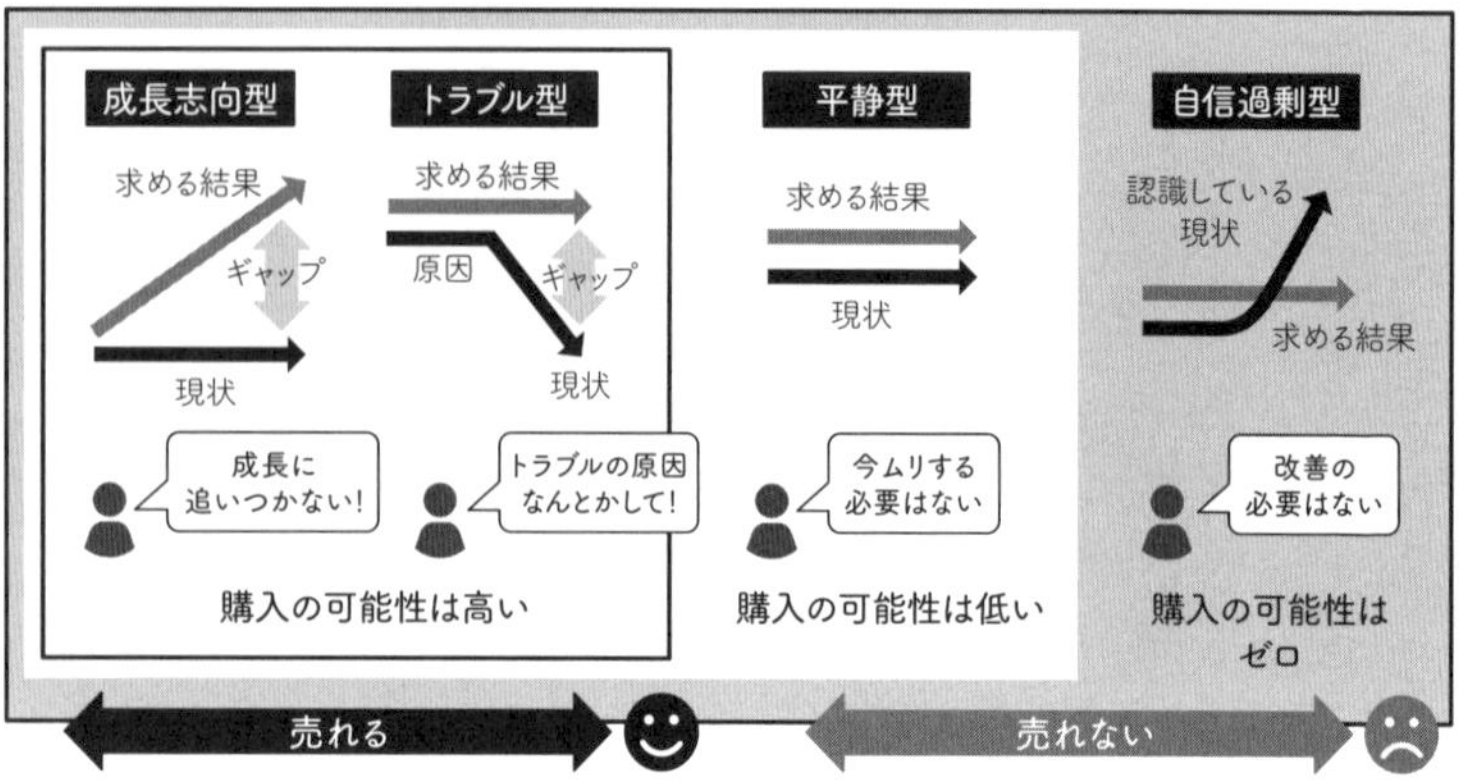

※『戦略販売』より著者が作成

❶成長志向型

高い目標に現状が追いつかない状況だ。たとえば売上が急拡大しているのに生産が追いつかない。顧客は困っている。設備増強のように現状改善の提案をすると買う可能性が高い。

❷トラブル型

トラブルを正常に戻したい状況だ。顧客は「正常に戻せればぜひ買いたい」と考える。

❸平静型

顧客は「現状問題ない」と考えている。たいていの提案には否定的だ。前出の「成長」や「トラブル」を感じると動く可能性もある。

❹自信過剰型

「現状でき過ぎ」と自信満々な状態。何を提案してもダメで売り込み成功の可能性はゼロ。ムリせず「困ったら声かけてください」と伝えておくことだ。

要素4 満足と結果を理解する

顧客が満足か、不満足かに常に気を配るべきだ。

顧客の足下を見た、自分だけ満足する**自己満足**では、取引は続かない。

逆に「今後のために最初の取引は大幅割引しよう」と顧客だけが得をする**先方満足**を考えるセールスもいるが、顧客がそれを当たり前と感じると、価格を戻した途端に顧客は「裏切られた」と感じ長続きしない。2つとも長い目で見ると**相互不満足**になる。

顧客も自分も満足する**相互満足（ウィンウィン）**を目指して、常に努力すべきだ。

もう1つ考えたいのは「結果」だ。たとえば「業務改善で残業時間が減った」が結果だ。結果は定量化でき多くの人に影響を与える。よい結果を生み出すことが大切だ。

しかし結果と満足は違う。残業が減り「家族との時間が増えた」と満足する人もいれば、「残業代が減った」と不満な人もいる。満足は個人的で主観的だ。結果だけを売り込まず、人々の満足を考えることも必要だ。

要素5 理想の顧客像を決める

「売ってはいけない顧客」もいる。ミラーは3割の顧客はコストだけかかり利益が出ない「売ってはいけない顧客」だという。「**理想の顧客像**」を明確にすることだ。

そこで過去の案件を振り返る。最も好ましい客を書き出し、特性を列挙する。それに加えて最悪の客も書き出し特性を列挙する。これらを見比べて「理想の顧客像」を決める。

この結果、「わが社の品質を評価せずに値引きを求める顧客とは、最初から取引しない」と考える会社もある。この会社の成約確率は5割以上だという。

要素6 「セールスじょうご」で案件管理

「タケダくん。案件の状況は？」

「A社に全力投球中です。ボクの感覚では成約の可能性は5割くらいです」

セールスの現場の多くでは、これが案件管理の実態だろう。これはダメである。他案件は放置状態だし、「成約可能性5割」は個人の感覚だ。

そこで全案件の進捗状況を把握し管理する方法が「セールスじょうご」だ。じょうごの上に案件を入れ、一番下からろ過したおいしい注文を得るイメージである。

まず現案件をリスト化し「理想の顧客像」に合わない顧客の案件は除き、図にある案件の条件を考えてじょうごの「4段階」に振り分け、全案件を見える化する。分かりやすい例として、法人顧客ではないが、冒頭で触れた家庭でテレビを購入する客に売るケースも図示している。

その上で、次の優先順位で案件に取り組む。

案件管理は「セールスじょうご」で行う

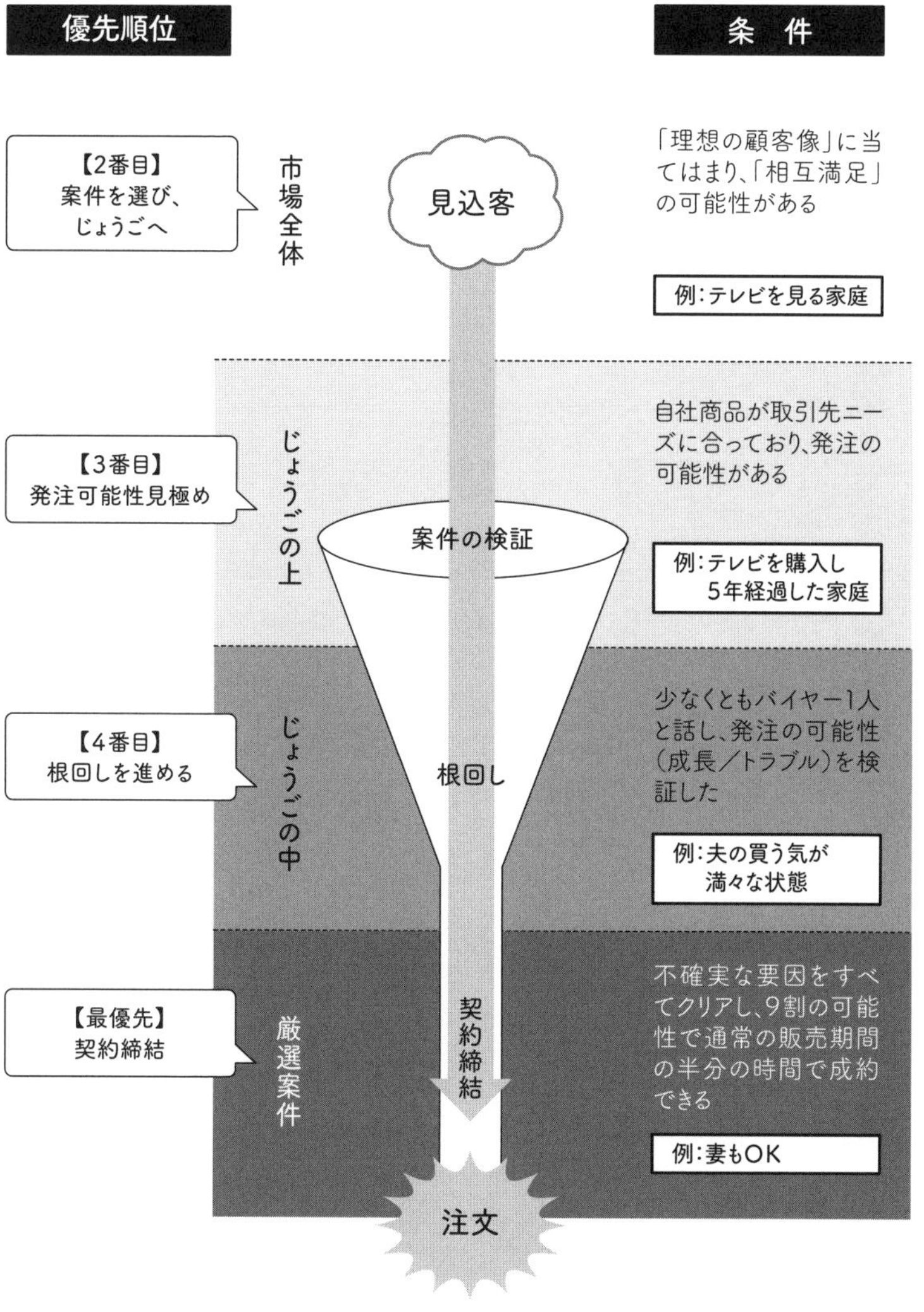

※『戦略販売』より著者が作成

【最優先】厳選案件から、販売目標の案件をすぐ契約締結する。ライバルが狙うからだ。夫も妻もテレビを買う気なのに放置すると、他社のテレビを買ってしまう
【2番目】見込客案件から、じょうごに入れる案件を選ぶ
【3番目】じょうごの上の案件について、発注の可能性を見極める
【4番目】じょうごの中の案件について、根回しを進める

ポイントは、じょうごを常に案件で満たすように日々心がけることだ。あるセールスは「忙しくても必ず毎週1回、新規案件を開発して、じょうごを満たすようにしています。今では仕事の依頼を断る状態です」と言う。

いまや海外企業はセールスじょうごを見込客のさらに上まで拡張した「マーケティングファネル（じょうご）」という概念をつくり、戦略的に法人販売に取り組んでいる。一方で多くの日本企業はいまだに「気合いと根性」「義理人情」。20年遅れている。法人セールスに関わる人にとって、「戦略販売」は理解したい考え方だ。

POINT

4つのバイヤーの反応を見極め、セールスじょうごで案件管理せよ

第5章

「リーダーシップ」と「組織」

ここでは時代を超えて、現代まで読み継がれている
リーダーシップと組織論の名著を中心に、
最新の本も織り交ぜながら紹介していく。
さらに後半では、リーダーシップを学べる
経営者の名著も紹介する。
世の中が激変する時代だからこそ、
時代が変わっても変わらないものが何か、
変わるものは何かを見極めてほしい。

32 『エクセレント・カンパニー』（英治出版）

——企業のベストフォームは何か？

トム・ピーターズ／ロバート・ウォータマン

ピーターズはアメリカの経営コンサルタント。コーネル大学を経て、スタンフォード大学でMBA、博士を取得。豊富な知識とビジネス現場情報に基づいた鋭い問題提起と解決法、その先見性と独創性は常に高い評価を受けている。ウォータマンはスタンフォード大学でMBAの学位を得て、マッキンゼー社に入社。経営関係の執筆のほか、スタンフォード・ビジネス・スクールなどの客員講師を務めた。

1982年。米国企業は優秀な日本企業に追い込まれ低迷し、不況にあえいでいたが、そんな中でも超優良企業はあった。本書は超優良企業がどう考え、行動しているかを解き明かし、米国企業の経営を大きく変えた一冊である。たとえると、ゴルフの達人の研究だ。彼らがどう考え行動しているかが分かれば、ゴルフも上達するというわけだ。

著者たちはマッキンゼーのコンサルタントだ。米国超優良企業75社を選び面談調査、超優良企業は平凡な人たちから非凡な力を引き出していることを明らかにした。

古い本だが今も読まれているのは、現代に通じる企業の「ベストフォーム」（理想形）が書かれているからだ。たとえば「**やってみよ！　ダメなら直せ！　試してみよ！**」は今も重要だ。

それまでの米国企業は、合理的なルールで人を管理すれば生産性は上がるというフレデリック・テイラー以来の「科学的経営主義」で経営され、発展してきた。

しかし人は必ずしも合理的でない。**「ホーソン実験」**と呼ばれる実験がある。作業環境と工員の作業能率の関係を調べるため、照明や休憩時間、室内温度の設定を変えてみた。すると作業能率はどんどん上がった。そして最初の条件に戻すと、なんと再び能率が上がったのである。工員たちは「自分たちの働きが経営陣から注目されている」と思ったために、作業能率が上がり続けたのだ。人は仕事にやりがいを感じると、生産性が高まる。

Book43『人を伸ばす力』で紹介する内発的動機付けだ。

逆に合理的な管理を突き詰めるだけでは限界がある。徹底的に管理を強化し、社員の自由も許容しない過度な合理主義は、失敗を極端に怖れ、実験を許さない。

現実には、新しいものは試行錯誤から生まれる。そこで超優良企業は人に細やかに気を配り、人を通じた生産性向上を図る。情熱を大切にし、社員が挑戦し行動することと社内競争を奨励し、徹底して顧客志向だ。著者はこれらを**8つの特質**としてまとめている。

特質1　行動の重視。「やってみよ！　ダメなら直せ！　試してみよ！」（Do it, fix it, try it）

成功のために大切なのは、迅速な行動と、数多くの実験を行うことだ。

ある大銀行は新サービスを開発する際に、1年半かけて大量の市場調査資料をつくった。サービス開始直前、著者が市場テストをしたかと聞くと、責任者は友人2人に聞いたという。「たった2人？」と驚くと、「敵に手の内を知られたくないですから」。このようにダメな企業は、実験して学習する大切さを理解していない。

P&Gは逆だ。新商品発売の数年前から徹底的に市場テストをする。市場で学習をするメリットはライバルに知られるデメリットよりもはるかに大きい、と考えているからだ。

アコモ石油が米国で油田発見1位なのは、どこよりも数多くの試掘井を掘るからだ。

超優良企業はどこも「やってみよ！ ダメなら直せ！ 試してみよ！」と考え、実践している。サントリーの「やってみなはれ精神」と共通しているのは興味深い。

特質2 顧客に密着する。顧客から学ぶ

超優良企業は目先の収益にとらわれず、徹底的に顧客志向だ。

IBMの主力製品だった大型コンピュータは、業界最高性能ではなかったが、社員たちは顧客サービスで他社を圧倒し、顧客で問題が発生するとあらゆる手段を使い迅速に解決した。社員たちは「顧客に雇われているつもりで行動する」と考えていた。ちなみにBook39『巨象も踊る』で紹介するように、IBMはこの姿勢を忘れた時に破綻に追い込まれ、この姿勢を取り戻した時に復活した。

科学機器メーカーで、商品アイデアの源は何かを調査した研究がある。「今までにな

かったタイプの新商品」11種類は、すべてユーザーのアイデアから生まれていた。

今では「顧客は大切」は当たり前だが、本書出版当時の米国は違った。当時、私は米国出張すると店で雑な対応をされることが多かった。顧客は面倒くさい存在だったのだ。超優良企業は「収益は顧客志向の結果」と考え、徹底的にユーザーに耳を傾ける。

特質3 自主性と起業家精神。組織に多くのリーダーを育てる

あるトップは部下にこう言った。「考え抜いて戦略をこう考えた。実行よろしく」一見完璧な戦略。しかし実行すると様々な問題が出てきた。結局、戦略は失敗した。トップいわく「戦略は完璧。問題は実行だな」。これはそもそもが間違っている。戦略成功のカギを握るのはアイデアではなく、実行だ。この指摘は、Ｂｏｏｋ5『良い戦略、悪い戦略』でルメルトが指摘したことと共通する。

超優良企業では、社員に「何をやるか」「どうやるか」という自主性を持たせている。そのために徹底的に数をこなす。成功確率10％の難題でも、10回やれば成功確率は65％にアップする。だから「失敗も能力のうち」と考え、挑戦を奨励する。

失敗を恐れていては革新的なことはできない。さらに組織の壁を取っ払って社員同士が気軽に話し合える社内コミュニケーションを重視している。こうして社員の自主性と起業家精神を育み、組織の中に数多くのリーダーを育てているのである。

特質4　人を通じての生産性向上。人がアイデアを生む最大の資産

人を動かす秘訣はただ1つ。信頼することだ。一人前の大人として信頼すれば、人は必ず期待に応える。超優良企業はどこも「個人の尊重」を掲げ社員を大切な資産と考える。しかし優しいだけではなく、厳しい面もある。社員の評価と実績は重視する。そして成果をあげると評価し、表彰する。金銭によらない報奨策を数多く持っている。

特質5　価値観に基づき、実際に手を動かし実践する

超優良企業には必ず核となる信条がある。だから首尾一貫した行動を実践できる。

特質6　基軸から離れない。分からないことには手を出さない

超優良企業は、自分が分からないことには両足を突っ込まない。新たな挑戦をしないということではない。ある程度の多角化で新たな環境に適応しつつ、基本から離れない。ダメな企業は様々な分野に次々と多角化する。原則なき多角化は失敗することが多い。

特質7　常にすっきりと単純化。本社は絞り込んだ少人数

会社が大きくなると複雑になり、本社が肥大化し、管理作業が増える。これが誤りの始まりだ。超優良企業は常に組織を単純にするように努力を続けている。

価値観が統一されているので、流動的に組織を組み替えてもちゃんと社員たちが動く。

特質8　厳しくあるとともに、穏やかな面も同時に持つ

これらの取り組みを実践することで、厳格に管理しながら、一方で社員が自主性と起業家精神を発揮できるような環境を維持している。

本書で紹介された超優良企業はその後低迷した企業も多いので、本書には批判も少なくない。しかし本書は「ゴルフの達人の研究」だ。達人が低迷するように、超優良企業も低迷することがある。一方で基本動作がしっかりしていれば達人が低迷から復活するように、超優良企業も基本的な考え方や行動がしっかりしていれば低迷から復活できる。

超優良企業のベストフォームを世の中に知らしめた点で、本書は大きな役割を果たし、その後、多くの経営理論の発展に貢献した。一方でBook36『ティール組織』のように、最新テクノロジーを活かした新世代の組織も生まれている。本書で挙げられた8つの特質を、現代においてどう活かすかを考えながら読みたいところだ。

POINT

時代が変わっても変わらない企業の基本的なベストフォームを考えよう

33

『ビジョナリー・カンパニー 時代を超える生存の原則』（日経BP社）

――基本的理念は、首尾一貫せよ

ジム・コリンズ

スタンフォード大学経営大学院教授を経て、現在はコロラド州ボールダーで経営研究所を主宰。企業と非営利団体の指導者に助言するコンサルタントとして活躍している。10年にも及ぶ企業調査を通して、数々のコンセプトを打ち出してきたほか、著書『ビジョナリーカンパニー』シリーズでミリオンセラーを連発した。ドラッカー亡き後、世界で最も影響力のあるビジネス・シンカーといわれる。

海外グローバル企業は、カリスマ性あるトップがすばらしい戦略を考え抜き、強力なリーダーシップで率いている企業ばかりに見える。しかし現実には、時代を超えて超一流の企業ではカリスマは不要だし、戦略も試行錯誤だということが分かる一冊だ。

著者のコリンズは、業界トップ企業の地位を何十年も維持する未来志向（ビジョナリー）の超一流企業を「**ビジョナリー・カンパニー**」と名付けた。

米国700社のCEOへアンケートして18社のビジョナリー・カンパニーを選び、創業から現在までの歴史を6年間かけて調査し、基本原則と共通パターンをまとめたのが本書だ。1994年に出版された世界的なロングセラーである。その18社は次の通りだ。

3M、アメリカン・エキスプレス、ボーイング、シティコープ、フォード、GE、HP、IBM、J&J（ジョンソン・エンド・ジョンソン）、マリオット、メルク、モトローラ、

12の崩れた神話

広く信じられている神話	調査の結果、真実は……
❶すばらしい会社を始めるにはすばらしいアイデアが必要	アイデアなしで始めた会社は多い
❷ビジョンを持った偉大なカリスマ的指導者が必要	まったく必要ない
❸特に成功している企業は、利益追求が最大の目的	利益は様々な目標の1つに過ぎない
❹共通した「正しい」基本的価値観がある	基本的価値観に正解は存在しない
❺変わらない点は、変わり続けることだ	基本理念は揺るぎなく流行に左右されない
❻危険を冒さない	「社運を賭けた大胆な目標」に挑むことを怖れない
❼誰にとってもすばらしい職場である	基本理念と高い要求に合う者にだけすばらしい職場
❽大きく成功している企業は、綿密で複雑な戦略がある	試行錯誤の末の結果であることが多い
❾根本的な変化を生み出すには社外CEOを迎えるべき	社外CEOを迎えた例はむしろ例外
❿最も成功する企業は競争に勝つことを第一に考える	自らに勝つことを第一に考える
⓫2つの相反することは、同時に獲得できない	二者択一を拒否し、矛盾する目標を同時に追求する
⓬経営者が先見的な発言をする	成長するのは経営者の発言が先見的だからではない

出典:『ビジョナリー・カンパニー』(著者が一部改変)

ノードストローム、P&G、フィリップ・モリス、ソニー、ウォルマート、ウォルト・ディズニー(1950年以前設立の企業が対象なので、グーグルなどの企業は入っていない)。

調査すると従来の「常識」は間違いが多いことが分かった。具体的に見ていこう。

時を告げるのではなく、時計をつくる

「成功した会社は、起業家のアイデアを武器に起業した」と思われがちだが、多くのビジョナリー・カンパニーはたいしたアイデアもなくつくられている。

HP社はヒューレットとパッカードがガレージで会社をつくり「まずは電気料金を払おう」と手当たり次第やるところから事業が始まった。

ソニーも会社を立ち上げた後、井深大と7人の社員がどんな商品をつくるか話し合い、布に電線を縫

い付けた電気座布団などで日銭を稼いだ。

創業期にヒット商品で成功した比率は、むしろビジョナリー・カンパニーのほうが低い。ビジョナリー・カンパニーは、すぐれた製品や戦略をつくるよりも、すぐれた組織をつくり上げることに、より多くの時間を使っている。

HP創業者は、社員が創造力を発揮できる環境をつくるために組織構造を考え抜いた。雑誌インタビューでも**「我々の究極の作品は、オシロスコープや電卓でなく、HP社と『HPウェイ』という経営哲学だ」**と述べている。

ソニーの井深大は、製品づくりが進まずに資金繰りに苦しんでいた時期に、**「真面目なる技術者の技能を、最高度に発揮せしむべき自由闊達にして愉快なる理想工場の建設」**の一文で始まるソニーの「設立趣意書」をつくった。

すぐれた商品を生み出したから、ビジョナリー・カンパニーになったのではない。カリスマ性あるリーダーが、高い商品力を持つ製品をつくり出しているわけでもない。

創業者がすぐれた組織をつくり社員に活力を与え社員の創造性を引き出した結果、すぐれた商品を次々生み出すビジョナリー・カンパニーになったのだ。

カリスマ性あるトップがすぐれた商品を生み出しても、商品には必ず寿命がある。自らが時を告げるのではなく、**「時を刻む時計をつくる」**（＝組織をつくる）のだ。

基本理念を貫き通す

「時を刻む時計をつくる」ために重要なのが**「基本理念」**だ。「社会貢献」「誠実さ」「従業員の尊重」「顧客へのサービス」「卓越した創造力」「地域社会への責任」などだ。

ビジョナリー・カンパニーはこの基本理念を組織の土台にしている。基本理念は単なる金儲けを超えたものだ。**「我々は何者で、何のために存在し、何をやっているのか」**を具体的に示す。他企業では基本理念がなかったり、誰も意識していない。

コリンズが18社を調べた結果、基本理念は各社で異なっておりすべてに共通する「正しい」基本的理念は存在しなかったという。

18社に共通する点は、**「理念を貫き通している」**ことだ。基本理念を会社の目標や施策に一貫性を持って反映させ、社員の日々の考え方や行動に浸透させているのだ。

社運を賭けた大胆な目標への挑戦

基本理念を進化させる仕組みも必要だ。18社中14社が、自社の進化を促す強力な仕組みとして**「社運を賭けた大胆な目標」**を設定し、挑戦している。

爆撃機専業メーカーだったボーイングは社運をかけて７０７を開発し、ジェット旅客機時代を切り拓いた。７２７、７４７も大胆な目標を設定して成功させ、業界トップの地位を確保した。

GEのCEOジャック・ウェルチは「**参入したすべての市場で1位か2位になり、GEを小さな会社のスピードと機敏さを持つ企業に変革する**」という方針を打ち出した。社運をかけた大胆な目標とは、社員一人ひとりの意欲を引き出し、具体的でワクワクさせ、焦点が絞られて、すぐに理解できるものだ。

社外からは身のほど知らずで大胆な目標に見えるが、意外なことに社内の人たちは「目標を達成できない」とはまったく考えていないことも多いという。

これはロッククライミングに似ている。傍目には、ロープを使わず高い岸壁をよじ登るのは危険きわまりない。しかし本人は自分の力量に合った岸壁を選んでいて、「足場を確保し、集中力を保ち一歩一歩登れば、失敗するわけがない」と固く信じている。

社運を賭けた大胆な目標は、基本理念を強化し目指す方向に合っていることが必要だ。ボーイングの挑戦も「航空技術のパイオニアになる」という基本理念に沿ったものだ。

カルトのような文化

ディズニーランドは「ミッキーマウスの中に人が入っている」と公に認めていない。ディズニーランドの使命は、世界中の子供たちに夢を与えること。だからミッキーマウスには人は入ってない。外の人間からすると「なにもそこまで……」と思うことでも、社内では当然のことなのだ。その考えに共感する人をスタッフに選び抜き、研修で教育する。

このようにビジョナリー・カンパニーは、カルトに似ているところがある。カルトと共通するのは、**①理念への熱狂、②教化への努力、③同質性の追求、④エリート主義**だ。

しかし、カルトそのものではない。カルト宗教では、信者たちがカリスマ指導者を個人崇拝する。ビジョナリー・カンパニーでは、この個人崇拝がない。社員が固く信じるのは、基本理念だ。矛盾するようだが、カルトのような同質性が多様性を生み出している。基本理念を信じていれば、肌の色、身体的特徴、性別などはまったく関係なくなるのだ。

大量のものを試し、うまくいったものを残す

ある日J&J社は、「絆創膏《ばんそうこう》で皮膚が炎症した」という医師の抗議を受け、小さな缶にスキンパウダーを入れて送った。この小さな缶がヒット商品「ベビーパウダー」になった。

また別の社員は、妻が包丁で何度も指を傷つけたので、外科用テープにガーゼを貼り付けて使わせてみた。これが同社最大のヒット商品「バンドエイド」になった。

ビジョナリー・カンパニーでは、大成功した商品は綿密な戦略計画ではなく、偶然から生まれることが多い。**戦略的計画ではなく試行錯誤が新しいものを生み出している。**

ダーウィンの「変異が起こり、自然淘汰され、種が進化する」という進化論に沿っているのだ。Book21『アダプト思考』の指摘と共通する点だ。

進化による進歩を促すには、迅速にいろいろなものを試し、「誤りは必ずある」と認め、小さな一歩を踏み出し、社員に自由を与えることが必要だ。その上で、表彰制度をつくり、部門長に新商品売上比率の目標を与えるといったように、社内に仕組みもつくる。

ダメなのは、支配したり細かい管理をしたりすることだ。試行錯誤を許さないと、逆に進化の可能性を抑えてしまう。

生え抜きの経営陣

ビジョナリー・カンパニーの経営陣は生え抜きが多い。社外からCEOを迎えるケースは例外。すぐれた経営者を育成する仕組みを持ち、優秀な経営陣の継続性が保たれている。

Book39『巨象も踊る』で、低迷するIBMに社外からCEOに就任したガースナーの自伝を紹介している。本書はガースナーのCEO就任直後の出版だ。

コリンズは本書で、「ガースナーの成功はIBMの基本的な理想を維持しつつ劇的な変化ができるかがカギ」と言っている。その後、ガースナーは迅速に問題を解決し、企業文化の変革に取り組み、後継CEOにはIBM生え抜きのパルミサーノを選んだ。まさにコリンズの指摘通りになっている。

普通の人でもビジョナリー・カンパニーをつくれる

コリンズは**「ビジョナリー・カンパニーをつくり上げた人は、単純な方法でビジネスをしているごく普通の人」**という。ただし単純は安易という意味ではない。一貫性が大事だ。
また本書にある基本原則と成功パターンは、現代も変わらない。コリンズは2011年に出版した『ビジョナリー・カンパニー4』で、大混乱の時代に勝ち続けるマイクロソフトやインテルのような企業を「10X（10倍）企業」と名付け同様の方法で分析している。彼の結論は、「ビジョナリー・カンパニーの概念は、10X企業でも有効」だ。

世界的に見ても日本には長寿企業が多い。帝国データバンクによると、日本には創業100年以上の会社が2万6000社あるという。それらの企業には、必ず基本理念があり、基本理念を時代にあわせて進化させている。たとえば近江商人は「三方よし（売り手よし、買い手よし、世間よし）」を信条としたが、この考えは高島屋、伊藤忠、トヨタ自動車、東レ、ワコールなどに引き継がれている。
本書を読むと日本企業の良さも改めて見えてくる。日本企業が今後、何を変え、何を変えてはいけないのかを考える上で、本書は実に示唆に富んでいる。

POINT

基本理念を首尾一貫して徹底した結果、偉大な企業として発展する

34

『ビジョナリー・カンパニー2 飛躍の法則』（日経BP社）

――「第5水準の経営者」が偉大な企業を生む

ジム・コリンズ

スタンフォード大学経営大学院教授を経て、現在はコロラド州ボールダーで経営研究所を主宰。企業と非営利団体の指導者に助言するコンサルタントとして活躍している。10年にも及ぶ企業調査を通して、数々のコンセプトを打ち出してきたほか、著書『ビジョナリーカンパニー』シリーズでミリオンセラーを連発した。ドラッカー亡き後、世界で最も影響力のあるビジネス・シンカーといわれる。

Book33『ビジョナリー・カンパニー』を書いたコリンズは夕食の席でこう言われた。

「あの本はすばらしいが役立たない。当社は偉大ではない。どうすればいいんだ？」

この問いに答えるため、コリンズが5年間調査した結果をまとめたのが本書だ。

長期間平凡だったが、ある時に急に飛躍し高業績を長年継続した企業を11社選んだ。15年間平均以下の株式運用成績が続き、ある時から15年間市場平均の3倍以上の業績を残した米国企業である。さらに比較対象企業として、同じ業界のライバル企業も選んだ。

そして11社に共通し、比較対象企業と違う点を探し、良い企業が偉大な企業になる方法をまとめた。「**ほとんどの企業はこのやり方で努力を続ければ偉大になれる**」という。

第5水準までの段階

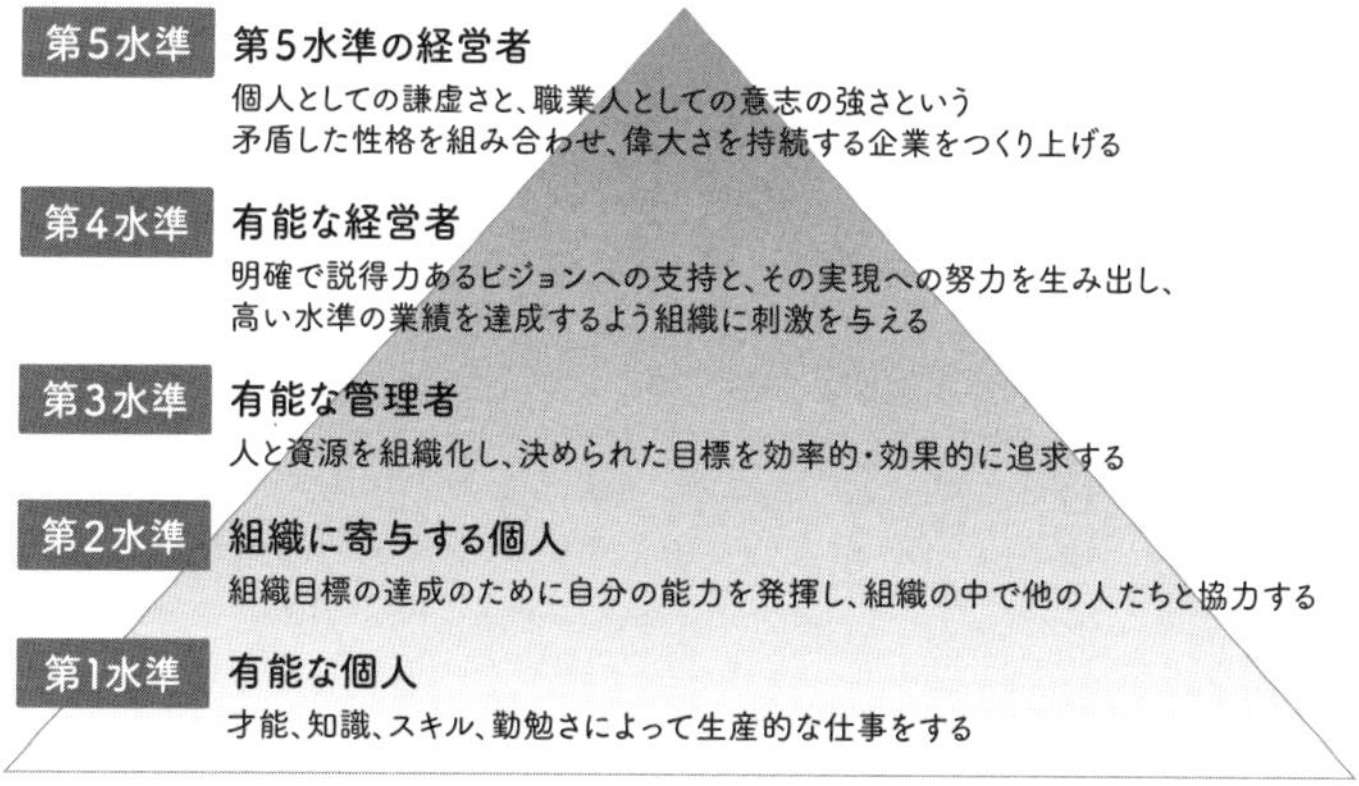
第5水準
第5水準の経営者
個人としての謙虚さと、職業人としての意志の強さという
矛盾した性格を組み合わせ、偉大さを持続する企業をつくり上げる
第4水準
有能な経営者
明確で説得力あるビジョンへの支持と、その実現への努力を生み出し、
高い水準の業績を達成するよう組織に刺激を与える
第3水準
有能な管理者
人と資源を組織化し、決められた目標を効率的・効果的に追求する
第2水準
組織に寄与する個人
組織目標の達成のために自分の能力を発揮し、組織の中で他の人たちと協力する
第1水準
有能な個人
才能、知識、スキル、勤勉さによって生産的な仕事をする

出典：『ビジョナリー・カンパニー2』

第5水準のリーダーシップ

「カリスマ性あるトップ就任が飛躍のきっかけ」と思いがちだが、実際には違う。むしろ就任時に「彼で大丈夫か？」と心配された人たちが多い。

コリンズは彼らを「第5水準の経営者」と呼ぶ。**一見、謙虚でおとなしく人前に出たがらないが、強い意志を持ち、大胆な判断をする。**

クリネックスなどの日用品を製造販売するキンバリー・クラークは低迷する製紙会社だった。社内弁護士だったダーウィン・スミスがＣＥＯに就任したが、社外取締役から「君は経営者の資質に欠けているからね」とクギを刺されたという。しかしスミスはその後20年間ＣＥＯとして変革を進め、消費者向け紙製品で世界最強企業に育て上げた。

スミスは不器用で内気な外見だった。現場の工員と話すのが好きで野暮ったい黒縁眼鏡をし、安売りスーパーで買ったようなスーツで訥々《とつとつ》と話していた。

しかしCEO就任直後に「中核事業のコート紙の製造販売を続けると偉大な企業になれない」と判断、製紙工場を売却する大胆な決定をした。

11社すべてが、スミスのような第5水準の経営者に率いられていた。

謙虚かつ控えめで飾らないが、内面は熱狂的に意欲が強く、すぐれた成果が続かないと決して満足しない。そして職人のように勤勉に仕事をする。必ずしも無私で奉仕するわけではない。スミスが製紙工場売却という大胆な決断をしたように、偉大な企業にするためならば、なんでもする。

彼らは「成功は偶然・幸運のおかげ」「失敗は自分の責任」と考える。つまり成功すると外部要因を探し、見つからない時は「幸運」と考える。失敗すると「自責」と考え改善点を探す。まさに**Book45**『GIVE & TAKE』で紹介する成功するギバーの行動だ。

世の中で目立つ華やかな経営者の多くは、実は第4水準の経営者なのである。

まず人材を選び、目標を決める

最初に仕事を決め、必要な人材を採用するのが米国流と思われがちだが、11社は逆だ。たとえると、まず自社の方針に合う適切な人だけを選んでバスに乗せ、不適切な人は降ろし、その後にバスが向かう目的地を決めている。

「何をすべきか」で人を雇うと、目的地が変われば辞めてしまう人もいる。

逆に「誰を選ぶか」から始めると、いいことが多い。気に入った人たち同士なら目的地変更は簡単。環境が変わってもすぐ対応できる。

11社には社員を厳選採用し、仕事熱心な社員は働きやすくし、怠惰な社員はバスから降ろす仕組みがある。11社の中のある銀行は他銀行を買収したとき、「特権階級に浸っていた幹部は質実剛健な当社の企業文化には合わない」と考え、ほぼ全幹部を解雇した。

「人材は宝だ」といわれることが多いが、正しくは「適切な人材が宝」なのだ。

だから厳しい基準で人材を見極める。

厳しい現実を直視しつつ、必ず勝てると信じる

私の知人は、業界で著名な経営者の部下だった。現場の生の問題を報告すると烈火のごとく怒られたという。「そんな話は聞きたくないの。問題を解決してから報告してね」。

その後、知人は問題報告をやめたという。「よかれと思って言うと、怒られるから」。

カリスマ的なリーダーは、常に意識しないと現実を把握できなくなる。

一方で、11社は厳しい現実を直視し耳を傾け、対策を取る社風をつくっている。

しかし、中にはこういう人もいるかもしれない。

「私も現実を把握するために、部下に『何かあったら必ず言ってね』と言っています」

これは無責任だ。意見が言える機会を与えても、部下はなかなか言わない。**ちゃんと現場の意見を聞く機会をつくることが必要なのだ。**11社すべてが社員と経営幹部が意識的に話し合う機会をつくり、最善の答えを探し続けている。

社員や経営幹部が激しく議論し、失敗についても「何が悪かったか」を徹底的に究明する。ただし失敗の責任者が誰なのかは話題にしない。犯人捜しは意味がないのだ。

そして厳しい現実に直面しても、「必ず勝てる」と信じている。

巨人P&Gとの厳しい戦いに直面したキンバリー・クラークCEOのスミスは、「最高の企業に挑戦する機会だ」と考え、「P&Gはすばらしい。他社を圧倒してきた。1社だけ例外がある。それがわが社だ」と社員に伝え続け、社員を鼓舞し、志気を高め続けた。

単純明快な戦略

ハリネズミは鈍く短足。キツネは俊敏で頭がいい。しかし勝つのは常にハリネズミだ。キツネはあの手この手でハリネズミを襲うが、ハリネズミが身体を丸め小さな球になり鋭い針を突き出すと、キツネは諦める。そして引き返しつつまた次の作戦を考える。キツネは敏捷《びんしょう》で知恵もあるのに、いつも勝つのは単純明快な戦略のハリネズミだ。

ビジネスも同じだ。11社は1つだけの単純明快な「**ハリネズミの戦略**」をつくり、実行し続け、それ以外は一切やらない。そのために図の3つの円が重なる部分を見つける。

「ハリネズミの戦略」を実現する3つの円

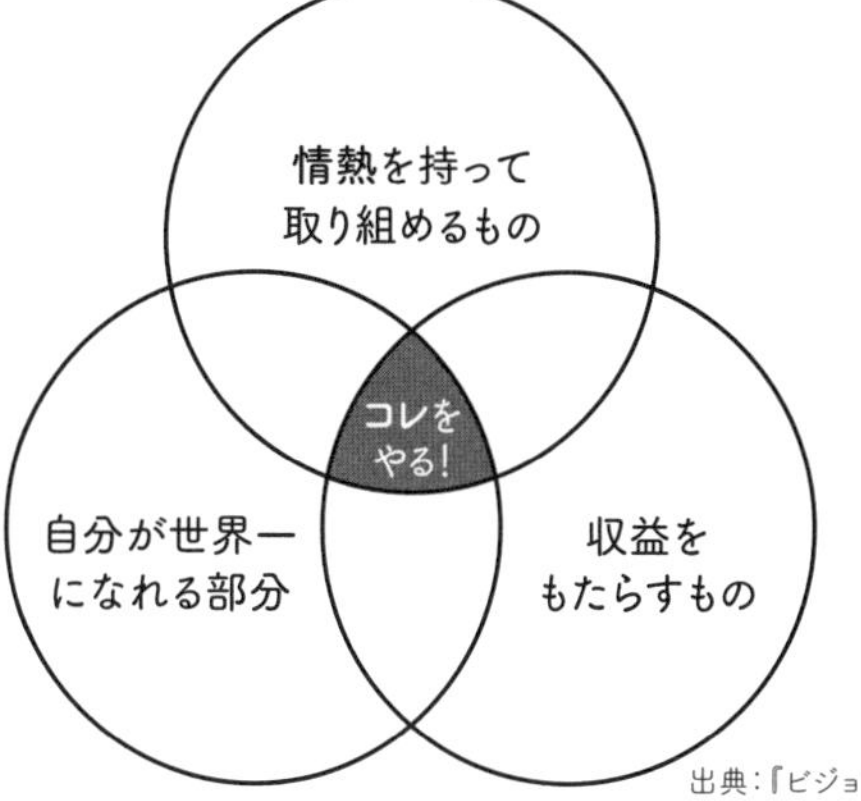

出典:『ビジョナリー・カンパニー2』

まず**「自分が世界一になれる可能性がある部分」**を探し出し、**「自分たちが情熱を燃やして取り組めるもの」**を見つける。これで社員に「情熱を持ってやろうよ」と呼びかける必要もなくなり、動機付けも不要になる。さらにそれらが**「収益をもたらす」**ことだ。

ハリネズミの戦略があれば迷いは消え、何をやるか、やめるかという意思決定も容易になる。逆に売上があがりそうな事業を手当たり次第追いかけて成長に固執すると、低迷を続けるのだ。

ハリネズミの戦略を生み出すのに、11社は平均4年間かけている。社内で徹底的に議論をし、全員で腹オチするベストな戦略をつくり上げているのだ。

人を管理せず、システムを管理する

カリスマ的なリーダーは自分の戦略を実行するため規律をつくり、社員にこと細かに指示・管理す

巨大で重い弾み車を高速回転させるには？

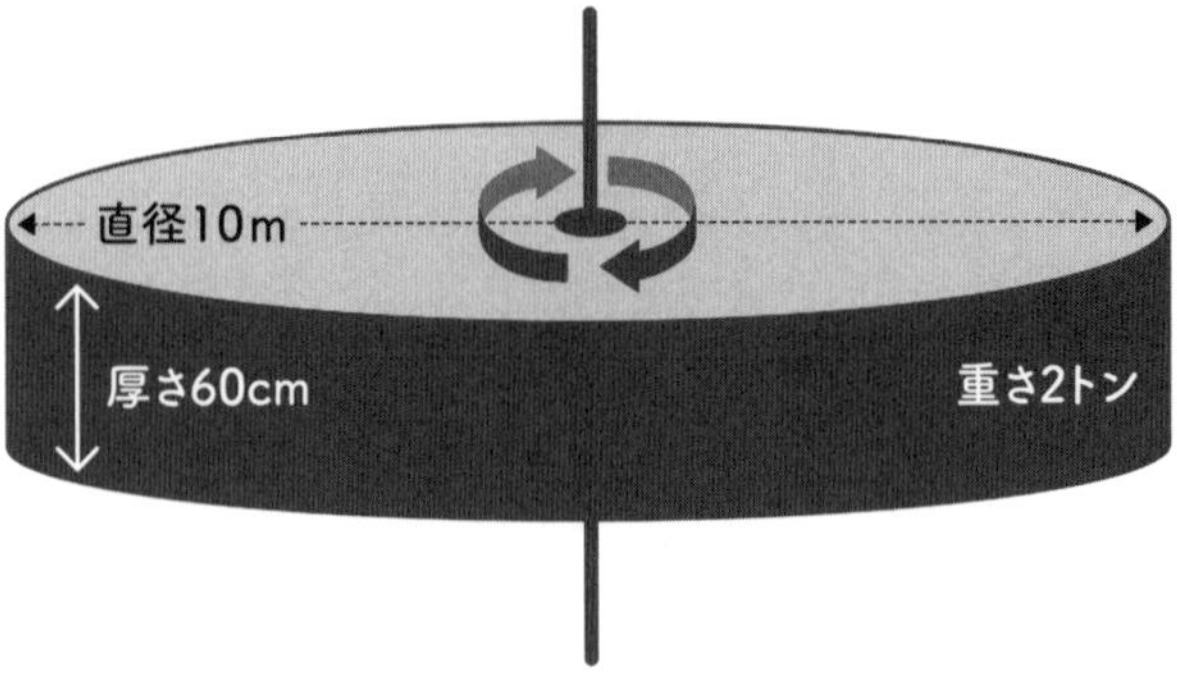

※『ビジョナリー・カンパニー2』より著者が作成

る。しかしいずれ退任する。退任後、残された人たちは何をすべきか判断できず低迷することも多い。

11社では、第5水準の経営者が継続性ある規律の文化をつくる。最初に規律ある人材を集め「ハリネズミの戦略」で規律ある考え方を確立する。そして行動の枠組みを決め、各自に目標達成の責任を持たせる。この枠組みの中では自由にできる。

これは航空機パイロットと同じだ。様々な手順に従う必要があるが、「乗客を安全に目的地に届ける」目標達成のために、決められた手順の中で自由が与えられている。

劇的な転換は、ゆっくり進む

私は幼い頃、祖父に会うたびに「大きくなったなぁ」と言われた。子供は自覚しないが、時々会う祖父には劇的な変化に見える。

企業も同じだ。コリンズは重い弾み車にたとえて

POINT

謙虚かつ愚直にハリネズミの戦略を続ければ偉大になれる

いる。最初はビクともしないが、必死に押すと少し動く。押し続けるとやっと1回転。続けると徐々に回転速度が上がり勢いが付く。さらに続けると速さが増し、ある段階を突破して重さが逆に有利に働いて止まらなくなり、しまいには飛ぶように回って誰も止められなくなる。

「いつ誰がこんなに速く回したんですか？」と聞いても、それは無意味だ。決定的な瞬間はない。**すべての押しの積み重ねだ。同じ方向に押し続ければ、必ず弾み車は突破段階を超える。**同じ方向に改善し続けること自体に大きな価値があるのだ。

コリンズは「本書は、『ビジョナリー・カンパニー』の前編だ」と言う。まず本書の方法論で偉大な企業になり、Book33『ビジョナリー・カンパニー』の方法論で偉大さを永続する、ということだ。

本書も、Book35で紹介する『日本の優秀企業研究』も、優秀企業を先入観なく事例分析し、結論を導き出している。共通の指摘が多いことに改めて驚く。優秀な日本企業と優秀な海外企業は、意外と共通点が多い。ぜひ読み比べてほしい。

35

『日本の優秀企業研究』（日本経済新聞社）

——日本企業の本当の良さとは何か？

新原浩朗

経済産業省の経済産業政策局長。産業政策のプロフェッショナル。1984年東京大学経済学部卒業、通商産業省入省。同省にて産業政策関係の多くの法案作成などに携わる。米ミシガン大学大学院経済学博士課程留学。経済産業省情報経済課長などを歴任。専門分野は、企業論、産業組織論。『日本の優秀企業研究』で第4回日経 BP BizTech 図書賞受賞。

飲み屋で「日本企業のいいところは〇〇〇だよね」と言ったりする。でもよく考えてみると、日本企業の本当の良さとは何だろう？　本書はそのテーマを研究した一冊だ。

冒頭、本書の結論がひと言でまとめてある。

「自分たちが分かる事業を、やたら広げずに、愚直に、真面目に、自分たちの頭できちんと考え抜き、情熱をもって取り組んでいる企業」

まるで「真面目に愚直にコツコツと、得意なことを熱心にやり続ける」職人である。

本書では、日本の優秀企業に共通する6つの条件を挙げている。1つずつ紹介しよう。

条件1 分からないことは分けること

分からない事業はやらない。自社が取り組むべき事業が明確で、コンセプトから外れていれば、経営トップは「それはウチの仕事ではない」と根拠を挙げて説明できる。

マブチモーターは世界シェア55%、売上高経常利益率20～30%という超優秀企業だ。商品はモーターのみ。業界の専門用語でいうと「民生用・直流・有鉄心・ブラシ付き200ワット以下の小型マグネットモーター」に特化している。徹底的に絞り込むことで業界随一の競争力をつけた。だから単品に絞った専門店として世界で勝負できる。

かつて世界屈指のひげ剃りメーカー・ブラウンから好条件で「モーターを開発してほしい」と依頼されたが、マブチは自社が絞り込んだ分野ではないのであっさりと断った。かわりに自社モーターでブラウンが必要とする性能の商品を開発し、10分の1の価格で提供した。いまやブラウンのモーター調達先はマブチモーターだけだという。このように**トップが現場の実態を徹底的に理解しているから、具体的に事業絞り込みができるのだ。**

ダメな企業のトップは、自社事業がよく分からない。担当者任せで重要な場面で判断を先送りし「みんなで話し合おう」と言ったりする。大きな失敗はしないがジリ貧になる。

宅配便事業のコスト構造

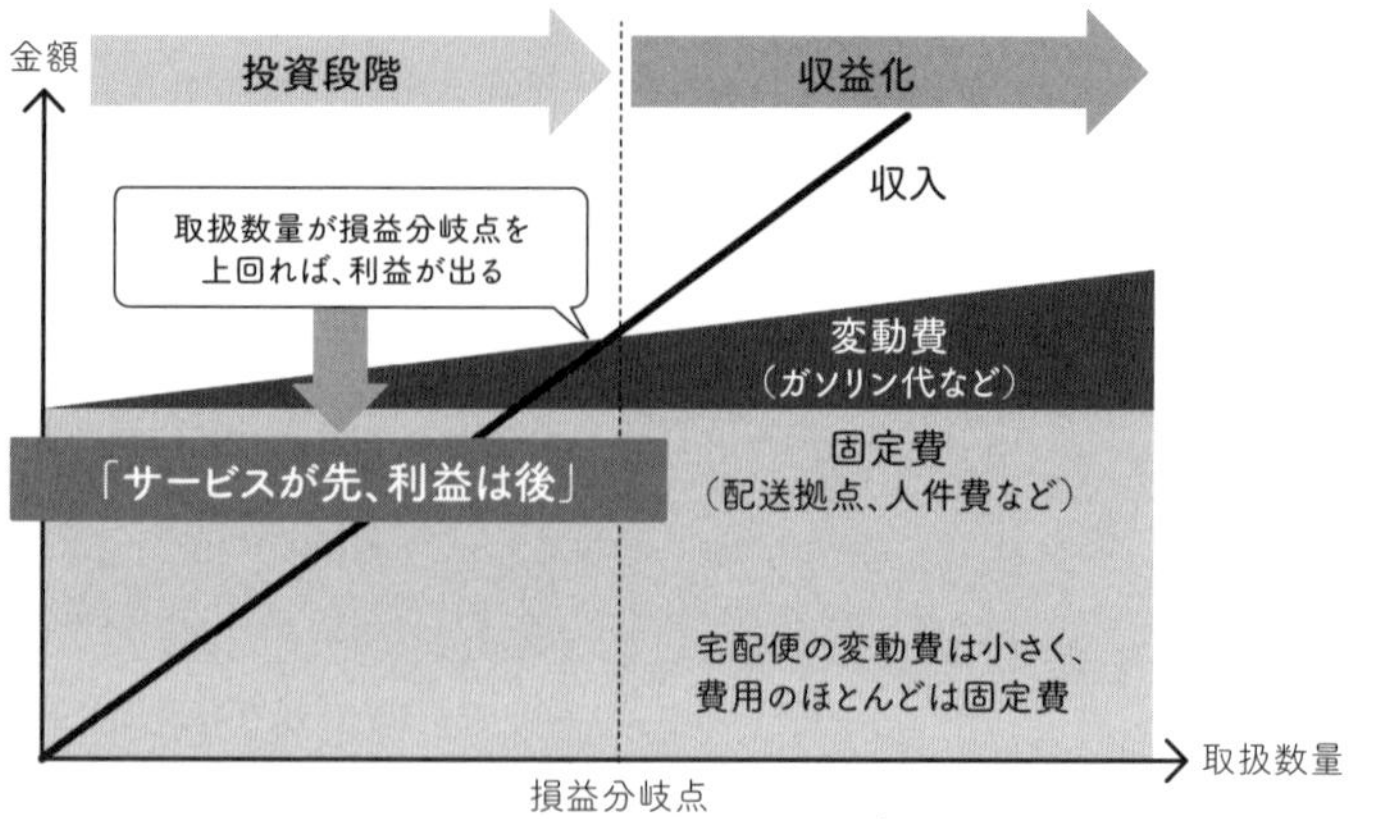

※『日本の優秀企業研究』より著者が作成

条件2　自分の頭で考えて考えて考え抜くこと

持続的に優秀な企業のトップは例外なくロジカルだ。一見常識破れな意思決定も、実に論理的に説明できる。

1976年、ヤマト運輸の小倉昌男社長（当時）は宅配便を始めた。郵便局を相手に一運送業者がゼロから同じ仕組みをつくるなんて、常識外れの挑戦だ。

しかし小倉社長は実にロジカルに考えに考え抜き、仕組みをつくった。

まず47都道府県に1つずつハブターミナルをつくる。その下に20個の営業所をつくる。夜の間にハブからハブへトラックで荷物を輸送し、朝に営業所に輸送すれば、翌日配達は可能。郵便局の小包は5日かかるから勝てる、と考えた。

では儲かるのか？　集荷コストなどを積み上げて見積もっても、答えは出ない。小倉社長は考え抜いた末、**「全体で考えればいい」**と気がついた。

宅配便事業では、コストの大部分が配送拠点や配送員の人件費などの固定費である。一方で、収入は「取扱数量×単価」だ。

そこで図のように「総費用を上回る取扱数量になれば、儲かる」と考えた。

つまり取扱数量を増やすことが、収益化のカギになる。ターゲットの家庭の主婦が「いい」と思えば、荷物が集まる。つまりサービスを良くすれば、結果として荷物は集まる。

そこで**「サービスが先、利益は後」**という標語をつくり、全社で優先順位を徹底させた。

常識を覆した宅配便も、トップが自ら考えて考えて考え抜いた産物だったのである。

条件3 客観的に眺め、不合理な点を見つけられること

かつて「子会社出向は、左遷人事」といわれた。しかし改革に成功した企業は、子会社などで苦労した傍流を経験した人がトップに立つことが多い。

たとえばヤマト運輸の小倉社長は、入社後数カ月目から4年半の結核の療養の後に復帰して、さらにその1年後には経営破綻した運輸会社に出向し、生の現場を見た。

キヤノンの御手洗冨士夫会長は、就任前は本社経験がほとんどなく海外子会社育ちだったが、先任社長の急逝で社長に就任してキヤノンを変革し、後に経団連会長まで務めた。

2人とも創業一族だが、本流から外れることで、客観的に会社を眺めることができた。

会社の裸の真実を冷静に認識することで、改革が必要な不合理な点が見えるのだ。

本書では**幹部候補生には、本社の本流部門だけを経験させずに、30代のうちに意図的に結果責任を伴う形で厳しい子会社に出向させ、修羅場を体験させる**ことを提唱している。これが結果的には経営人材を育てることにつながる。

条件4 危機感をもって企業のチャンスに転化すること

追い詰められたときこそ、新しい方向性を見いだし、新しいビジネスモデルを構築するチャンスだ。ヤマト運輸も戦後の長距離輸送の進出に出遅れたために、宅配便を始めた。

マブチも、当初は玩具用モーターが100％だった。しかし1957年に日本製金属玩具の塗料に鉛が含まれていることが問題になって米国で売れなくなり、その影響で大打撃を受けた。この危機でマブチは考え抜き、「問題はモーターへの絞り込みではなく、用途が玩具だったこと」という結論を出した。用途を広げ他業界の需要も掘り起こせば、玩具業界が不振になっても大丈夫だ。

そこで多用途化を図った。モーターの機能を引き出すために、コンパクト化、静音化、低消費電力化、長寿命化、低コスト化を図り、製品を5～6種類に絞り標準化した。

そしてモーターの競争力をつけ、日本市場よりも一桁大きい世界市場に打って出た。

ダメ企業の場合、危機に直面すると焦ってこれまでやってきたことを全否定し、成功している他社の真似を始めたりする。あるいは本当に危ないときでも「ウチは絶対潰れない」と妙に楽観的で、危機感がない。**正しい危機感を研ぎ澄ますことが大切だ。**

条件5 身の丈に合った成長を図り、事業リスクを直視すること

日本の優秀企業は、自らが生み出したお金（キャッシュフロー）の範囲内で、身の丈に合った研究開発や長期投資を行っている。

自社が持つお金の範囲内で投資することで、株主や銀行などの外部に気兼ねなく長期的な思い切った投資が可能になり、辛抱強く投資を持続できる。それが成功に結びつき、長期にわたる持続的な優秀企業を生み出している。

花王は大ヒットした化粧品「ソフィーナ」で研究開始から黒字化まで20年間かけた。「健康エコナクッキングオイル」の開発にも15年間かかっている。これら商品は累積赤字が溜まり、社内でも商品開発中止か継続か議論があったという。しかしこれら商品の投資を継続できるのも、花王が身の丈のお金で研究開発投資をしているからだ。

条件6 世のため、人のためという自発性の企業文化を埋め込んでいること

「社会のために仕事をする」のが企業を統治する理念であり、企業を長期的に発展させる。

こういうと「きれいごとを言うな。企業は儲けるのが仕事だ」と言われるかもしれない。たしかに利益は重要だ。利益は人間にとっての空気や水と同じで、利益がないと企業は継続できない。しかし人間は、空気や水のために生きてはいない。同様に、利益はあくまで企業が継続するための手段である。だからお金は企業理念にはなり得ない。

長期的に持続する優秀企業になるには、経営者や社員が使命感や倫理観といったお金以外の規律を持っていることがカギだ。使命感がある人間は、堕落しない。

最近の企業の不祥事は、利益追求を「手段」でなく「目的」にしてしまったところに間違いがある。野心があるトップが権力を握ると、必ずその企業は堕落する。

優秀な人材が能力を発揮できていない

本書の指摘は、いずれも日本人ならば腹オチするものばかりだろう。

現代の日本企業の問題は、バブル崩壊を機にこれらの日本企業の原点が見えにくくなっていることだ。ここで重要になるのが、企業で働く「人」だ。業績が悪い大企業では、優秀な人材が眠っている。これはその人が悪いのではない。**その人が時間を忘れるくらいに熱中できる仕事がないのだ。**だから能力を発揮できない。

企業は社員が自ら動けるように仕組みを整え、自律的な社員を支援することが必要だ。また社員自身も「部が」「わが社が」と組織を主語にするのではなく、「私が」と自分を主語にして考え、自分自身がコミットし、動き始めることが大事なのだ。

Ｂｏｏｋ32『エクセレント・カンパニー』で紹介したように、米国の超優良企業も平凡な人たちから非凡な力を引き出している。また本書は、Ｂｏｏｋ34『ビジョナリー・カンパニー2』で紹介した「第5水準のリーダーシップ」「ハリネズミの戦略」「現実の直視と必ず勝てるという信念」「弾み車」などと重なる指摘も多い。

国が違っても企業の成功要因は共通しているのだ。

著者の新原浩朗は産業政策のプロで、現在も経済産業省で経済産業政策局長を務めている。本書からは「日本企業がもっと元気に発展してほしい」という著者の想いが伝わってくる。

本書は必ずしも海外ＭＢＡエリートが読む本ではない。しかし私たち日本のビジネスパーソンが世界での立ち位置を考える上で役立つと考え、50冊の中の1冊に選んだ。どうすれば日本企業は強みを発揮できるのか、本書を参考にぜひ考えてほしい。

POINT

自分の頭で考え抜き、真面目に愚直に情熱を持って得意技を極めろ

36

『ティール組織』（英治出版）

――管理されない組織が爆発的な成果を生み出す

フレデリック・ラルー

マッキンゼーで10年以上にわたり組織変革プロジェクトに携わったのち、エグゼクティブ・アドバイザー／コーチ／ファシリテーターとして独立。2年半にわたって新しい組織モデルについて世界中の組織の調査を行い、『ティール組織』を執筆。12カ国語に翻訳され世界的なベストセラーとなる。現在は家族との生活を最も大切にしながら、コーチや講演活動などを行っている。

あなたは自信を持って、「自分の仕事は楽しい」と言えるだろうか？

ある調査では「仕事に愛着がある」人は、世界全体でわずか35％だという。

「誰もがやりがいを持ち仕事ができる、血が通った新しい組織はないのだろうか？」

こんな問題意識を持った著者のラルーは、様々な業界で社員が自分の仕事を天職と考え、組織の高貴な目標達成のために働く組織に出合った。

どこも驚くほど似たような組織構造と仕事のやり方に辿り着いていた。ラルーはそんな組織を進化型（ティール）組織と名付け、本書で紹介している（原題は〝Reinventing Organizations〟。「組織を再発明する」だ。「ティール組織」は日本語版タイトルの妙である）。

現代の組織は、大きな富を生み、貧困をなくし、多くの病気を根絶し人の寿命を伸ばしてきた。一方で社員は管理され精神的に病む人も少なくない。今の組織は限界なのだ。「新しい組織の形をつくるなんてムリ」と思うかもしれないが、人類は新しい組織を生み出し飛躍的に能力を伸ばしてきた。ラルーは組織の進化を5段階で色づけしている。

❶**衝動型**（**レッド**）→1万年前に首長制と原始的な王国が生まれ、力で支配する最初の組織である部族社会ができた。たとえると組織は、「**オオカミの集団**」だ。
❷**順応型**（**アンバー**）→数千年前に人類は大規模な農業を始め、大きな組織をつくり、国家や文明が生まれた。食料に余裕ができ、権力者が登場して秩序が生まれ、階級社会になった。たとえると組織は、「**軍隊**」だ。
❸**達成型**（**オレンジ**）→現代主流の組織だ。人は階級組織の権威や規範に疑念を抱き、合理的に考えるようになった。企業も実力主義と目標管理で運営する。組織は、「**機械**」だ。
❹**多元型**（**グリーン**）→成果主義の弊害に疑念を抱いた反体制派やポストモダン思想では、「個々の考えを尊重すべきだ」と考えるようになった。たとえると組織は、「**家族**」だ。
❺**進化型**（**ティール**）→平等主義を過度に追求すると総意がなかなか得られず行き詰まる。そこで組織の目的実現のために集まる人たちが、お互いの信頼と自律の下で動くようになった。たとえると組織は、自律的な「**生命**」だ。

このように、人間の組織は必要に応じて進化してきた。人間は今後も進化できる。進化型（ティール）組織について、2社の事例を見てみよう。

リーダーはいない。集団で決める

ビュートゾルフは、オランダで地域密着型の在宅ケアを提供する組織だ。

オランダでは、在宅ケアは自営業の看護師が提供する。1990年代、オランダの健康保険組合は「まんべんなくサービスを提供しよう」と考え、看護師をスキル別にスケジュール管理し、作業を標準化し（「静脈注射は10分」等）、コールセンターで患者の電話を受け看護師を派遣するようになった。


しかし患者から「知らない人が玄関に現れる」「病歴を毎回説明するのはイヤ」と大不評。看護師も多忙になり、医療の質も低下。患者と看護師の信頼が失われてしまった。

看護師のヨス・デ・ブロックは「この現状をなんとかしたい」と考え、2006年に看護師10人でビュートゾルフを創業した。組織は6年間で看護師7000名に成長した。


1チーム看護師10〜12名で、担当地域にいる50名の患者を受け持ち、チームがすべてを決める。リーダーはおらず集団で決める。どの患者を受け容れるか、スケジュール管理、業務管理、オフィス賃貸、人材募集も、チームで決める。

看護師1〜2人で1人の患者を担当して真剣に向き合うので、患者と看護師には深い信頼が築かれている。結果、介護時間は40％減、入院数3分の2、入院期間も短縮。医療費削減に貢献している。患者が人生最後の数年に受ける精神的・人間関係的な支えも、見えない成果だ。看護師の欠勤率は60％低く、離職率は33％減。モチベーションは高い。

私は、この「リーダー不在の仕組み」を知り、最初にこう思った。「誰も責任を取らない無責任状態にならないのだろうか？」。実際にはそうならない。必ずメンバー全員が、効率的な意思決定をするスキルとテクニックを研修で学ぶからだ。**組織にはマネジャーはいないが「地域コーチ」がいる。**コーチの役割はチームに自分たちで選択させることだ。意思決定権限はなく、売上目標もない。様々な問いをぶつけ、チームの能力を引き出す手伝いに徹する。実は創業間もない頃、コーチが集中的に面倒を見たチームもあったが、他チームと比べて依存性が高く自立性に欠けてしまったという。スタッフ7000名に対し本社は30名。人事部門もない。採用もチームに委譲した。

チームの最優先は「顧客の要望に応えること」

営利企業でも、進化型組織はある。FAVIは欧州の自動車用変速機製造会社だ。元は普通のピラミッド組織の製造会社だった。新CEOが就任すると顧客グループ別に特化した21個の自主運営チームに組織を変えた。1チーム15〜35名。人事・企画・技術・

IT・購買などのスタッフ部門は閉鎖し、人員は各チームに異動した。

各チームの最優先は「顧客の要望に応えること」。**セールスは売上目標を持たない。セールス担当のモチベーションは、自分のチームの仕事を受注すること。**受注すると「100万ドルの注文を受けた」でなく、「10人分の注文を受けた」と言う。

FAVIもすべてチーム内で議論して決める。複数チームの案件は、プロジェクトチームをつくって対応する。

FAVIは変速機で市場シェア50％。高品質で「過去25年間、納期遅れゼロ」という記録を誇りにしている。給与は業界平均をはるかに上回り利益率も高く、離職率はゼロだ。FAVIの労働環境にいると、他社の工場に戻ることは考えられなくなるという。

グーグルには、技術者が2割の時間を自由に使ってよいという「20％ルール」があるが、これらの会社では自由時間は100％なのだ。

「全員が正しく、道理をわきまえた人たちだ」と考えれば、統制の仕組みは不要になる。

実はFAVIで、ドリルが盗まれたことがあった。CEOはメッセージを倉庫に貼った。「皆さんご存じのように、当社では盗んだ人は解雇されます。これはバカげた行為です」

その後、盗難事件は一切起こっていないという。

セルフマネジメント……「助言プロセス」で意思決定

進化型組織が従来の組織と違うのは、**「セルフマネジメント」「全体性の重視」「存在目的があること」**の3点だ。

原則、誰がどんな意思決定をしてもOK。ただし**全関係者と問題の専門家に、必ず助言を求める必要がある。**助言を反映する義務はないが、必ず真剣に検討しなければならない。

従来の意思決定方法は、不満を感じる者も多い「トップダウン」と、時間がかかり責任不在になる「コンセンサス」の2つだ。**「助言プロセス」**はこれらの弊害を解決できる。

全利害関係者が意見を言えるし、責任も明確で、迅速に意思決定できる。意思決定者もやりたいことができる。この助言プロセスが進化型組織の中核だ。トップも例外ではない。助言プロセスなしで進めると進化型組織ではほとんどあり得ない「解雇」の対象になる。

また情報は全公開する。公開しないと疑念が生まれ、情報格差で階層が生まれるからだ。

かつて米国の心理学者・マクレガーは「人は怠け者で仕事をさぼる」という**X理論**と「人は意欲的で自制心を持つ」という**Y理論**を提唱した。検証結果は「両方正しい」。人を疑って規則で縛ると、人は出し抜こうとするので、「X理論が正しい」になる。人を信じて任せると、人は信頼に応えようとするので、「Y理論が正しい」となる。恐れは恐れを生み、信頼は信頼を生み出す。進化型組織は後者の考えなのだ。

全体性の重視……「ありのままの自分」

休日に偶然出会った同僚が職場とまったく違っていて、驚いた経験はないだろうか？従来の職場では、人は職場用の仮面をつけている。しかし人は、常に自分らしく振る舞えれば、人生はより充実する。進化型組織では、人はありのままの自分でいられる。とはいえ人は弱い。ありのままの自分を拒絶されると傷ついてしまう。

だから組織が人の弱さに寄り添う。「人は基本的に善良」「人は皆違う」「自分が正しいという考えは思い込み。他人の現実に耳を傾けよう」「他人の自尊心を傷つけるのは恥ずべき行為」という価値観を徹底するため、研修・コーチング・話し合いを頻繁に行う。

存在目的があること……組織自体の目的に耳を傾ける

進化型組織では「組織の存在意義・使命は何か？」を、常にメンバーが問い続けている。「競争」という言葉はない。「患者に幸せな人生を」というビュートゾルフにとって、同じ目的を持つ組織はむしろ目的を共有する同志だ。成長や利益に固執せず、存在目的の達成に全力を投じることで、結果として多くの利益を生み出している。

全社員が存在意義を考え、常に顧客に価値を提供し続ければ、結果として変革が起こる。**イノベーションは、計画しても起こらない。**組織の末端で起こるものだ。

POINT
管理しないティール組織は、人を幸せにして、高い成果も生み出す

ネット技術が進化型組織を加速させる

進化型組織は、Book43『人を伸ばす力』で紹介する内発的動機付けにより、個人が自分の強みが発揮できる仕事をすることで大きな力を発揮し、管理・統制のムダと上司判断待ちのムダを撲滅してスピーディに仕事が進むことで、大きな成果を生み出している。

私は本書と、Book32『エクセレント・カンパニー』、同33『ビジョナリー・カンパニー』、同34『ビジョナリー・カンパニー2』との共通点を感じた。いずれも個人の力を最大限引き出すことに大きな努力をしている。一方でこれら3冊が書かれた時代と異なり、現代はネット技術により組織はピラミッド構造の呪縛から自由になれる。そのおかげで「助言プロセス」の仕組みも実現でき、目標や成果の管理も不要になったのだ。

日本でも、地方創生の現場は組織構造がなく、対等な関係の自営業者も多い。ここでは従来型の組織運営は適さない。こんな状況でこそ、ティール組織の考え方が役立つはずだ。

今、進化型組織が生まれ始めているのは、ITの進化と普及も大きな要因だ。人類が再び飛躍する準備が、やっと整ったのかもしれない。

37 『企業変革力』（日経BP社）

——誰もがリーダーとして企業変革できる

ジョン・P・コッター

ハーバード・ビジネス・スクール松下幸之助記念講座名誉教授。MIT、ハーバード大学卒業後、1972年からハーバード・ビジネス・スクールで教鞭をとる。1981年、当時としては史上最年少の34歳で正教授に就任した。主な著書に『ジョン・コッターの企業変革ノート』『リーダーシップ論〔第2版〕』『幸之助論』『カモメになったペンギン』『ハーバード流企画実現力』など多数。

テレビで不祥事と業績低迷に苦しむA社トップが神妙な顔で会見していた。

「全社で抜本的な変革に取り組んでまいります」。A社トップは数年前から同じ言葉を繰り返しているが、何も変わらない。いまや身売りもウワサされているが、A社に勤める私の知り合いは「何とかなるよ」と楽天的だ。残念ながらA社は例外ではない。

「変革の進め方には間違いが多い。変革には定石がある」というのが、変革マネジメントとリーダーシップの世界的権威であるコッターだ。本書はタイム誌で「企業経営に最も影響を与えた25冊」に選ばれている。

企業変革が失敗する共通パターンは、図の左側の8つだ。これらは避けることができる。

そこでコッターが提唱するのが、図の右側にある「**変革の8段階のプロセス**」だ。各段

変革のあやまちと「変革の8段階のプロセス」

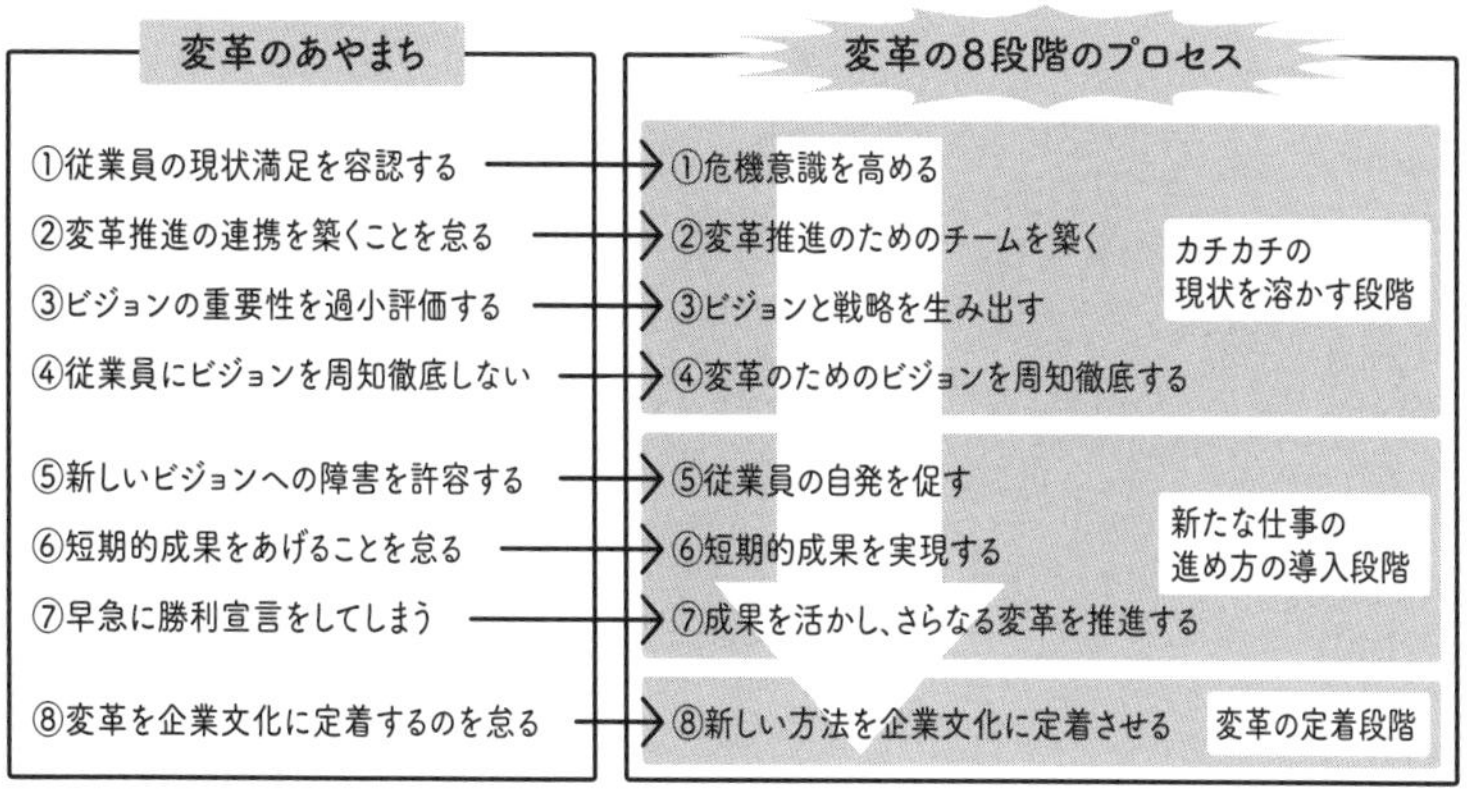

※『企業変革力』より著者が作成

階で成果を怠って進めると、問題が発生し変革は失敗する。

では具体的にどう進めるのか？　長野県阿智《あち》村の取り組みを見ながら考えていこう。

阿智村は人口６６００人の小さな村だ。村の中には、20軒の温泉旅館からなる小さな温泉郷がある。名古屋から高速バスで2時間という好立地だ。高度成長期は中京工業地帯の製造業を中心に団体法人客が多く来訪し、１９９０年代前半は年間宿泊数50万人に迫るまで成長した。しかしその後衰退し、２０１１年には35万人まで減っていた。

第1段階　危機意識を高める

温泉客は激減していたが、観光関係者は「そのうち客足は戻る」と危機感がなかった。そんな中、「このままでは子供たちに阿智村を引き継げない」と危機感を持ったのが、ある温泉旅館の企画課長だった松下仁さんだ。旅館で企画を立てて宿泊客には喜ばれていたが、客は増えない。「阿智村の地域づくりをしないとダメだ」と考えていた。

変革の原動力は、「このままじゃダメだ！」という強い危機感だ。現状満足の空気が蔓延していては変革はできない。冒頭のA社は、社員も幹部も本音では「何とかなる」「景気が戻れば復活する」「自分の責任ではない」と思っているから、変革が進まないのだ。

第2段階　変革推進のためのチームを築く

松下さんは地域づくりのヒントを探しにセミナーに出かけ、ＪＴＢで観光視点から地域活性化を行っている武田道仁さんと出会った。2人は意気投合。数名の信頼できる仲間も加わり、阿智村の地域づくりに取り組み始めた。

変革成功物語を聞くと、つい「一人の凄い人物が変革を起こした」と思いがちだ。しかし現実に変革を起こすのは、危機意識を共有し信頼しあう人たちのチームだ。最初の段階でそんなメンバーを選ぶことが重要だ。本書では注意点を2つ挙げている。

まず変な平等意識で、他人を攻撃するのが好きだったり、メンバーのチームワークを悪化させる人物を入れないことだ。メンバー同士の信頼感を損ない、話が進まなくなる。

また人を管理するのが得意な人たちだけだと失敗する。

必要なのは「現状を変えたい」というリーダーシップを持つ人たちだ。

第3段階　ビジョンと戦略を生み出す

メンバーは「阿智村ならではの売りは何か」を話し合ううちに、阿智村のスキー場から見る星空がとても美しいことを知った。実は環境省が「日本一星空の観測に適した場所」として阿智村を認定していた。そこで「若者たちに星空を楽しんでもらい、地域興しをしよう」と考え、「日本一の星空ナイトツアー」を始めた。

コッターは「変革では人々を行動に駆り立てる魅力的なビジョンと戦略が必要だ」という。難しくてはダメ。「日本一の星空ナイトツアー」というようにシンプルであるべきだ。

第4段階　変革のためのビジョンを周知徹底する

松下さんたちは「日本一の星空ナイトツアー」の考え方を周知徹底すべく、観光関係者に説明会を行い、各種メディアで情報発信を続けた。当初は反応がなかったが、辛抱強く続けることでコンセプトが浸透していった。

私たちは日々膨大な情報に接している。大切な変革ビジョンも、膨大な情報の中に埋もれてしまう。ビジョンは簡明・明確にして、繰り返し言い続けることが必要なのである。

第5段階　従業員の自発を促す

「日本一の星空ナイトツアー」を聞きつけた客が大勢来るようになり、仕事は増えていったが、松下さんはそれらをどんどん人に任せていった。星空ガイドの採用・育成をスキー場の若手担当者に一任したり、「女性に阿智村の魅力を伝えたい」という阿智村観光局にいる女性たちに、企画から運営まですべて任せた。

企業で変革を広げる場合も、従業員の自発を促し、新しい仕事に取り組みやすい環境をつくり、新しい仕事を妨げる障壁を取り除くことが必要だ。

人事の仕組みも見直すことだ。たとえば「顧客満足最大化の実現」が変革の狙いならば、人事評価の評価項目は、「売上」でなく「顧客満足」に変えるべきだ。

第6段階 短期的成果を実現する

松下さんは毎年集客目標を設定して、必ず目標を上回る結果を出した。

初年度：目標5000人に対して、6500人

2年目：目標1万5000人に対して、2万2000人

5年目：目標10万人に対して、11万人

観光関係者は、目標を公言して必ず達成する松下さんを次第に信頼するようになった。

「大規模な変革で、長期的目標と短期的成果を両方追いかけるのはムリ」とよくいわれる。

しかし成功する変革は、阿智村のように大規模変革に取り組みつつ、短期目標も設定し、着実に成果をあげている。短期目標を決め達成を目指すことで、変革の方向性も細か

くチェックできる。成果をあげることで、反対派や無関心層を味方につけることもできる。

第7段階 成果を活かし、さらなる変革を推進する

松下さんは毎年新たな課題を見つけて解決することで、変革を推進していった。

当初無関心だった商工業者が、成果が出始めて「観光関係者しか儲けていない」と言うと、星にちなんだ名産品や地域通貨をつくり、商工業者もメリットを受けられるようにした。

組織に変革が完全に根付いていないのに、ある程度の成果が出た時点で「変革は成功した」と早々に成功宣言をすると、その時点で変革は途絶えてしまう。大きな変革ほど、様々な人や組織が相互に関わる。だからこそ継続することが必要なのだ。

第8段階 新しい方法を企業文化に定着させる

「日本一の星空の村」への取り組みは、今、阿智村の地域文化へと定着させる真っ最中だ。いまや阿智村村長も率先して、村全体で取り組みを続けている。

最初から企業文化を変えることはできない

「変革で最大の障害は古い企業文化だ。大規模変革の第一歩は企業文化を変えることだ」といわれることがある。当初はコッターもこう思っていた。しかし長年研究した結果、

「**これは間違っている**」と結論づけたという。

Book38『企業文化 生き残りの指針』でシャインが指摘したように、企業文化は簡単には変えられないし、操作もできない。だから、**まず人々の行動を変える。そして「新しい行動で成果が出る」ことを人々に認めてもらう。**そうしてやっと、企業文化が少しずつ変わり始める。だから企業文化を変えるのは変革の最初ではなく、最終段階なのだ。

企業変革を行う人たちに必要な力はマネジメント能力だけでなく、リーダーシップだ。両者は似ているようで、まったく違う。

リーダーシップとは、「一緒にあの山頂を目指そう」と方向性を決め、メンバーに「行こう」と動機づけて行動させる能力だ。変革すべきことを決め、皆をその気にさせる。

マネジメントとは、「あの山頂を目指す」ために、計画をつくり、備品を調達し、ちゃんと目的地まで到達させる能力のことだ。決まったことをキッチリ実行する。

変革には、リーダーシップ力とマネジメント力が、バランスよくあることが必要だ。変革が進まない大企業では、マネジメント能力を持つ人材はたくさんいても、リーダーシップを持つ人材が圧倒的に少ないことが多い。だから変革が進まない。

リーダーシップの考え方を変えることが必要だ。古い考え方では、「リーダーシップは生まれつきの才能。選ばれたエリートが担うものだ」と考えられていた。しかし実際には、**リーダーシップは誰でも発揮すべきものだし、誰でも育成することができる。**

一旅館の企画課長だった松下さんも、危機感をもって行動するうちに、次第に周囲の人々を動かし、リーダーシップを発揮するようになり、阿智村を大きく変えた。

Book42『幸之助論』でコッター自身が紹介したように、「経営の神様」といわれるパナソニック創業者・松下幸之助は、若い頃は勤勉ながらも病気がちで、リーダーからはほど遠かった。しかし常に危機感をバネに成長を続け、世界的なリーダーに育った。

本書は「自分の組織を変革したい」「リーダーになりたい」という人の羅針盤になるはずだ。

POINT

誰でもリーダーとなり組織を変えることは可能。まずは危機感だ

38

『企業文化 生き残りの指針』

――企業文化はラスボスだ

（白桃書房）

エドガー・H・シャイン

マサチューセッツ工科大学（MIT）スローン経営大学院の名誉教授。1952年にハーバード大学より社会心理学の博士号を取得。Walter Reed陸軍研究所に4年間勤務した後、MITに戻り、2005年まで教壇に立った。現在もコンサルタントとして活躍。

A社は、個人がじっくり時間をかけて仕事に取り組む。進め方も形式的だ。B社は、仕事のテンポが速い。社内も活気がありカジュアルだ。A社はB社のような企業文化に変えるべきだろうか？

低迷する企業で「新たな文化をつくろう」と考える経営者は少なくない。しかし、**企業文化は変革のラスボス**だ。変えるのはとても難しい。

著者のシャインは、数多くの組織のコンサルティングを行ってきた実務家であり、実務経験に基づいて企業文化の理論を打ち立てた世界の第一人者である。

米国の業績好調なゲーム会社に、外部から新ＣＥＯが就任した。熟練経営者の彼から見ると、この会社は雑然としていて統制がなく、誰がどんな業績をあげたのかも不明確。そこで個人の責任を明確にして競争原理に基づく報酬制度をつくった。しかしこれがきっかけで好調だった会社は停滞が始まり、優秀な人材が去ってしまった。

この会社は開発者が渾然一体となり、互いに独創力を刺激しあいアイデアを出していた。「誰がどんな貢献をしたか」と聞かれても、誰も分からない状況だった。ムリに責任を明確化し競争原理を導入した結果、協調する雰囲気は消え、創造性が奪われたのだ。新ＣＥＯは企業文化を理解していなかったのである。

企業文化は、個人や集団の行動、考え方、価値観の拠《よ》り所である。その組織にいる人たちはほとんど意識していない。その組織内では当たり前のことだからだ。しかし外部から見ると、とても変わって見えることが多い。

ＩＢＭ社員だった私が、米国に長期出張した時のこと。世界中からＩＢＭ社員が集まった。休日は待ち合わせて遊びにいくことが多かった。

日本人、デンマーク人、ドイツ人は時間通りに集まる。しかしイタリア人はいくら待っても来ない。部屋に迎えにいくと、彼は鼻歌を歌いながらシャワーを浴びていた。ラテン諸国の上流社会では遅刻は許されるが、欧州北部では侮辱的な行為らしい。デンマーク人はカンカンだった。本人は当たり前でも文化が違う人には変わって見えるのだ。

企業文化は、過去に成功した考え方や行動を学習して定着したものだ。つまり企業文

企業文化には3つのレベルがある

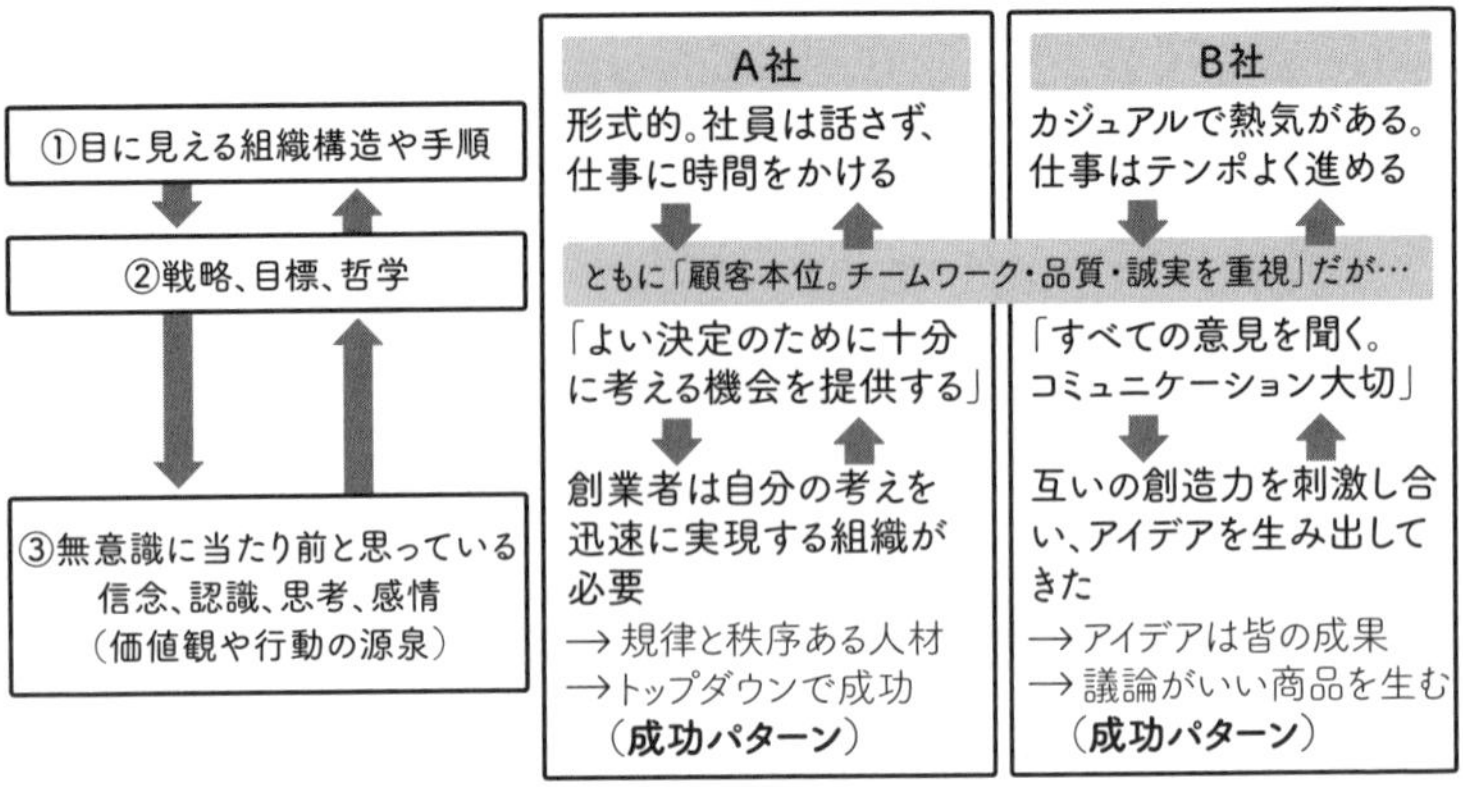

※『企業文化 生き残りの指針』より著者が作成

化は「**成功の置き土産**」だ。企業文化は、企業のあらゆる行動に影響を与える。

低迷企業では企業文化が時代遅れになりかけていることが多い。しかし企業文化は、その会社で他の多くの強みの土台でもある。しかも企業文化は思い通りに変えられない。だから変革では、ムリに企業文化を変えず、今の企業文化を土台に考えるべきだ。

まずは組織が直面する課題を取り上げることだ。課題や危機が文化を変えるきっかけになる。これはBook37『企業変革力』の指摘と共通している。

企業文化の3つのレベル

企業文化には、図のように3つのレベルがある。

表面的に見えるのが「**組織構造や仕事の手順**」だ。その下に「**戦略、目標、哲学**」といった企業が掲げる価値観がある。さらに一段下に「**無意識に当たり前と思っている信念、認識、思考、感情**」がある。これらが価値観や行動の源泉だ。冒頭のA社とB社を深掘りすると、よく分かる。

A社が仕事に時間をかけて進め方も形式的なのは、「慎重に考えないとよい決定はできない。十分に考える時間を提供すべきだ」と考えるからだ。創業者が優秀な技術者で、自分のアイデアを迅速に実現できる組織が必要だったため、A社では規律と秩序ある人材が集まり、トップダウンで成功してきた。こうしてA社の企業文化が生まれたのだ。

B社がカジュアルで熱気があり仕事のテンポも速いのは、先に紹介したゲーム会社のように、「チームワークが大事。すべての意見を聞いて意思決定することが大切」と考えているからだ。そうして互いの創造力を刺激しあい、アイデアを生み出し、成功してきた。

A社もB社も過去の成功パターンの蓄積が企業文化を生み出し、社員のあらゆる行動や考え方に価値観として埋め込まれている。この結果、同じ言葉でも捉え方は変わる。

たとえば「本物の仕事とは何か？」という問いに、A社社員は「自分でじっくりと考えること」と答え、B社社員は「他人と議論を戦わせること」と答える。

企業文化は価値観に深く埋め込まれている。A社社員に「B社を見習え」というのは、自由奔放なイタリア人に「ルールを守るドイツ人になれ」と言うのと同じくらいムリな要求なのだ。

変容のモデル

企業文化は3段階で変わっていく

第1段階 変化の動機づけを行う	・現状の否認 ・生き残りの不安や罪悪感をつくり出す ・学習する不安を減らす
第2段階 新たな概念とその意味を学ぶ	・新たな「模範となる人」から学び、模倣する ・試行錯誤による学び
第3段階 新たな概念と意味を取り込む	・自分の中に取り込んでいく ・新たな概念で、仕事に取り組んでいく

※『企業文化 生き残りの指針』より著者が作成

企業文化を変える「変容のモデル」

企業文化は意図的には変えられないが、危機に直面すると変わり始める。

ここで必要なのが「**学習棄却**」（アンラーニング）だ。企業文化は成功パターンの学習で生み出された。その学習を捨てるのだ。これが難しい。学びを捨ててうまくいくかは、分からないからだ。学習棄却は「バンジージャンプ」のようなものだ。失敗を恐れて、なかなか飛べないのだ。

そこでシャインは「**変容のモデル**」を提唱している。企業文化は3段階で変わっていく。

第1段階 学習棄却の段階だ。多くの人は本音では変わりたくないが、危機になると変わらないと生き残れない。「今のままではダメだ」と組織のメンバーが納得することが必要だ。「生き残りの不安」が「新たな学習の不安」より大きくなると人は変わり始める。しかし危機を煽《あお》るだけでは人は心を閉ざしてしまう。新たな学びの不安を減らすことが大切だ。バンジージャンプにたとえると、「命綱のロープは絶対切れない。大丈夫」と安心させるのだ。

第2段階 新しい考え方を学ぶ。新たな「模範になる人」を選び、その人から学ぶようにする。バンジージャンプにたとえると、上手にジャンプができる人を見つけて、「ほら。怖くないよ」と安心させ、真似させることだ。試行錯誤による学びも奨励する。

第3段階 新しい考え方を組織にいるメンバーの仕事に取り込む段階だ。こうして新しい行動パターンが生まれ、企業文化に定着していく。

企業文化がつくられる過程は、国が違っても変わらない。他社の企業文化を真似せずに、自社の企業文化をいかに進化させるかを考えることが大切だ。シャインも「**日本企業は、むやみに米国企業の価値観を取り入れるべきではない**」と言っている。

変革では企業文化の問題は避けて通れない。本書のポイントをあらかじめ学べば、変革で出合う多くの障害を未然に防げるはずだ。

POINT

企業文化は成功して初めてできる。変革は「危機」がトリガーになる

39

『巨象も踊る』（日本経済新聞社）

——変革し、企業文化を変えるには、まず実行せよ！

1990年代前半、社員30万人を抱えたIBMは、破綻寸前だった。

本書はその巨象に単身乗り込み、復活させたガースナーが書き下ろしたIBM再生物語だ。経営者の本としては珍しく、ライターを使わずに自ら筆を執っている。

当時、私もIBM社員として会社が急速にダメになるのをリアルに体験していた。危機感はあったが切羽詰まった感じがなかった。「IBMだから、なんとかなるさ」という奇妙な空気の中で、現場もトップも古いやり方を変えられないまま、衰退し続けていた。

かつてガースナーがアメックス幹部だった時、データセンターはすべてIBM機だった。他社マシンを1台だけ導入すると、IBMの担当者から取引停止を言い渡された。「顧客にここまで傲慢な態度を取る会社があるのか！」と驚いたという。

就任直後、彼が話したIBMの前CEOは、事業のほとんどの問題を理解していた。

ルイス・V・ガースナー

1965年ハーバード大学ビジネス・スクールでMBA取得、同年マッキンゼー入社。1993年、崩壊の淵にあったIBMを再建するため、著名な経営者のなかから選ばれ、会長兼最高経営責任者（CEO）となる。その後、数年のうちにIBMを再生させ、1990年代を代表する経営者として称賛を浴びる。公職、社外取締役を兼務するほか、教育分野での貢献によって数多くの賞を受賞。

しかし企業文化、チームワーク、顧客、リーダーシップという言葉はなかったという。またガースナーは、IBM社内でビジョンをまとめた分厚い書類も何個も見つけた。IBMは業界の技術トレンドを見極めていたが、身動きが取れていなかったのだ。

彼は「再建は実行にかかっている」と考え、就任後の記者会見で語った。

「現在のIBMに最も必要ないものがビジョンだ。必要なのは実効性の高い戦略だ」

そして4つの重要な決断をした。

決断1　会社を一体として保持し、分割しない

当時のコンピュータ業界は、コンピュータ本体、パソコン、ソフトウェア、記憶装置などを販売する企業が数多く生まれていた。業界の多数派の意見は「すべてを提供するIBMの方法は時代遅れ。分割すべし」。IBMも分割準備を始めていた。しかしガースナーはこう考えた。

「顧客は無数にある製品をまとめる会社がなく困っている。すべてを手掛けるIBMだけが顧客の悩みに応えられる。IBMは分割せず、統合サービスを提供すべきだ」

IBM分割の中止が、ガースナーの最初の戦略的決定となった。

決断2　ムダを徹底的に削減する

IBMは高コスト体質だった。大規模な経費削減を実施した。人員削減などの痛みが

伴ったが、他に道はなかった。

決断3　ビジネスのやり方をつくり直す

社内業務プロセスはつぎはぎで古く、管理もバラバラ。そこで10年間かけて世界最大の業務変革プロジェクトを断行、あらゆる業務のやり方を見直し、5年間で1兆円削減した。

決断4　生産性の低い資産を売却して、資金を確保する

資金繰りが危機的だった。社用機、マンハッタンのＩＢＭビル、研修センター、買い集めた名画など、不要資産は売却し資金確保した。米国政府の大型案件を扱う名門事業部も売却した。利益率が常に低かったからだ。

ガースナーはアメックス時代、カード事業で新しい国に進出するたびに、進出先の国でＩＢＭとこんなやり取りをした。

「この国で米国のカード事業を広げたい。サポートしてほしい」

「御社は新規のお客様です。まずは、顧客の登録を」

アメックスは米国ではＩＢＭの大口顧客でも、他の国のＩＢＭでは新規顧客扱いだった。当時のＩＢＭで顧客を担当していたのは、強大な力を持つ地域部門だった。ＩＢＭには世界的な視点で顧客を見る姿勢がなかったのである。

そこで地域部門から顧客担当の役割を取り上げ、新たに世界全体で顧客を担当する部門

をつくり、顧客を12に分類。銀行・政府・保険・流通・製造などの産業別グループに再編成し、すべての顧客をこれらのグループに割り当てて、予算と人員を付けた。

自分の言葉で社員に語り続ける

ガースナー就任の1年後。私は彼がIBM幹部の前でプレゼンする様子を、ビデオで見たことがある。それまでのIBMの生え抜きトップは礼儀正しい紳士であり、ライバルのことは絶対に口に出さなかった。しかし画面に映るガースナーを見て驚いた。

最初にガースナーはライバルのトップがIBMを見下した発言の数々を紹介したのだ。あるトップは「IBM？　死んだわけではないが、相手にする必要がない会社になった」。そして「くやしくないのか？　私は我慢がならない。社員から何万通も電子メールを受け取った。どれも社内の他部門に怒るものばかり。競争相手に怒るものはゼロだ。あなたたちの仲間は、ヤツらに職を奪われIBMを去った。怒るべきじゃないのか？」と語った。

ガースナーはこの時のことも本書に書いている。私が見たこのビデオでは、話し終えたガースナーに参加者が何人も駆け寄り、握手を求めていた。

「凄いトップが来た」と衝撃を受けたことをよく覚えている。

業務変革やムダ削減の手を迅速に打って瀕死のIBMを蘇生させたガースナーは、次に新たな取り組みを始めた。「顧客に様々な製品や技術を統合して提供する」という彼の考

ガースナーのIBM変革

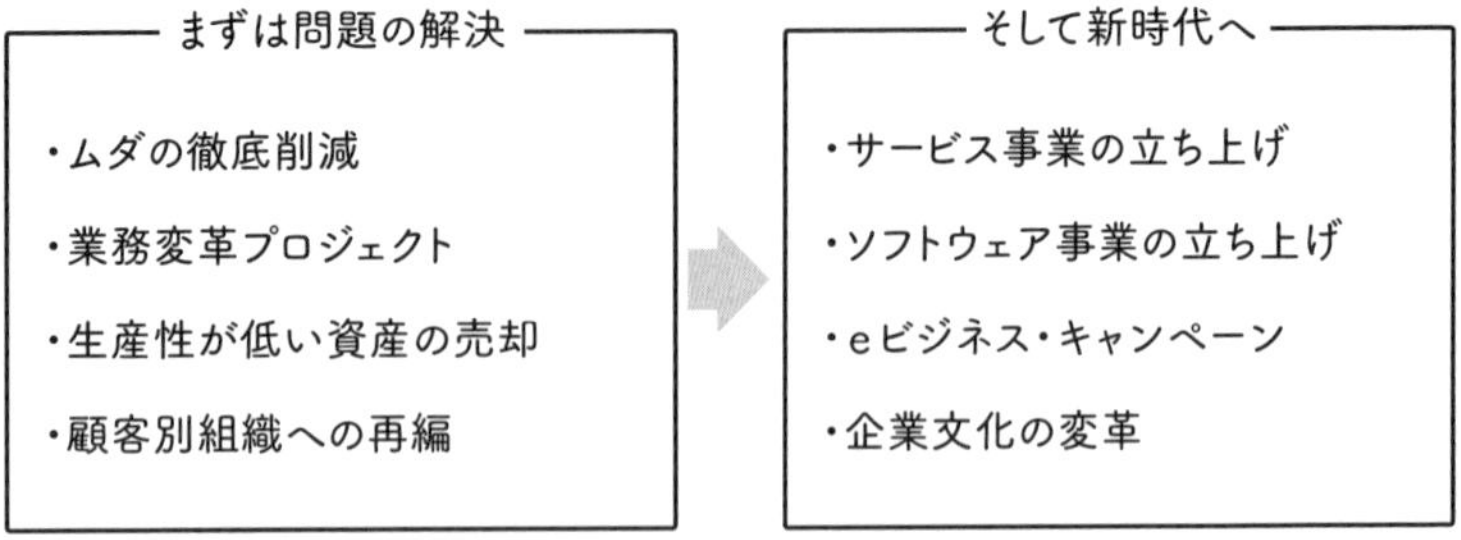
まずは問題の解決
・ムダの徹底削減
・業務変革プロジェクト
・生産性が低い資産の売却
・顧客別組織への再編
そして新時代へ
・サービス事業の立ち上げ
・ソフトウェア事業の立ち上げ
・eビジネス・キャンペーン
・企業文化の変革

※『巨象も踊る』より著者が作成

えを実現するため、サービス事業やソフトウェア事業を立ち上げた。

さらに「今後、人々はネット経由でビジネスをする」と考え、マーケティング部門に「eビジネス」という言葉をつくらせ、世界的にキャンペーンを行った。「eビジネス」は一般用語になった。

こうしてIBMは復活した。ガースナーは「**難しかったのは、企業文化の変革だった**」と言う。

彼は社員との対話の機会を重視していた。彼が来日した時、私は日本IBM社員2000人を集めたタウンミーティングに参加した。彼のプレゼンは10分。その後1時間は質疑応答だった。誰でも質問でき、彼は難しい質問にも自分の言葉で、正面から誠実に答えていた。そして全社員へ直接メールを頻繁に出し、自分の言葉で語りかけてきた。

数十万人の組織で、社員の考え方や行動を一気に変えるのは難しい。

まず具体的な取り組みで成果をあげる。徐々に取り組みを浸透させる。そして新しい文化に変わる条件をつくり社員に語り続ける。その後は社員を信頼するしかない。企業文化を変える前に、まず実行だ。ガースナーはこのことを分かっていた。Book37『企業変革力』のコッターやBook38『企業文化』のシャインの指摘を、ガースナーは現実に変革を成し遂げた立場で実証している。

またガースナーは、**「実行こそが、成功に導く戦略の中で決定的な部分だ」**と言っている。これはBook5『良い戦略、悪い戦略』のルメルトと共通している。

意外なことに彼は地味な人物だった。メディアにもあまり出ない。一方で社員を鼓舞し続けた。Book34『ビジョナリー・カンパニー2』の第5水準のリーダーだったのだ。

業績低迷に苦しむ大企業は、当時のIBMと同じ状況に見えることが多い。IBMよりも大きく複雑な組織はそれほどない。そして企業文化変革の難しさは、世界共通である。本書は大組織再生のヒントを与えてくれるはずだ。まずは実行なのだ。

POINT

まず実行。成果を出し浸透させる。社員に語り続け、そして信頼する

40

『スターバックス再生物語』（徳間書店）

――「らしさ」とは何か？

ハワード・シュルツ

スターバックスコーヒーカンパニー会長兼CEO。1982年、まだ4店舗しかなかったスターバックスコーヒーカンパニーにマーケティング責任者として加わり、シアトルへ移る。その後、スターバックスを買収し、同社を高い企業倫理で知られる世界的なコーヒーチェーンへと育て上げた。タイム誌の「世界で最も影響力のある100人」に選ばれるなど受賞歴多数。

今から20年前の2000年頃。スタバはオシャレなカフェだった。「雰囲気が変わった」と感じたのは、東京ミッドタウンが完成した2007年頃。東京の至る所にスタバがあり、居心地のよさが失われた。そして今、スタバは再び居心地いい空間になっている。実はスタバは2007年頃、世界中で低迷していたのだ。本書は急成長企業が低迷から成長に回帰するストーリーを学べる一冊である。**ポイントは「らしさ」の徹底追求だ。**

著者は創業者のシュルツ。スタバを創業し、15年間成長させ続けた後、CEOを後任に譲り、2007年当時は会長職に専念していた。

スタバは2000年のシュルツCEO退任後も、成長し続けていた。10年間で全世界の店舗は1000店舗から1万3000店舗に急拡大。売上も利益も一見順調だった。

スターバックスの停滞と再生

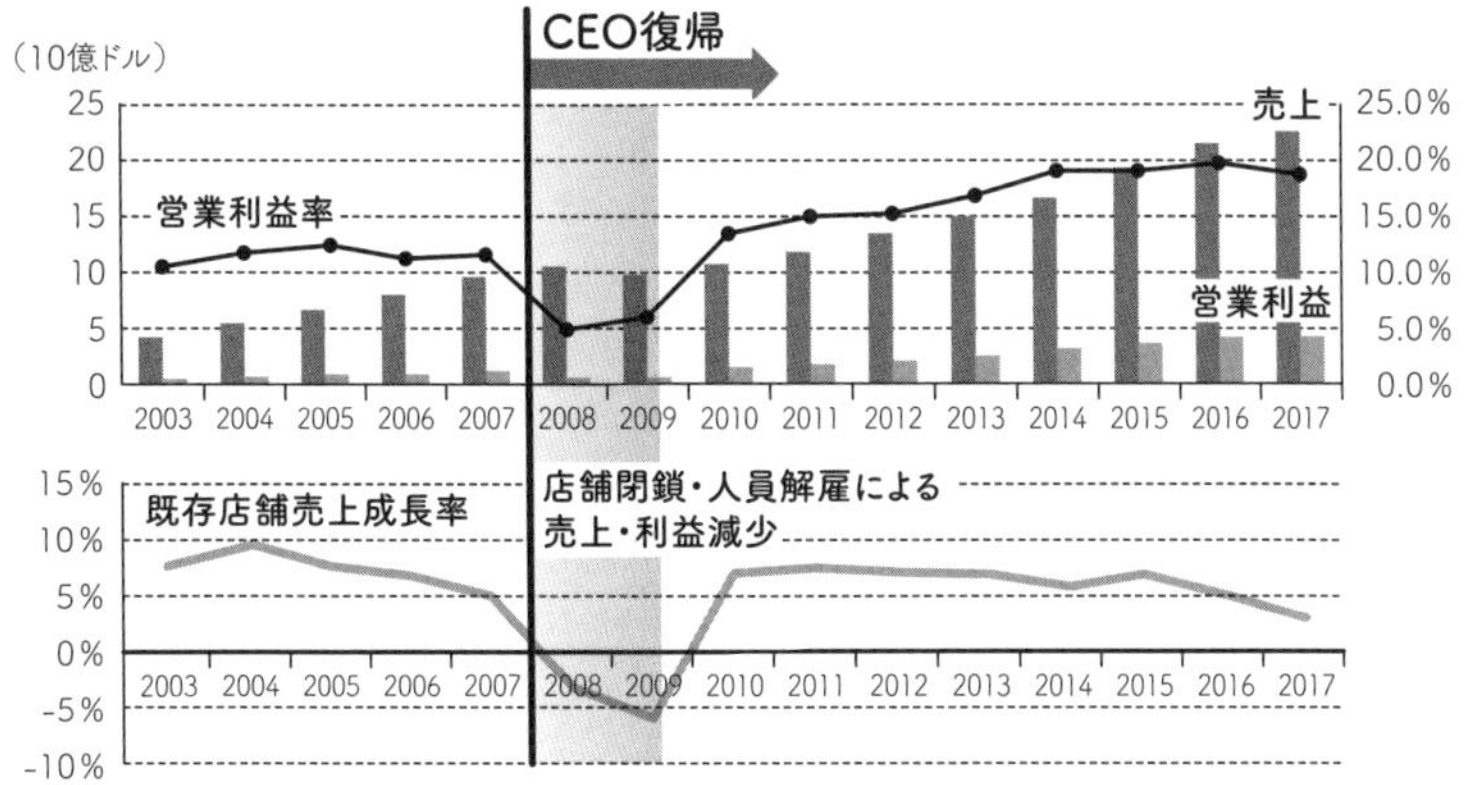

※スターバックスのIR情報をもとに著者が作成

しかし業績の細部に悪化の兆しが出始めていた。２００６年は来店客１人当たりの支払額が少し減り始めた。さらに２００７年の夏には来店客の伸びが顕著に落ち込んでいた。

当時、私もスタバに失望することが増えていた。味は落ち、狭い店内で肩をすぼめて座らされたりして、居心地いい空間ではなくなり、次第にスタバから足が遠のいていた。これは世界的な現象だったのである。何が起こっていたのか？

全世界で店舗を訪れたシュルツは**「スタバの本質的な何かが失われた」**と感じていた。店舗では挽《ひ》き立てのコーヒー豆から立ち上る重厚で誘うような豊かな香りが消えていた。効率化のためコーヒーの粉を袋詰めして出荷・保管する方法に変えたためだ。

香りが強いチーズを使った朝食用サンドイッチが売れていたが、これもコーヒーの香りを台無しにしていた。しかしチーズの臭いが漂う店で「今週のサンドイッチの売上は目標を大きく上回りました！」と彼に得意顔で報告する店長もいた。

大量出店のために店舗デザインは簡素化され、研修不十分なバリスタが客にコーヒーを淹《い》れ、つくり置きのコーヒーを出す店もあった。米国の消費者レポート誌が行ったコーヒーの味のテストで、スタバはマクドナルドよりも低評価になってしまった。

スタバが提供してきたのは、自宅でも職場でもない、自分自身を発見し安らげる「第三の場所」だ。低迷の時期も「スタバは私に必要な場所だ」という客はスタバを見捨てていなかった。しかし当時の私のように、徐々に来店回数を減らしていたのである。

スタバは自らの手で、「スタバ体験」をコモディティ化したのだ。

２００８年にシュルツはＣＥＯに復帰した際に、こう考えた。

・「原点回帰」する。歴史を守るのでなく、改革や革新の気風に結びつける
・過去の間違いは責めない
・戦略や戦術では混乱は乗り切れない。必要なのは情熱だ

そして「**即座に実行すること**」（米国店舗ビジネスの現状改善、お客様との感情の絆を取り戻す、ビジネス基盤の長期的改革の開始）と「**手を付けないこと**」（コーヒーの品質、従業員の健康保険）を明確にした。

特に健康保険の維持は重要だった。健康保険制度が未成熟な米国で、スタバは充実した健康保険を全従業員に提供していたが、コストが急増していた。「コスト削減のため廃止すべし」という声も多かったが、それでは大切な店舗スタッフとの信頼が失われる。だから健康保険は、費用がかかっても手を付けずに維持したのだ。

600店舗を閉鎖……矢継ぎ早の変革

改革を始めると、店舗スタッフからこんなメールが数多く届いた。

「伝統のサービスや挨拶《あいさつ》がなくなり、店に行くと悲しく感じていた。現状を変えて、復活のために全力を尽くす仲間になれるのがうれしい。希望が見えた」

シュルツは、すぐに取り組める施策を次々と行った。

全米7100店舗を一斉休業し、バリスタ13万5000人全員を再研修した。休業で売上600万ドル（6億円）を失ったが、コーヒーの品質は向上した。新たに改良したコーヒーを開発、再びコーヒー豆を店で挽く方針に戻し、1時間経ったコーヒーを捨てるルールを30分に改めた。臭いが強い朝食用サンドウィッチは販売停止、臭いが少ない商品を開発した。エスプレッソマシンも高性能なものに一斉に入れ替えた。

さらに抜本的な変革も行った。

業績が悪い店舗は、直近2年間に開店した店が多かった。成長第一主義で急拡大した結果だ。そこで600店舗を閉鎖。可能な限り店舗スタッフに新しい職を斡旋《あっせん》したが、多くの大切なスタッフも解雇せざるを得なかった。

コーヒー豆の調達・焙煎・包装・倉庫管理・店舗配送を担うサプライチェーンは未熟なまま急成長し、店舗にしわ寄せがいっていた。店が注文しても、時間通り配送されるのは35%だけ。お客さんに商品を提供できないことも多かった。経費は毎年1億ドル（100億円）も増えていた。全体のプロセスを見直して簡素化し、徹底的にムダを省いた。

業務システムも古く店舗作業が増えていた。POSを一新、最新型パソコンも導入した。

顧客の要望を取り込む仕組みもつくり「見える化」した。顧客がスタバ改善のアイデアや意見を自由に投稿でき、アイデアに顧客が人気投票できる「マイスターバックスアイデア・ドットコム」を開設。社員が対応する仕組みもつくった。開設後24時間で7000件のアイデアが寄せられ、1週間で4万1000件のアイデアに10万人が投票した。

真剣に変革に取り組むスタバに「たかがコーヒービジネスじゃないか」と指摘するコンサルタントもいたが、シュルツはこう反論している。

「スタバは人々にコーヒーを提供するコーヒービジネスではない。人々にコーヒーを提供するピープルビジネスなのだ。スタバの文化を守るという無形の価値を理解していない」

2008年は店舗を縮小し、山積みの問題を解決しつつ新しい取り組みを行うという、ブレーキを踏みながらアクセルをふかす1年だった。2009年、スタバは再び成長を始めた。

シュルツはこのように語っている。

「規律のない成長を戦略としたため、スターバックスは道を誤ってしまった」

シュルツは、なぜ創業者の彼にこのような変革ができたのかについても述べている。

「創業者の強みは、会社の基盤となるブロックの一つひとつを知っていることだ。……その知識が、成功に必要な情熱を呼び起こし、何が正しくて、何が間違っているかを判断する直感につながる。……しかし外側から新鮮な視点で見ることができなくなってしまう」

ドライと思われがちな米国企業だが、情熱と絆の大切さは、どこも同じだ。スタバは世界に通用する「スタバらしさ」という価値観を持っていたおかげで急速にグローバル化し、「らしさ」を見失って低迷し、再び「らしさ」を徹底追求して復活したのだ。

徹底的に「らしさ」を追求するスタバの取り組みは、多くの企業で参考になるはずだ。

POINT

「らしさ」を見失えば低迷する。徹底して「らしさ」を磨き続けろ

41

『成功はゴミ箱の中に』（プレジデント社）

——52歳でマクドナルドを起業した、情熱と執念の顧客中心主義者

今の時代、60歳で定年した後も人生は長い。

「でももう50代だ。新しい仕事なんてムリ」という人は、本書を読んでほしい。**著者のレイ・クロックがマクドナルドを創業したのは52歳だ。**60年以上前である。今の52歳とは違う。当時、彼は関節炎と糖尿病を抱え、胆のうすべてと甲状腺の大部分を取っていたが、マクドナルドを全米展開。世界人口の1％が毎日マクドナルドを食べている。

52歳までセールスマン一筋。紙コップやミルクシェイク用ミキサーを売っていた。

彼は「一度にミルクシェイクを6つつくれるマルチミキサーを、8台も使う店がある」と聞き、実際にマクドナルド兄弟が経営するその小さなハンバーガー店に行ってみると、客が大行列していた。マルチミキサーは唸りをあげてフル稼働していた。

レイ・クロック

1902年、アメリカ・イリノイ州生まれ。高校中退後、ペーパーカップのセールスマン、ピアノマン、マルチミキサーのセールスマンとして働く。1954年、マクドナルド兄弟と出会い、マクドナルドのフランチャイズ権を獲得、全米展開に成功。1984年には世界8000店舗へと拡大した。後年にレイ・クロック財団を設立。さらにメジャーリーグのサンディエゴ・パドレス獲得など精力的に活動を行った。

当時、席にいる客の注文を聞き、料理をつくるのが常識だが、その店は常識外れだった。店員は糊《のり》のきいた白シャツとズボンに紙製の白い帽子をかぶり、清潔で好印象。店はゴミ1つ落ちておらず、長い行列でも待たされない。注文するとおいしいハンバーガーがすぐ出てくる。テイクアウトして外で食べる。メニューは最小限。ハンバーガー、ミルクシェイク、フライドポテト、ソフトドリンクだけだ。ガラス張りの厨房では、全工程の作業が単純に標準化され、つくり方を覚えれば誰でもできそうだ。

マクドナルド兄弟は、クロックに店の仕組みをすべて教えてくれた。

彼らは店舗設計のため、テニスコートに従業員を集め、チョークで実物大の店舗間取り図を描き、実際にハンバーガーやフライドポテトをつくる動作を真似させて何度も間取り図を描き直し、効率よく移動が最小限になる動線をつくったという。

クロックは飲食業経験がなかったが、直感的にこのビジネスに大きな可能性を感じた。「これをフランチャイズ化して、全米展開したい」と考えマクドナルド兄弟と契約した。兄弟は、高品質のハンバーガーを均質に生産するというイノベーションを起こしていた。クロックはさらに販売のイノベーションを起こし、このビジネスを大きく育てたのだ。

クロックの課題は、品質を維持し規模を拡大することだった。

マクドナルドの歴史は、品質と標準化との戦いの歴史でもあった。

フランチャイズは、マクドナルドのロゴやノウハウを店舗オーナーへ提供し、店舗を運営してもらって対価を受け取る仕組みだ。

クロックではなく、フランチャイズオーナーが店舗を経営する。

当初は、ひどい品質のハンバーガーをつくったり、店が勝手にメニューを増やしたり、ゴミが散乱しても放置して不潔なままだったりして、混乱状態だった。

クロックは試行錯誤を繰り返し、店舗を拡大しても品質を維持できるようにした。

「ハンバーガー大学」をつくり、そこで認定されたフランチャイズオーナーやマネジャーだけが店舗を持つ仕組みに変え、商品開発研究所をつくりフライドポテトの調理時間を計る機械を開発して勘に頼らずにポテトを揚げるようにするなど、作業を標準化した。

卑怯なことは嫌いだが、手段は選ばない

クロックは、手荒なことも数多くやっている。

当初のマクドナルド兄弟との契約では、何かを変えるたびに兄弟の許可が必須だった。兄弟はクロックの新しい挑戦をなかなか認めない。兄弟との契約は、次第にビジネス拡大の足かせになった。そこで兄弟に270万ドルを払い、契約破棄を合意させた。新契約で兄弟の店は「マクドナルド」という店名を使えなくなり、店名を「ビッグM」に変えた。

さらにクロックは情け容赦がない。ビッグMの向かいにマクドナルドを新規出店。兄弟

の店を閉鎖に追い込んでしまった。

一方で腹心の部下であり高い管理能力を持っていたハリー・ソナボーンと次第に経営方針が対立するようになる。最終的にソナボーンはマクドナルドを去ることになった。

またクロックは「競争相手にスパイを送り込んだらどうか」という意見に、「**競争相手を知りたかったらゴミ箱を調べればいい。私も深夜2時にゴミ箱を漁《あさ》り、ライバルの肉やパンの消費量を調べた**」と怒ったという。このエピソードは本書タイトルにもなっている。卑怯なことは大嫌いだが、一方で手段は選ばない。競争相手と徹底的に戦い続けたのだ。

クロックは敵を徹底的に攻撃したが、すべては「**顧客にとって、何がベストか**」を考え抜いた結果の行動だった。

大リーグのパドレスを買収した時のこと。クロックはふがいないチームの戦いにぶち切れて、実況中継するアナウンサーからマイクを奪い、球場の群衆にこう呼びかけた。

「我々はひどいゲームをお見せしています。謝罪します。私はうんざりしています。これは私が見た中でいちばんくだらない、最悪の試合です！」

クロックは「選手は応援している客に対して最高のパフォーマンスをしなければならない」と公言した最初のオーナーだった。野球でも徹底した顧客中心主義を貫いた。

店舗スタッフが誇りを持って働けるように心を砕いたのも、顧客のためである。

サービスを提供するのは店舗スタッフだ。「注文を取るカウンターの店員の笑顔こそ、マクドナルドのイメージそのもの」と考えていた。

そしてマクドナルドの成長は、店舗スタッフとオーナーのやる気次第だと考えていた。「マクドナルドはピープル・ビジネス」という考え方は、現代のマクドナルドでも企業文化の柱である。あらゆるサービス事業で最重要なのは、顧客と接する従業員なのだ。

彼は店舗の仕入れに一切口を出さなかった。「我々本部が店に商品を売って利益を得るのは、顧客に価値を提供するのと相反する」と考え、店の成功のために尽くして手伝った。

信念と継続だけが全能である

クロックは次のように述べている。

「マクドナルドのフランチャイズになるには、100%のエネルギーと時間を投入する覚悟が大切だ。頭脳明晰である必要もないし、学歴もいらない。しかしマクドナルドへの情熱と、オペレーションに集中する力が必要だ」

フランチャイズオーナーは、億万長者になる者が多かった。しかし彼は「クロックは歴史上、最も多くの億万長者を生み出している」と言われると、こう答えている。

「私はチャンスを与えただけだ。彼らは自分で達したのだ」

マクドナルドの1つの成功要因は、価値が高く低価格で、米国で人気が高い絞り込んだメニューの商品を、スピーディで効率よく、清潔で居心地のよい空間で提供したことだ。だから他の飲食業のように景気変動に左右されなかった。

クロックの成功は、情熱と執念の結晶だ。彼は仲間たちにこう語り続けた。

「やり遂げろ。この世界で継続ほど価値のあるものはない。才能があっても、天才でも、教育を受けても、失敗している人はたくさんいる。信念と継続だけが、全能である」

本書冒頭で座右の銘も紹介している。

「未熟でいるうちは成長できる。成熟した途端、腐敗が始まる」

未熟な状態から試行錯誤を通じマクドナルドを育てた、クロックならではの言葉である。

本書日本語版には、柳井正さんと孫正義さんが文章を寄せている。２人ともクロックの起業家精神に大きく刺激を受け、クロックを師と仰ぎ、事業を拡大させてきたという。

レイ・クロックは世界中で尊敬を集めている起業家だ。時代が変わっても、顧客中心主義の大切さは変わらないということを、レイ・クロックは本書で教えてくれる。

POINT

頭脳明晰さや才能よりも、顧客中心主義・情熱・信念・継続の徹底

42

『幸之助論』（ダイヤモンド社）

——「経営の神様」は、病弱な凡人だった

ジョン・P・コッター
ハーバード・ビジネス・スクール松下幸之助記念講座名誉教授。MIT、ハーバード大学卒業後、1972年からハーバード・ビジネス・スクールで教鞭をとる。1981年、当時としては史上最年少の34歳で正教授に就任した。主な著書に『ジョン・コッターの企業変革ノート』『リーダーシップ論〔第2版〕』『企業変革力』『カモメになったペンギン』『ハーバード流企画実現力』など多数。

本書は松下電器（現パナソニック）創業者・松下幸之助の伝記である。

伝記と言っても、日本人が書く幸之助の伝記とは、ひと味違う。

リーダーシップ論の世界的な権威・コッターが書いた、唯一の経営者の伝記なのだ。

20年間リーダーシップ研究をしてきたコッターは「経営者個人を、リーダーシップの観点で分析した伝記を書きたい」と考えていた。そして幸之助のことを知り、7年間かけて書き上げたのが本書である。

幸之助の時代は世界大不況や戦争もあり、現代よりもはるかに先が読めない時代だった。

しかも若い頃の幸之助の写真は仏頂面《ぶっちょうづら》で一見リーダーからはほど遠い。人前で話すのは得意でなく、アイデアがスピーディにひらめくこともなく、ライバルといわれていたソ

ニーの盛田昭夫のような華やかさもなかったという。加えて、病弱でよく寝込んでいた。

しかし幸之助は逆境になるたびに危機をチャンスに変え、リーダーとして成長していった。ともすると日本人は幸之助を「経営の神様」「偉人」として美化しがちだ。しかし本書でコッターは、実践的なリーダーシップ研究の経験を豊富に持つ彼ならではの視点で幸之助の生涯を丹念に調べ上げ、幸之助のリーダーシップが生涯を通じていかに育まれてきたかを見事に描き出している。

生い立ち（0歳〜22歳）

1894年、幸之助は和歌山の和佐村で生まれた。両親と8人兄弟の10人家族だ。裕福だった家は、4歳の時に父が米の先物取引で失敗して貧困生活に陥った。小学校の成績は100人中45番目だった。

9歳で大阪へ丁稚《でっち》奉公に出され、自転車店で「1日16時間労働、休日なし」という日々を過ごす。この6年間で幸之助は、原価・客商売・商取引の基本を徹底的に学んだ。

15歳になった幸之助は、当時普及を始めた電気に将来性を感じ、大阪電燈（現関西電力）に技師として勤め始めた。20歳の時、井植むめのと見合い結婚した。

しかし大阪電燈での1日3〜4時間の労働には物足りなさを感じていた。健康状態も悪化して血痰を吐き、結核の初期症状が出ていた。両親や兄姉は亡くなり10人家族のうち残ったのは3人。「自分も死ぬのか」という恐れに悩まされていた。そんな中で新しい電灯ソケットを考案して上司に提案したが、却下されてしまう。

「会社を辞めてつくる！」と考え始めると、不思議と体調が回復。幸之助は独立した。

企業家（22歳〜37歳）

独立した彼には、給料5カ月分の貯金100円と4人の仲間（妻、妻の弟、友人2人）しかなかった。自宅の長屋2部屋を改造し、工場にした。

ただ誰もソケットの製造方法を知らない。大阪電燈時代の元同僚を見つけてノウハウを聞きつくり始めたが、今度は「潰れそうな会社とは取引できない」と言われ、少ししか売れない。友人2人は離れて3人だけが残り、質屋通いでお金を工面する生活が続いた。

そんな中、取引先から「扇風機の部品を1000個、急いでつくってほしい」と頼まれ、1日18時間労働で1カ月間休みなく働き間に合わせ、160円（当時給料8カ月分）の収入で一息ついた。継続注文が入り「松下電気器具製作所」を創立。商売は軌道に乗った。

この時期、幸之助は事業の基本を徹底的に学んだ。競合製品を改良し、市価よりも安く売り出し、徹底的な節約で低コストを実現、社員を家族の一員として遇し、新製品開発を柔軟・迅速に行う、という基本パターンを確立して会社は成長した。

当時の幸之助について義弟の井植歳男（のちの三洋電機創業者）は、**「働く熱意は人並み外れているが才能は平凡」**と述べている。病弱でよく寝込み、考えすぎで不眠症になり、血圧も高かった。しかし幸之助は、仕事で障害に遭うと不思議と体調が急回復する。

1929年、幸之助が体調悪化で静養中に、世界金融恐慌で松下電器の売上が半減した。同業他社が倒産したり人員解雇する中、松下電器の経営陣は「大規模解雇しかない」と考えていた。こんな状況で幸之助はまた元気が湧いてきた。静養先で経営陣に伝えた。

「生産を半減しろ。ただ一人も解雇するな。工場の労働時間を半日にし、全員で在庫を売るんだ」。全社員はこの方針に拍手喝采。過剰在庫は消え、松下電器は立ち直った。

その後、ラジオや電池などにも参入し、日本最大のシェアを獲得した。

大切にされた社員は生産性を高めるべく懸命に働き、より安く高品質な製品をつくり、販売戦略を考え抜いて売った。松下電器は社員1000人を抱える企業になった。

独創的なカリスマへ（37歳～52歳）

ある日、幸之助は天理教の勧誘を受け、奈良県天理市の天理教本部を見学した。人々は勤勉・献身的で報酬もないのに幸せそうに働いていた。幸之助はこの経験で深く考えた。

「企業も宗教のように意義ある組織になれば、人々はより満たされ、より働くのでは？」

1932年、幸之助は社員と役員の前で語った。

松下電器の遵奉すべき7つの精神

産業報国の精神	質の高い製品とサービスを適正価格で提供し、社会全体の富と幸福に寄与
公明正大の精神	公正と誠実を旨とし、常に先入観のない公平な判断を心がける
和親一致の精神	相互信頼と個人の自主性を尊重し、共通目的を実現する能力と決断力を涵養する
力闘向上の精神	逆行でも企業と個人の能力を向上、永続的な平和と繁栄を実現する企業使命を達成すべく努力する
礼節謙譲の精神	常に礼儀正しく謙虚であることを心がけ、他人の権利と要求を尊重することで環境を豊かにし、社会秩序を守る
順応同化の精神	自然の摂理に従い、常に変転する環境条件に合わせて思想と行動を律し、あらゆる努力で徐々に、着実な進歩と成功を収める
感謝報恩の精神	受けた恵みや親切には永遠の感謝の気持ちを持ち続け、安らかに喜びと活力をもって暮らし、真の幸福の追求の過程で出会ういかなる困難をも克服する

出典：『幸之助論』

「産業人の使命は貧困の克服だ。社会全体を貧しさから救い、富をもたらすことにある」そして水道の水を取り上げ、「企業人が目指すべきは、あらゆる製品を水のように無尽蔵に安く生産することだ。これが実現されれば、地上から貧困は撲滅される」

弁舌が得意ではなかったが情熱にあふれ、訴えかけるものがあった。演説後、十数人が壇上に上がり思いを述べた。のちに幸之助は「松下電器の遵奉すべき精神」をまとめ、毎朝従業員に朗唱させた。幸之助はこう考えていた。

「人は時に弱い本性の奴隷になるが、高い目標を掲げ毎日考えれば、人は一歩一歩それに近づき、より良い、より幸福な人間になれる」

7つの精神は社員の心に浸透し、松下電器の行動規範になった。社員は増えたが一致団結し、全社の競争力は高まった。米国で初めて企業価値宣言を書いたのはジョンソン・エンド・ジョンソンの「我が信条」で1940年代。10年先んじていた。

さらに会社を事業部に再編成し、大幅な権限委譲する事業部制へと大きく組織を変えた。「企業の成長は、市場ではなく経営人材不足で止まる」と考えた幸之助は、大企業病に陥る前に組織を小さくし、社員一人ひとりに権限委譲をすることでスタッフの創造力と意欲を高め、経営能力ある人材を育てようと考えた。病弱な幸之助は、他人に頼るしか方法がなかった。事業部制は自然なりゆきだったのだ。結果、多くのリーダーが育った。

しかしこの絶頂期から急激な下りに入った。

総合的リーダーシップ(52歳〜76歳)

第二次世界大戦の終戦時、50歳になった幸之助はすべてを失った。

戦争中に松下電器は軍需工場になり、終戦時には多額の借金を抱えた。

GHQ(連合軍総司令部)は「旧日本軍の軍産複合体の元凶は財閥」と考え財閥解体を進めた。松下電器も財閥指定され、解散命令を受けた。幸之助は巨額の個人負債とともに会社から追放され、松下電器は分割。しかし幸之助は、ここから驚異的な復活を遂げる。

終戦翌日に幸之助は重役を集め、「我々は国家再建の任務を引き受けなければならない。これは単なる使命ではない。我々の責任だ」と語った。

さらに幸之助は戦後に結成された労働組合結成式に参加し挨拶した。3分の挨拶で「諸君を信じる。経営側と労働組合は、調和して生きられる」と語り、聴衆は歓呼で応じた。

幸之助が追放されたと知った労働組合は、「幸之助を社長の座に留めてほしい」という署名を集めて組合員の93％が署名した。当時の商工大臣は「トップを外してほしい」という嘆願はいくつも受けていたが、松下労組の嘆願書を受け取った時は、驚きのあまり大笑いしたという。１９５０年、４年かけて幸之助は松下電器に戻った。

一方でこの数年間、幸之助は「人類はなぜこんな情けない状況になったのか。平和と繁栄を求めながら自ら破壊するのが、人間の本性なのか？」と自問し続けるうちに、強い意志、先見の明、人を鼓舞する能力を持つ、傑出した経営者に育っていた。徹底的に考え続けることを強いられた結果、勇気と大胆さを身につけ、会社中心のビジョンは、より広い社会的目標に置き換わった。

海外から学ぶべく56歳で初の海外出張。豊かな米国は幸之助の旺盛な挑戦意欲を奮い起こした。フィリップス社と技術提携し海外技術導入を図り、さらに中央研究所も創設。松下電器は再び軌道に乗り、成長を始めた。

松下電器の技術向上とともに海外の評価も高まり、世界企業に育った。

理想のリーダーシップへ（76歳～94歳）

幸之助は66歳で会長になり、79歳で相談役に退き、会社の日常業務から遠のいた。しかし引退はせず、「人間の本質を研究したい」と考え、「繁栄によって、平和と幸福を」の頭文字を取ったPHP研究所で多くの時間を費やし、46冊の本を書いた。

「政治家たちはビジョンに欠ける。真のリーダーがいない」と考え、行政・政治のリーダーを育成すべく松下政経塾を設立したのもこの時期だ。

晩年の20年間、幸之助の活動は、他人が学ぶのを助けることだった。

常に学び成長し続けた幸之助の姿勢は、最後まで変わらなかった。

晩年、昼食会のレストランでステーキが出た。ステーキを半分しか食べなかった幸之助は「コックを呼んでほしい」という。かしこまって立つコックに、彼はこう言った。

「食欲がないので食べられないが、たいへんおいしかった。呼んでもらったのは、食べ残したのを見て、あなたが気にすると思ったからです」

晩年も周囲の人たちを気遣い、謙虚で、素直にあらゆることから学び続けた。

幸之助の一生をひと言で言うと、**「艱難辛苦《かんなんしんく》、汝を玉にす」**ということだ。

幸之助はBook32『エクセレント・カンパニー』で描かれた経営方法を、60年以上前から実践していた。また彼はBook34『ビジョナリー・カンパニー2』でコリンズが提唱した「第5水準の経営者」でもあった。特別な才能があったわけではない。数多くの逆境から学び、成長を重ね、長い時間をかけて強いリーダーに育ったのである。

現代は競争も変化も激しくなっている。こんな時代こそ、活躍するのは幸之助のように生涯を通じて常に成長し続ける意欲と能力がある人だ。本書は、謙虚で素直な心があれば人はどんな年齢でも、どんな経験からも学べるということを、私たちに教えてくれる。

POINT

逆境から学び続ける意欲があれば、私たちはリーダーへ成長できる

第6章

「人」

ビジネスは人が動かしている。
人を理解することは、ビジネスではとても大切なことだ。
しかし人への理解が浅いため戦略が失敗したり
経営変革が進まないケースは少なくない。
本章では、動機付け理論、行動経済学や心理学、
人のつながり方に関する名著8冊を紹介していく。

43

『人を伸ばす力』（新曜社）

――自律性と有能感で、人は学び続けて成長できる

エドワード・L・デシ

ロチェスター大学の心理学の教授で、内発的動機付け研究の第一人者。1970年代に発表した「外発的動機付けは、内発的動機付けを低下させる」という論文は心理学界に大きな影響を与えた。その後、リチャード・ライアンとともに内発的動機付けの概念を、行動に対する自己決定性の高さがパフォーマンスや精神的健康に影響を及ぼすという「自己決定理論」へと発展させた。

「報酬はやる気を高める」と多くの人が思っている。

その常識を覆したのが、心理学者デシが書いたこの一冊だ。

オットセイの曲芸を見たことがある人は多いだろう。腹ペコのオットセイは飼育係が持つ魚を目当てに、前ビレで拍手したり観衆に手を振ったり、なんでもやる。オットセイを見て、こう考える人もいるかもしれない。

「同じように魚を与えれば、部下や子供も言うことをきくんじゃないかな？」

しかしオットセイはご褒美の魚がもらえないと、何もしなくなる。動機付け理論ではこれを「**外発的動機付け**」と呼ぶ。魚がなくなると外発的動機付けは消える。あなたは部下や子供に、魚が与えられなくても正しく行動してほしいはずだ。

心理学者ハリー・ハーロウは、サルの檻《おり》にパズルを入れてみた。すると何も報酬を与えないのに熱心に楽しそうにパズル解きに取り組んだという。ハーロウはこの現象に**「内発的動機付け」**と名付けた。要は「自ら学び、やる意欲」のことだ。

「報酬・脅し・競争」が内発的動機付けを弱める

デシは報酬で内発的動機付けがどう変わるか実験した。誰もが夢中になるパズルゲーム「ソマ・パズル」を見つけ、使うことにした。

学生を2グループに分け、1つはパズルを解くと金銭報酬を与える条件、もう1つは報酬を与えない条件で、30分間パズル解きをさせた。両方とも熱心にパズルを解いたが、問題はその後の休憩時間の行動である。

無報酬チームは「パズルは面白い」と思って、休憩時間もパズル解きを続けた。報酬チームは休憩中はお金がもらえないので、パズル解きをやめてしまった。報酬があることで、逆にパズル解きの面白さを感じなくなったのである。

デシは追加実験をした。無給で熱心に大学新聞を手伝っていた学生に報酬を支払った。お金が尽きて報酬が払えなくなると、学生は仕事に興味を失ってしまった。

人は誰からも指図されず自分で行動を選べる時、イキイキと行動する。人は**「自律性を**

持ちたい」と思っているからだ。自律性とは、自分の行動を自分で決めることだ。

外発的動機付けでは自律性が弱まる。「誰かに統制されている」という感覚になり、「自分でこの行動を選んだ」という感覚が弱まる。だから内発的動機付けも弱まるのだ。

デシはさらに追加で、金銭報酬でなく「パズルが解けないと罰する」という脅し文句を使って実験をした。脅し文句は効果があり、パズル解きは順調に進んだ。しかしパズルを楽しむ感覚はすっかり消えてしまった。

人に圧力をかけるという点で、仕事の目標の押しつけ・締切設定・監視も「脅し」の一種だ。これらも内発的動機付けを低下させる。

デシはさらにパズルを2人1組で行い、タイムをより速くさせるグループと、相手と競争させるグループで比較してみた。タイムをより速くさせたグループの内発的動機付けは変わらなかったが、相手と競争させたグループは内発的動機付けが弱まってしまった。他人との競争も内発的動機付けを低下させてしまうのである。

つまり**報酬・脅し・競争で、内発的動機付けは弱まったり、消滅してしまう。**

人は自らが行動を選択することで、その行動に意味を感じて納得する。

選択の機会が、内発的動機付けを高めるのだ。

内発的動機に欠かせない「有能感」

報酬が役立つ場面もある。ルーティンワークは報酬で統制することで生産性が上がることがある。ただし「報酬がある時だけやる」という態度が定着しサボる人も出てくる。

報酬を使う場合、注意点が２つある。

１つめは、**報酬を使い始めたら、後戻りはできないことだ**。金銭的報酬を得るために行動するようになると、その行動は報酬が与えられる間しか続かない。子供に「１時間勉強したらお小遣いをあげる」と約束すると、お小遣いがなくなると勉強しなくなる。

２つめは、**報酬に関心を持つと、人は報酬獲得のため最短で手っ取り早いやり方を選ぶようになることだ**。１時間勉強したらお小遣いがもらえる子供は、簡単な問題だけを１時間やり、難しい問題には挑戦しなくなる。

成果に見合う報酬は、たしかに人を動機づける。しかし**仕事そのものではなく報酬に関心が向くようになり、手っ取り早い方法を選ぶようになる**、ということである。

実際には内発的動機付けにも、報酬はある。それは「楽しさと達成感」である。

ここで欠かせないのが「自分はこの仕事をこなせる力がある」という「**有能感**」だ。この有能感は、誰でもできる仕事では得られない。自分の能力を最大限に発揮し、達成した時、初めて得られる。

そしてこの有能感に、「この行動は自分が選んだ」という自律性が伴えば、大きな満足が得られ、仕事の成果もあがる。Ｂｏｏｋ44『フロー体験入門』で紹介するフローは、これを高いレベルで実現した状態だ。

自律性と有能感のいずれか片方だけでは、内発的動機付けは高まらない。

自律性と有能感が両方ともない場合は最悪だ。抑うつなどの状態に陥ることもある。

「もっと統制しなければ……」の悪循環

常に好奇心と興味を持ち有能感と自律性を発揮できれば、人は成長し学び続けられる。

逆に管理・統制されると、人は無気力になり、自ら学ぼうとしなくなる。そして統制されないと何もできなくなってしまう。それを見て「もっと統制しなければ」と考えるマネジャーもいる。これは悪循環だ。

本当に必要なのは逆だ。統制はやめ、人の自律性を支援することが必要なのだ。

その人を「1人の人間」として認めれば、人は「自分が有能で自律的だ」と考えるようになり、内発的動機を維持できるようになる。一人ひとりが「これは自分自身で選択して行動している」と心底感じられることが必要なのだ。Ｂｏｏｋ47『選択の科学』でアイエンガーが「自己決定感が大切」と述べている点と共通している。

報酬を提供する場合も、その人の有能さを認め、自律性を損なわないように配慮することで、むしろ内発的動機付けが高まっていく。

Ｂｏｏｋ32『エクセレント・カンパニー』やＢｏｏｋ33『ビジョナリー・カンパニー』で紹介した超優良企業は、組織として社員の内発的動機をうまく引き出している。

さらに新世代の組織のあり方を提案するＢｏｏｋ36『ティール組織』では、社員が自分で仕事の意思決定をすることで自律性を持たせて、社員の内発的動機を引き出すことにより、社員が幸せに働き、大きな成果をあげられる仕組みをつくっている。

一人ひとりから内発的動機を引き出すことこそ、組織が大きな成果をあげるカギなのだ。

もともと日本企業は、社員の内発的動機付けを重視していた。

しかしバブル崩壊後、日本企業は成果主義を導入し、こと細かに社員を統制するようになり、社員の自律性と有能感を損なっている面が目立つようになった。

改めて本書を読み、かつての日本企業の良さを見直してほしい。

POINT

管理と統制で人は学ばなくなる。必要なのは人の自律性を引き出すことだ

44

『フロー体験入門』（世界思想社）

——好きなことに、夢中になる技術

M・チクセントミハイ

幸せと創造性に関する研究で有名な心理学者。「フロー」概念の提唱者でもある。1934年ハンガリー外交官を父としてイタリアで生まれる。1956年アメリカに渡り、1965年シカゴ大学で博士号取得。シカゴ大学教授などを経て、クレアモント大学院大学特別栄誉教授。著書に『フロー体験 喜びの現象学』『フロー体験とグッドビジネス』などがある。

私は午前7時に仕事を始める。原稿書きに夢中になるとすぐに4～5時間が経過し、ランチタイムになることがある。こんな時はいい本が書けているし充実感もある。

本書の著者チクセントミハイは、こんな体験を、**フロー体験**と名付けている。

チクセントミハイは子供時代に欧州で悲惨な戦争を体験した後、心理学に出会い、**「幸せの根本とは何か？」**を研究した。調査すると、米国の億万長者は平均的な収入の人よりもほんのわずかしか幸せでない。収入と幸せはあまり関係がなかった。

チクセントミハイは、芸術家などの創造的な仕事をしている人に注目し、調査した。ある作曲家は「手が勝手に動き曲をつくるのを、ただ驚いて見ているだけだった。曲が泉のように湧き出してくる」と表現した。彼らは「忘我の境地」に入るときに水が湧き出て流れるように創造的な活動を行っていた。この「流れる（flow）」状況がフロー体験だ。

あなたも読書に夢中になったり、周囲の空気を感じつつスキーで滑ったり、友達とのおしゃべりに夢中になった経験はないだろうか？　これも「フロー体験」の一種だ。

この状態にあるとあっという間に時間が過ぎ、自分が強くなった感覚を得る。

このフロー体験は職場でも起こる。チクセントミハイはソニー設立時に井深大さんの開発チームが常にフロー状態にあったことを紹介している。

フロー状態を生む3つの条件

フロー状態は、次の3つの条件が揃ったときに生まれる。

❶具体的な行動を必要とする、明確な目標があること
❷行動した結果のフィードバックがすぐに得られ、うまくいったかどうか分かること
❸自分のスキルレベルとその挑戦レベルが、高いレベルで釣り合っていること

3つの条件が満たされると、行動そのものがその人にとって価値あるものになる。フロー状態になると自意識が消失し、他を考える余裕がなくなる。自分が強くなったように感じ、まるで数時間が1分のように感じる。まさに「忘我の境地」である。

脳の能力には限界がある。大きな集中力を必要とするフロー状態になると、脳は情報を遮断し、他に注意を払う余裕がなくなる。持病の痛みも感じなくなることもある。**脳の能**

フローのモデル

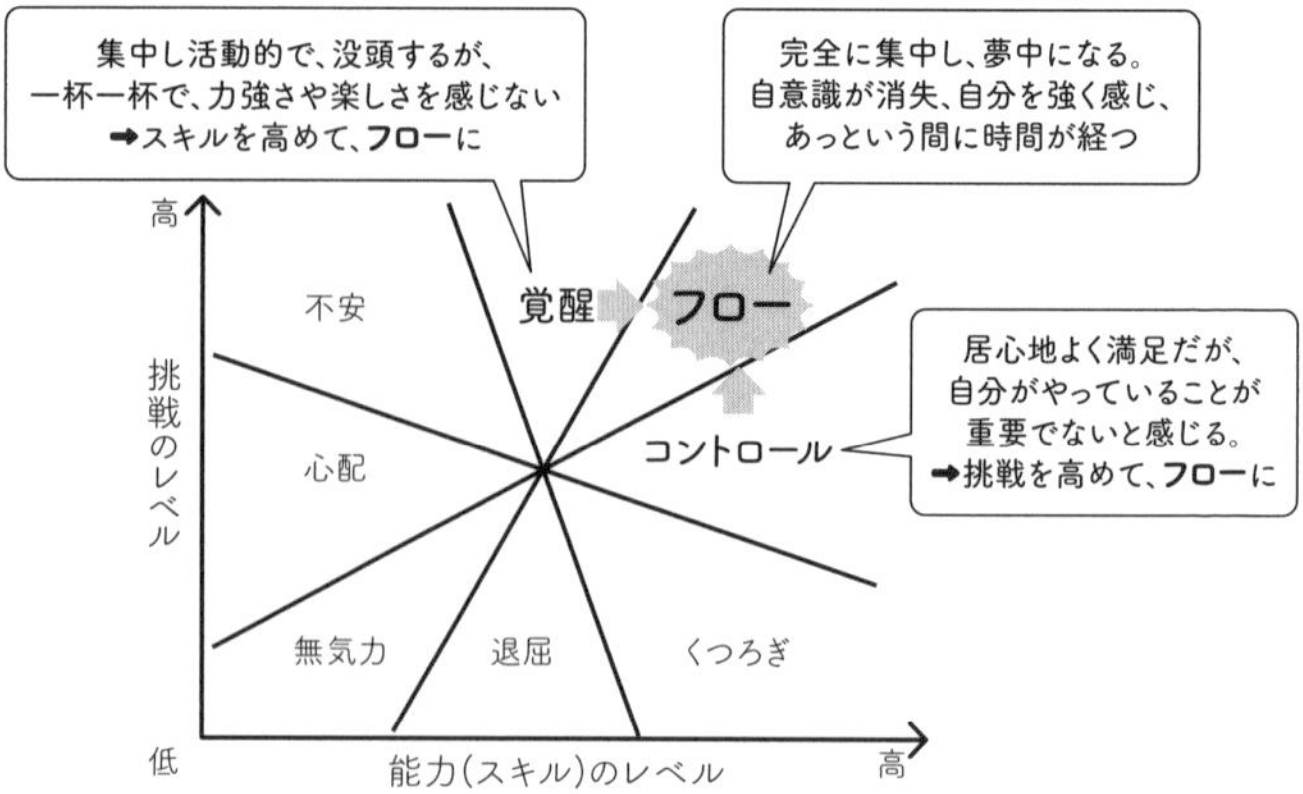

出典：『フロー体験入門』(著者が一部改変)

力を目一杯使った結果、人は創造的になるのだ。

フローでは完全に没頭し集中するので、実は幸福感を感じる余裕はない。極限に挑戦するロッククライマーは「幸せだなぁ」と思った瞬間に集中力が途切れ崖から落ちるかもしれない。外科医の困難な手術も、演奏家の難しい演奏も同じだ。仕事をやり遂げた後に振り返る時、感謝の念で一杯になり幸せを感じるのだ。

フロー状態で他よりもすぐれたものをつくりだすには、特定分野での10年間の訓練が必要だという。その入り口が「**覚醒**」と「**コントロール**」だ。

「覚醒」も集中し没頭しているが、力強さや楽しさは感じず、一杯一杯だ。高い挑戦のレベルにスキルが見合っていない。だからこの状態を続け自分のスキルを高めれば、フロー状態までもうすぐだ。

「コントロール」は心地よい状態だ。ただ余裕でこなしているので集中力や没頭感はない。挑戦レベルがスキルと比べて低いのだ。挑戦レベルを上げればフロー状態に入れる。「コンフォートゾーンから抜け出し新たな挑戦を」といわれるのがこの状態だ。

「覚醒」と「コントロール」の段階にいれば、フローまでもうすぐなのである。

ドイツのフロー体験の調査では「多くの本を読み、テレビをほとんど見ない人たち」が最も多くのフロー体験をしており、逆に「滅多に本を読まず、よくテレビを見る人たち」は、最も少ないフロー体験をしていたという。**能動的に好きなことをしているとフローは起こりやすい**ということだ。好きなことでも受動的な活動ではフローは起こらない。

修道院の司祭だったメンデルは、趣味で遺伝実験を行い遺伝学の基礎をつくった。政治家のフランクリンは、興味で避雷針実験を行い雷が電気だと明らかにした。ヘルシンキ大学の学生リーナス・トーバルズは、趣味でリナックスをつくり、世界中で使われた。

彼らは自分が夢中になることを見つけ、自分のフロー体験で世の中を変えたのである。

あなたも何かに夢中になりフローに入れるようになれば、人生が幸せになる。そして創造的なものを生み出し、世の中を大きく変えるかもしれないのだ。

POINT

「フロー」を使って夢中になる経験が、あなたを成長させる

45

『GIVE & TAKE「与える人」こそ成功する時代』（三笠書房）

——利他的に行動し、ウィンウィンを目指そう

アダム・グラント
組織心理学者。ペンシルベニア大学ウォートン校教授。1981年生まれ。同大学史上最年少の終身教授。『フォーチュン』誌の「世界で最も優秀な40歳以下の教授40人」、『ビジネスウィーク』誌の「Favorite Professors」に選ばれるなど受賞歴多数。「グーグル」「IBM」「ゴールドマンサックス」などの一流企業や組織で、コンサルティングおよび講演活動も精力的に行う。

著者のグラントは「人には3種類いる」と言う。これはアップルパイを2人で切り分ける時の行動で分かる。

❶**テイカー**：自分が多めに取る。「全部オレのモノ」というジャイアンタイプ
❷**マッチャー**：平等に二等分する。冷静に損得を公平に考えるタイプ
❸**ギバー**：相手に多めに与える。常に他人に与え続けるお人好しなタイプ

テイカーが一番得をし、ギバーは常に損するように見えるが、グラントは逆に、**常に相手の立場で考えるギバーが成功する**という。本書はその仕組みを解き明かした一冊だ。

グラントはビジネススクールとして世界で最も高い評価を受けるウォートン校で最年少の28歳で終身教授になった組織心理学者である。

現実には人は状況により3つの顔を使い分けている。子供には親としてギバーになり、

価格を値切る場合はテイカーになる。しかし仕事では、どれか1つのスタイルになる。

　仕事で他人とどのように接するかで、その人がどのタイプかが分かる。

テイカーは上司には従順だが部下を支配する。ギバーは誰に対しても与えようとする。

ただギバーが常に成功するとは限らない。グラントがエンジニアを調査した結果、最も生産性が低いエンジニアはギバーだった。常に他人を手伝い、自分の仕事は後回し。

しかし**最も生産性が高いエンジニアもギバーだった。**テイカーとマッチャーはほどほどの成功に留まった。医学生、販売業など様々な分野でもこのパターンは変わらなかった。

リンカーンも希代のギバーだった。選挙ではあろうことか他陣営を応援し、落選することもしばしば。しかし歴史に残る米国大統領になった。


なぜ成功するギバーと成功しないギバーに分かれるのか？

世の中には、余裕がないのにボランティア活動に身を捧げる人がいる。「他人の幸せの前に、自分の幸せを考えようよ」と言いたくなる人もいる。自己犠牲で与え続けるギバーは燃え尽き、なかなか幸せになれないのだ。

成功するギバーは他者に与えるだけではない。他人の視点でモノゴトを見て、全体のパイを大きくすることを考える。自分の利益も同時に考え、ともに勝つウィンウィンを目指す。だから最後には大きく成功する。

成功するギバーはWin-Win志向

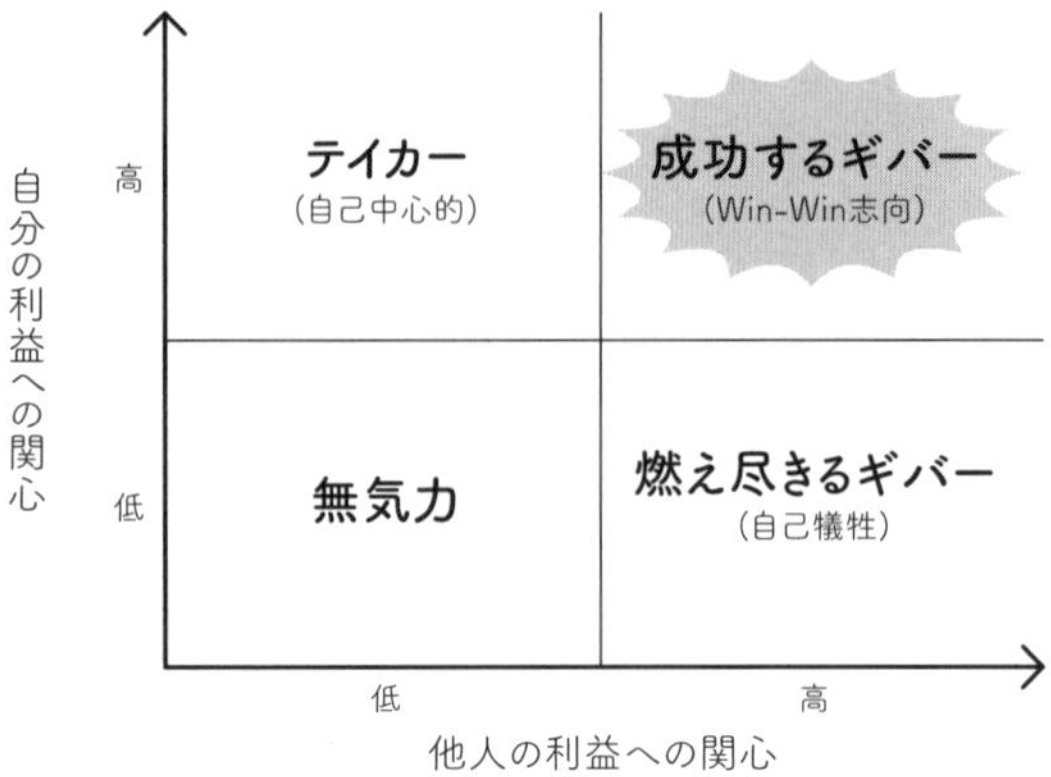

出典:『GIVE & TAKE』(著者が一部改変)

リンカーンが他陣営を応援したのも、自分の政策を実現し米国をよくするためだった。

テイカーは「パイの大きさは変わらない」と考え、勝ち負けにこだわる。「パイを大きくする」という発想に辿り着けないので、独り占めを目指す。中には相手の利益を考えずに自分中心に考え、こう言う人もいる。「これをやると、お互いにウィンウィンですよ」。これはまさにテイカーやマッチャーの発想そのものだ。

配偶者や交際相手がいる人に、相手との関係を維持する全努力のうち、自分の努力が何%か尋ねた調査がある。互いの貢献を正しく評価できれば自分の答えと相手の答えは合計100%になるはずだ。

しかし4組に3組のカップルは合計100%を大幅に超えるという。人は悪気がなくても自分の貢献は過大評価し、他人の貢献は過小評価する。これを行動経済学で**「責任のバイアス」**という。成功するギバーはこのことを知っている。だからうまくいかない時は自分が責任を負い、うまくいっている時は他の人を褒める。

Book34『ビジョナリー・カンパニー2』の第5水準のリーダーも同じ考えをする。

ギバーであることは幸福感にもつながる。24歳以上の米国人2800人の調査では、ボランティア活動の1年後には幸福度や人生の満足度が上がり、うつ病が軽減したという。またボランティア活動をする高齢者は長生きすることも確認されている。

「なるほど、ギバーは得なのか！　これからはギバーになろう」と思うかもしれない。

しかしギバーが見返りを得るまでの時間は長い。「ギバーとして行動しているのに、見返りがないじゃないか！」と思ったとしたら、それはテイカーやマッチャーの考え方だ。

第5章で見たように、すぐれたリーダーはギバーが多い。世の中はますます透明になっている。**SNS普及のおかげで、あなたがギバー・テイカー・マッチャーのどのタイプなのか、他人には丸見えである。**こんな時代だからこそ、本書の考え方は理解したい。

POINT

成功するギバーは与え続けて全体のパイを拡大し、皆を幸せにする

46

『予想どおりに不合理』（早川書房）

——私たちは「規則通り不合理」に考える

ダン・アリエリー

行動経済学研究の第一人者。デューク大学教授。ノースカロライナ大学チャペルヒル校で認知心理学の修士号と博士号、デューク大学で経営学の博士号を取得。その後、マサチューセッツ工科大学（MIT）のスローン経営大学院とメディアラボの教授職を兼務した。ユニークな実験研究によりイグ・ノーベル賞を受賞。2008年に刊行された『予想どおりに不合理』は、米国各メディアのベストセラーリストを席巻。

著者のアリエリーは、行動経済学の第一人者であり実験魔だ。

人間が不合理に行動する現象を見つけると、すぐに実験してその規則を見つける。

従来の経済学は「人は完璧に合理的に考える」が大前提。しかし人は意外と合理的に考えない。しかもパターンがある。行動経済学は不合理な人間の行動を解き明かすものだ。

本書は行動経済学の全体像を、身近な例で分かりやすく紹介してくれる。

相対性の真実……ついつい比較しがちな人間

3年前、投資会社に入社した社員。入社当時は「3年後は年俸10万ドルほしい」と言っていたが、今の年俸は3倍の30万ドル。でも不満だという。

「同じように働いている同僚が、31万ドルもらっているんです！」

このように、人は他人と比較し不幸を感じることもある。

1992年、米国政府は企業幹部の報酬高騰を抑えようと考え、企業に報酬公開を義務づけた。しかし経営者は他企業の報酬を比べるようになり、逆に報酬は高騰した。

人は比較対象があると、それを基準にモノゴトを評価するのだ。

あなたが自分と似たタイプでややイケメン（またはキレイ）な同性に合コンに誘われたら、ダシに使われているのかもしれない。合コン相手が2人を比較し、友人に好印象を感じるからだ。身近なモノと比較せずに視野を広げて考えれば、より正しい判断ができる。

米国のあるベンチャー創業者は、ポルシェのボクスターからプリウスに乗り換えた。より高級車に乗りたくなり、最後はフェラーリになることを知っているからだ。

需要と供給の間違い……アンカリングで行動が左右される

米国人は、必ず社会保障番号というマイナンバーのような9桁の番号を持っている。

アリエリーは学生を集め、ワインの説明をし、社会保障番号の下2桁の数字（79など）を書かせた後、そのワインをいくらで買うかを尋ねた。

学生たちは「社会保障番号が価格に影響するわけない」と一笑に付していたが見事に影響された。下2桁80～99の学生は、下2桁00～19の3倍高い金額を支払うと回答した。

これが「**アンカリング**」だ。船の錨《いかり》を「アンカー」という。「アンカリング」とは「錨を降ろす」という意味だ。まるで錨を付けたように最初に見せられた数字に心がつなぎ止められる。Book28『価格の掟』で紹介したように、価格戦略の基本となる考え方だ。

人は一貫性ある行動をするので、最初のアンカーが後々の判断に影響を与える。

従来の経済学では「売り手の『売りたい』価格と、買い手の『払ってもいい』価格の一致点で市場価格が決まる」と考えるが、「払ってもいい」価格は簡単に操作されるのだ。

社会規範vs市場規範……金銭的なつながりで失われる人間関係

イスラエルの託児所は、子供を迎えに来る親が遅れるので困っていた。そこで遅刻する親に罰金を科したら、逆に遅刻が増えたという。当初「遅刻は迷惑をかける」と罪悪感を感じていた親は、罰金を払うことで罪悪感が消滅したのだ。そこで数週間後に罰金を廃止すると、なんと遅刻はさらに増えてしまった。

私たちは人間関係で動く「社会規範」の世界と、金銭的なつながりで動く「市場規範」の2つの世界に住んでいる。社会規範の世界に市場規範を持ち込むと、人間関係は失われ二度と戻らない。託児所の場合、社会規範から市場規範に切り替わり、元に戻すことで社会規範に加え罰金も消えたため、遅刻が増えたのだ。

興奮状態で自分がどうなるか、人は分からない

アリエリーは醒《さ》めた状態と性的興奮状態で判断がどう変わるか、男子学生で実験した。品行方正な学生なのにも関わらず、性的興奮状態にある時は醒めた状態の時とまったく違って「リスクが高い性行為をしたい」と考える比率が格段に増えた（ちなみにこの研究実験の承認を大学院から得るのは、反対が多くて大変だったらしい）。

ハロウィンの渋谷は、興奮した若者で朝まで大騒ぎだ。中には器物損壊の罪で逮捕される者もいる。しかしそんな彼らの多くは、普段はおとなしい人間だ。

人は別の感情の状態にある自分を想像できない。「これをしてはダメ」と禁止するだけでなく**「興奮した人間は別の行動をする」という前提で仕組みを考える**ことが必要なのだ。

高価な所有意識……自分の持ち物はいいモノだ！

アリエリーは、大人気のバスケットボール全米決勝戦チケットが当選した学生からチケットを買い取り、外れた学生に売る実験をした。要はダフ屋になったのだ。

チケットが外れた学生100人の平均は、「170ドル払う意思がある」。チケットが当たった学生の平均は、「2400ドルなら売ってもいい」。

なんと14倍もの差だ。人は自分の所有物を過大評価する。自分が持つモノに惚れ込み、さらに所有しているモノを失うのはとても嫌なのだ。これを「**保有効果**」という。

「お試し期間」や「30日返金保証」はこの応用例だ。人は所有すると所有し続けたくなる。Ｂｏｏｋ48『影響力の武器』で車のセールスマンが1日試乗を勧めたのもこれだ。
アリエリーは一旦距離を取り、自分が非所有者であるように考えることを勧めている。

「おいしい」と思うから、おいしく感じる

コカ・コーラとペプシのどちらがおいしいか？　脳の活動が分かる測定器を使い、実験した神経科学者がいる。商品名を伏せて飲ませても大きな違いはなかったが、どちらを飲んでいるか分かるようにすると、コーラのほうが脳の活動が活発になった。

コーラの真っ赤な色や文字などのブランドの連想が、おいしく感じさせたのだ。

Ｂｏｏｋ27『ブランド優位の戦略』で紹介した情緒的便益は、まさにこの効果である。
料理も「おいしい」と思って食べるとおいしいが、「マズイ」と思って食べるとマズく感じる。料理学校では料理を芸術的に盛りつけることが料理方法と同様に重視される。
ワインも立派なグラスで飲むとおいしく感じるが、目隠しテストでは、グラスの形で味覚の違いは分からないという。肯定的な予測は、物事をより楽しませてくれるのだ。

同じ薬でも、高価格のほうが効く

Ｂｏｏｋ28『価格の掟』でプラシーボ（偽薬）効果を紹介した。アリエリーは価格でプラシーボ効果がどう変わるかを確かめるため、ビタミンCを「痛み止めの新薬だ」と伝えて、100人に実験してみた。

「1錠2ドル50セントの高価な薬だ」と伝えるとほぼ全員が「効いている」と答えたが、「1錠10セントの安価な薬だ」と伝えると「効いている」という人は半減した。

高い薬のほうが、より高いプラシーボ効果が出るということだ。

プラシーボ効果は顧客が感じる価値を高める。しかし真実の誇張は誇大広告であり、ウソになる。実はこの境界はあいまいだ。マーケティング担当者にはジレンマでもある。

私たちの行動は実に不合理だが、デタラメではなく規則性があり予想できる。行動経済学の力を借りて誤りから抜け出す仕組みを考えることが必要だ。またこうした人の行動はビジネスでも大きな影響を与える。行動経済学の理解は経営戦略でも重要なのだ。

カーネマンの『ファスト&スロー』(早川書房)という名著も様々な行動経済学理論を紹介している。本書で行動経済学に興味を持ったらぜひカーネマンの本にも挑戦してほしい。

POINT

人は合理的でない。だから行動経済学を学べばビジネスで役に立つ

47

『選択の科学』（文藝春秋）

――選択の積み重ねが、あなたをつくる

シーナ・アイエンガー

コロンビア大学ビジネススクール教授。1969年、カナダ生まれ。両親はインドからの移民でシーク教徒。3歳の時、眼の疾患を診断され、高校にあがる頃には全盲になる。移住したアメリカの公立学校で「選択」こそアメリカの力であることを繰り返し教えられ、大学に進学してのち、研究テーマにすることを思い立つ。20年以上にわたり「選択」に関する広範な実験・調査・研究を行っている。

著者のアイエンガーは、カナダで生まれ米国で育ったシーク教徒だ。シーク教には忠実に守るべき厳しい戒律や教義がある。食べ物や衣服すら選べない。アイエンガーは幼い頃に視覚障害を発症、13歳の時に父親を亡くし、高校の時に全盲になった。そんな彼女は米国の公立学校で学び、「自分のことを自分で決めるのは、当然の権利」と教えられる。こんな生い立ちから「自分で選択したほうが明るい人生が拓ける」と考えるようになり、「選択」を研究対象として追いかけている。

彼女の20年間の研究成果をまとめたのが本書だ。

本書では「これでもか」というほど様々な選択の実験が出てくる。ただ「選択は必ず幸せになる」とはならないのが、本書の奥深いところだ。

選択は本能である

動物園の動物は、一見、野生動物と比べて実に手厚く保護されている。外敵はいない。十分なエサが与えられ、医療スタッフもいる。

しかし動物園の動物は、野生よりも短寿命だ。野生のアフリカ象の平均寿命は56歳だが、動物園だと17歳。動物園の動物は出生数も減り、乳児死亡率も高いという。野生の環境では動物は動物らしく生きられる。しかし動物園では檻《おり》やガラスの囲いの中での生活が強要され、自分の生活は自分で変えられない。

「自分で状況をコントロールできない」というストレスにさらされ続け、消耗するのだ。

人間はどうか？　英国で公務員男性1万人に数十年間健康調査した研究がある。「モーレツ上司が心臓発作でポックリ逝く」というイメージは、実は間違いである。冠状動脈心臓病による死亡率を比べると、最も職位が低い公務員では、最も職位が高い公務員より3倍も高かった。理由は「自分の仕事の采配度」。高職位の人は責任の重圧があるが、自己裁量も大きい。仕事の裁量が少ない部下のほうがストレスは高かったのだ。ただ低職位でも「自分は仕事の自由度を持っている」と考える人は健康だった。

健康に最も大きな影響を与えたのは、自己決定権の大きさでなくその認識なのである。

高齢者介護施設でこんな実験がある。入居者に好きな鉢植えを選ばせて鉢植えの世話もさせる介護施設と、施設側で配る鉢植えを決めて看護師が世話する介護施設を比較した。鉢植えを選ばせるほうが入居者の満足度や健康状態は良く、死亡率も低かったという。

小さなことでも選択できれば、「自分は決定権がある」という意識を高められる。「自分次第でどうにでもなる」と信じる人は、そうでない人よりも、健康的で幸せな日々を過ごせる。ガンなどの闘病でも、死ぬことを断固受け容れない姿勢が生存確率を高め、再発の可能性を減らす。動物と違い、人間は世の中の見方を変えることができるのだ。大切なのは「自分には選択肢がある」と信じることである。

集団のために選択するのか、個人のために選択するのか

シーク教では、結婚相手も決められている。インド出身の彼女の両親は、結婚式当日に初めて出会ったという。「自分のことは自分で決める」のが当たり前な人には衝撃的な話だが、シーク教徒にとって「取り決め婚」は当たり前なのだ。

ではあらゆることが決められていて、彼らは幸せなのだろうか?

アイエンガーが調査した結果、**シーク教のような原理主義の宗教はうつ病の割合が低かった。**逆境にも楽観的に立ち向かい、多くの決まりごとも「そのおかげで力が与えられている」と考え、意外なことに「自分が自分の人生を決めている」と考えていた。

逆に無神論者は、悲観主義と落ち込みの度合いが最も高かった。

制約は「自分が決めている」という自己決定感を損なっていないのだ。

これは**個人主義社会か集団主義社会かの違い**によるものだ。

あなたは何か選択するとき最初に考えるのは、自分だろうか？ 周りの人たちだろうか？個人主義志向の強い米国などの社会はまず「自分」を考える。日本やアジアのような集団主義社会では「私たち」を優先し、「集団の幸せは、個人の幸せ」と考える。

アイエンガーは米国の小学生を対象に実験をした。6組のカードと6色のマーカーを用意。そして子供を3グループに分けた。カードとマーカーを①自分で選ぶグループ、②実験者が選ぶグループ、③「母親はこれを選んでほしいと言っている」と伝えたグループだ。

結果、アングロ系米国人で最も成績が良かったのは「①自分で選ぶグループ」だった。「母親に聞いた」と告げると、彼らは露骨に嫌な表情で、「ママに聞いたの？」。

アジア系米国人で最も成績が良いのは「③母親選択グループ」だった。日系米国人のある女の子は、「言われた通りやったって、ママに言ってね」。

どちらが正しい、ということではない。**育った環境により、選び方は変わるのだ。**

シーク教で他人が結婚相手を選ぶのは、彼らが集団主義社会であり「結婚は家族全体のもの」と考え、「本人でなく他人にも結婚相手を選ぶ能力がある」と考えるからだ。彼女の両親の結婚は、両家の祖母たちが様々な条件を何度も話し合い、「2人の結婚は周囲のあらゆる期待に沿う」と考えた結果だったのである。

調査によると、恋愛結婚と比べて取り決め婚の幸福度は、結婚当初は低いが、結婚10年後には逆に高くなるという。長い目で見れば、取り決め婚も決して悪くない。

しかし自分のことは自分で選ぶのが常識の米国人には、取り決め婚は受け容れがたい。逆に取り決め婚が常識の人に「自由に相手を選べ」と言っても、当惑するだけだ。

「この選択方法が正しい」と思っても、それが他人にも正しいとは限らない。選択権と自己決定権は重要だが、選び方はその人の環境によって違う。

相手との違いがあることを認め、相手を尊重することが大切なのである。

豊富な選択肢は、必ずしもよいとは限らない

アイエンガーは大学院生時代、圧倒的な品揃えを誇るスーパーマーケットを知って「この品揃えは本当に売上に結びついているのか?」と疑問を持ち、実験することになった。

実験では24種類のジャム試食コーナーと6種類のジャム試食コーナーを用意した。

結果、24種類コーナーには60%の客が立ち寄ったが、10分ほど迷った末、多くの人が手

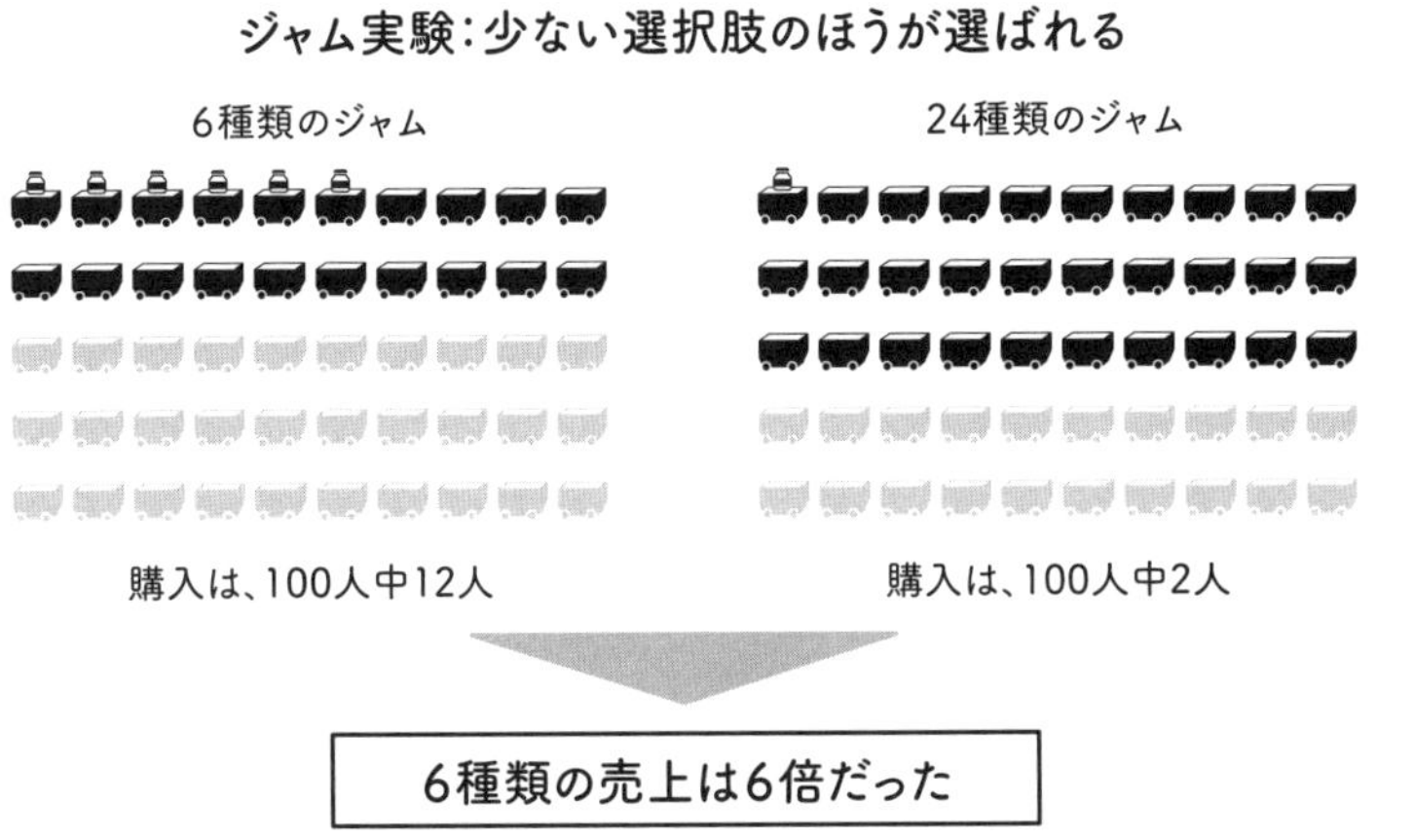
ジャム実験：少ない選択肢のほうが選ばれる
6種類のジャム
24種類のジャム
購入は、100人中12人
購入は、100人中2人
6種類の売上は6倍だった

※『選択の科学』より著者が作成

ぶらで帰った。購入したのは立ち寄った試食客の3％だけ。

6種類のコーナーには40％の客が立ち寄り、1分で商品を選んだ。購入したのは試食客の30％。少ない品揃えのほうが、なんと6倍も売り上げた。

人は7個以上の選択肢があると違いを認識できず選べなくなるのだ。ただこれは条件がある。

私はアマゾンでレア本を探すことが多い。本やCDのように数が多くても違いが明確だと、多くの選択肢はいいことだ。選択肢が多すぎて選べなくなるのは、買い手が違いを認識できないときなのだ。

P&Gは26種類あったフケ防止シャンプーのうち売上が少ない商品を廃止し15種類に絞ったところ、売上が10％増えた。

選択には、代償もある

危篤状態にある早産の未熟児。延命治療を続けると生存確率は6割だが、命を取り留めても生涯寝たきりで意思疎通もできない。治療を中止すると赤ちゃんは亡くなる。アイエンガーはフランスと米国でこんな状況にいた両親を調査した。多くの場合、治療は中止された。

フランスでは親が異議を申し立てない限り、医師が判断する。フランスの両親たちは「こうするしかなかった。息子は多くのことを教えてくれた」と前向きに捉えていた。医師や自分を責める者は皆無だった。

米国では両親が決定しなければならない。米国の両親はその後も「他に選択肢があったのでは？」と長い間自分を責め続けていた。

映画『ソフィーの選択』をご存じだろうか？　第二次世界大戦中、ソフィーが息子と娘とともにアウシュビッツのナチス強制収容所に到着すると、ナチスの軍医がこう告げる。「おまえに選択の特権を与える。2人の子供のうち1人選べ。残り1人はガス室送りだ」ソフィーは「私に選ばせないで」と懇願するが、選ばなければ2人ともガス室送りだ。「娘を連れて行って」と告げた彼女は、強制収容所から解放後も毎朝のようにこの地獄の選択を思い出し、苦しみ続ける。米国人の親たちは同じ経験をしているのだ。

恐ろしいことだが高齢化社会が進むと、私たちも両親についてソフィーと同じ判断を迫られる可能性が高まる。どうすればよいのか？

難しい判断に限れば自分ですべて判断せず、専門家の判断を頼るのも1つの方法だ。「選択は人生を幸せにする」と固く信じている私たちは、選択の自由を手放すのを嫌う。しかし**どれを選んでも苦痛がある場合、あえて選択肢を手放すことも検討すべきだ**と、アイエンガーは言う。

あなたの人生は「選択」と「偶然」と「運命」から成り立っている。
未来は何も決まっていない。あなたの選択次第で変えられるということだ。
いま現在のあなたは、あなたがこれまで行ってきたあらゆる選択の結果なのだ。
しかし一方で、選択には必ず不確実性と矛盾が伴うことも理解する必要がある。
選択に真正面から向き合うことで、私たちはよりよい未来を切り拓けるはずだ。

POINT

あなたは選択・偶然・運命でつくられている。選択で未来は変えられる

48

『影響力の武器 第三版』（誠信書房）

——知らない間に操られないために

ロバート・B・チャルディーニ

影響力の科学を研究し、説得、承諾および交渉の分野の専門家として国際的な名声を得る。最先端の科学的調査を実施し、調査から得られた知見を倫理的なやり方でビジネスや政策へ応用している。アリゾナ州立大学の心理学およびマーケティングの指導教授を務めるほか、社長兼最高経営責任者を務めるインフルエンス・アット・ワーク社は、影響力研修や様々な講演を提供している。

私たちは自分で考えているつもりでも、実はかなり他人の影響を受けている。

本書はその仕組みと対処法を紹介した、世界的なロングセラーだ。

著者のチャルディーニは米国を代表する社会心理学者である。本書にはセールスや募金勧誘業などへのリアルな潜入体験が盛りだくさんだ。だから説得力がある。米国を代表する教授がこんなことをやっている。考えてみたら凄いことだ。

私たちは普段の生活で「**思考の近道**」を使っている。常に考え続けると疲れてしまう。だから思考を省略してもいい時、人は簡便法を使うのだ。

私たちが商品を買う時、品質が価格に見合うかを詳しく調べずに、「高いからいい商品なのだろう」という**スイッチ**が入るのはその一例だ。このおかげで私たちは、日々の生活で大量の判断が必要でも対応できる。

ただ中には、この思考の近道を悪用し詐欺まがいの方法で相手にイエスと言わせる者もいる。本書は相手にイエスと言わせる戦術を心理学の原理に基づき6つに分類している。

戦術1　返報性……「相手への借りは、必ず返すべきだ」と思ってしまう

我が家が買い物をする近所のデパ地下では、つま楊枝をお惣菜に刺した笑顔満点の店員が、「ご試食どうぞ〜」と声をかけてくる。たしかにおいしいものも多い。しかし試食を一度食べたら、ほぼ買うことになる。店員と話し込んだりすると確実だ。

これが**「返報性」**だ。人は相手に借りをつくった状態は不快なので、返そうとするのだ。

カフェで奥様同士が「ここは私が払います」と伝票を奪い合うのもこれと同じである。

最初に小さな貸しをつくれば、相手はそれ以上を返さないと気が済まなくなるのである。

この応用方法が本書で紹介されている。アムウェイの販売員極秘マニュアルだ。「顧客に『無料試供品バッグをご自宅に3日間置かせてください。試しに使ってくださいね』と伝え、3日後に試供品バッグを回収し、注文を取りなさい」というもの。信じられないほど売れるそうだ。

パーティーに押し入った強盗にパーティー客がワインとチーズを勧めたところ、「すい

ません」と言って立ち去ったという。強盗も、恩義を受けたままの状態が嫌なのである。

このように「返報性」は実に強力だが、防御法もある。


最初の厚意を受けたら「相手の厚意か？　販売手段か？」を見極め、判断することだ。

試食品の場合、気に入った試食品でなければ手を付けないこと。ちなみに試食品をすぐ食べる私は、妻から「ダメ、絶対」と禁止されている。

戦術2　一貫性……「決めたことは、守ろう」と思ってしまう

最初に決めたことを一貫性を持ってやり続ければ、私たちはいろいろと考えずに済む。人には「決めたことやコミットメントは守りたい」「自分の選択は正しいと思いたい」という欲求がある。集団で生きてきた人類は、このおかげで社会を発展させてきた。

一方でカルト宗教に入信した普通の人たちが常識では考えられない行動をするのも、このためだ。周囲が強く反対しても「自分の選択は正しい」と信じ込み、ますますハマる。「入信した最初の自分の判断は、絶対に正しい」と信じているからだ。

これをずる賢く悪用する者もいる。たとえば車の販売店で、顧客に車の価格を大幅に安く提示し、まず顧客に買う決心をさせる。購入書類を何枚も記入させる。一日試乗もさせる。こうしている間に顧客は「自分はいい買い物をした」と思い込む。

そして「お客様、大変申し訳ございません。エアコンの値段を加算し忘れました」

これで最初の値引きはなくなるが、すでに買う判断をした顧客が購入を撤回することはほとんどない。これは**「承諾先取り法」**と呼ばれる。一度購入をコミットすると後で悪い条件が出ても撤回しにくい。詐欺同然の手口だ。

防御方法はある。本来、一貫性はよいことだ。しかし中にはバカげたものもある。途中で「おかしい」と思ったら、手遅れになる前に早めに一貫性を放棄することだ。

戦術3 社会的証明……「皆がやっていることは正しい」と思ってしまう

お笑い番組には、必ず録音された笑い声が入る。調査によると、あの笑い声のおかげで、視聴者の笑う回数と時間が増え、ネタをもっと面白く感じる効果があるという。

その行動をする人が多いほど、人はそれが正しい行動と判断するからだ。

ある米国人セールスコンサルタントは、新人セールスマンにこう言っている。

「自分で何を買うか決められる人は5%だ。残り95%は他人の真似をしている。ロジカルに人を説得しようとしても、他人の行動には勝てない」

「この商品、売れています！」という商品広告は、この人間の性質を利用したものだ。

さらに人は自分に似た人の真似をしようとする。だから広告主は普通の人が使っていることをアピールすることで、大勢に売ろうとする。

街頭で「打ち合わせなしインタビュー」を装い、有名人が一般人に「この商品の感想は？」と直撃インタビューするＣＭも、普通の人が使っているとアピールするためだ。

これらを防御するには、意図的な歪《ひず》みに気づくことだ。

お笑い番組の笑い声は録音だし、有名人が一般人に打ち合わせなしで街頭インタビューするなんてあり得ない、と気がつけば「思考の近道」のスイッチを解除できる。

戦術４　好意……「好きな人だから、きっといい人」と思ってしまう

取調室で、２人の刑事が容疑者を取り調べている。１人の刑事がキレまくっている。

「やったのはおまえだ！　ブタ箱にぶち込んでやる！　最低、懲役5年だな。吐け！」

「おいおい。ちょっと手荒すぎるぞ。外で頭を冷やしてこいよ」

キレた刑事が出た後、残った刑事がコーヒーを勧めながらやさしく声をかける。

「アイツは腕利きだ。証拠はあるから5年は本当だな。実はおまえ、俺の若い頃に似ててさ。本当はおまえいい奴だよ。俺はおまえの味方だ。今、罪を認めれば減刑を口利きする」

そして容疑者が落ちる、というのは、刑事ドラマでよく見る場面だ。

人は相手に**好意**を持つと、頼みごとを聞きやすくなる。だから容疑者が落ちるのだ。

この刑事はさらに返報性（コーヒーをおごる）という合わせ技も駆使している。

あるセールスマンと話した時のこと。

しきりに「本社が近くですね」「私の名前と1字同じですね」と似た点を言ってくる。これも親近感を抱かせ、頼みごと（＝販売）を通す作戦だ。セールスに顧客との類似性を探す訓練をする会社もあるという。刑事が「俺の若い頃に似ている」と言ったのも同じだ。

この技を防御するには、**「依頼内容」**と**「依頼する人」**を区別して考えることだ。「他の人がこの商品を販売しても買うか？」と考えれば、冷静な判断ができる。

戦術5　権威……「権威がある人は、絶対に正しい」と思ってしまう

心理学者ミルグラムは「人はどの程度他人に苦痛を与えられるのか」を実験した。

実験には2名が参加し、「教師」と「学習者」の2つの役が割り当てられた。「教師」の参加者は「学習者がクイズに間違ったら、研究者の命令に従い、電気ショックのスイッチを押すように」と指示された。電圧は徐々に強くなり最後は気絶寸前になるほどだ（実際には、教師役以外はすべてやらせだ。気絶寸前も演技。電気も流れていない）。

ミルグラムたちは「最後までスイッチを押し続けるのは1〜2％」と予想していたが、なんと3分の2の参加者が、最後まで続けたという。米国以外の国も同じ結果だった。

これは参加者が残酷だからではない。教師役の参加者は「実験をやめさせてくれ」と言いながら、ボス（＝命令する研究者）に反抗できずにスイッチを押し続けたのだ。

人は権威者の命令には、とにかく従おうとする。権威の持つ影響力は強力だ。

この「権威に従う」という人間の性質のおかげで人類社会は発展してきたが、悪い面もある。人はそれ以上考えなくなるのだ。強制収容所の大量殺戮《さつりく》に多くの人が荷担したのも、大企業で不祥事が起こるのも、この仕組みのためだと考えられる。

人は相手が権威があるかどうかを、肩書き（社長や教授など）、服装（白衣やスーツなど）、装飾品（乗っている車など）などで判断する。

映画『クヒオ大佐』で堺雅人が演じた結婚詐欺師は、「米国空軍パイロットでカメハメハ大王やエリザベス女王の親類」を名乗り、軍服姿で女性を騙したという実在の人物がモデルだ。テレビＣＭで有名俳優が白衣を着て、商品の効果を語るのも同じだ。

我々は権威には無防備だが、２つの質問で防御できる。

「この権威者、本当に専門家なのか？」。クヒオ大佐は、実は飛行機を操縦できない。

「この専門家、どの程度誠実なのか？」。その人にどれだけお金が入るか考えれば、騙される可能性は減る。

戦術6　希少性……「手に入りにくいものはいいものだ」と思ってしまう

私たちは「手に入りにくいものはいいもの」と考える。これは「自由」と関係がある。

入手する機会が減ると、「入手する自由」を失う。私たちは自由を失うのを嫌う。これを「**心理的リアクタンス**」という。要は「自分で決められないのはイヤ」なのである。

だから我々は「限定10個」と言われた瞬間にスイッチが入り、無性にほしくなる。

防御策は「希少なものがいいとは限らない」と気づくこと。希少なものがほしいのは、使いたいからではなく、単に所有したいからだ。「限定10個」と言われたらまずは頭を冷やし「本当にこの商品がほしいのか？」と考えれば、希少性のワナから逃れられる。

POINT

思考の近道を利用した6つの影響力の武器を理解し、わが身を守れ

時代の流れが速くなり情報も増え、判断すべき選択肢も増えているので、私たちは「思考の近道」を使わざるを得ない。本書の最後でチャルディーニは、「思考の近道を使い意思決定すれば日々の生活を効率的にできるが、この仕組みを悪用する者もいる。本書の6つのポイントを理解し、そのようなインチキに対抗してほしい」と締めくくっている。

私たちビジネスパーソンは、日々の仕事で常に交渉している。相手の攻撃パターンを理解しよりよき交渉をする上で、本書は大いに役立つはずだ。

49

『さあ、才能《じぶん》に目覚めよう 新版』（日本経済新聞出版社）

――弱みは忘れて、強みを活かせ

トム・ラス

すぐれたビジネス思想家であり、ベストセラー作家。著書に『ストレングス・リーダーシップ』や、ニューヨーク・タイムズ紙のベストセラーリストで第1位を獲得した『心のなかの幸福のバケツ』『幸福の習慣』などがある。ミシガン大学とペンシルベニア大学で学位を取得。ワシントンDCで家族と暮らす。

子供の頃から「苦手を克服しよう」と言われてきた人は多いかもしれない。

しかし超運動音痴の私は、いくら努力しても人並み以上にはなれない。弱み克服に一生懸命努力しても、やっと人並みになる程度だ。

しかし弱みではなく強みに努力を集中すれば、それはダントツの強みになり得る。

本書は、あなたの強みの原石を見つけるための本である。故ドナルド・クリフトンの「人間の強み」研究に基づいて開発された「ストレングス・ファインダー」というツールを紹介している。著者のトム・ラスはこのツールを提供するギャロップ社の責任者だ。２０１７年時点で累計１５００万人がストレングス・ファインダーを受けたという。

なお、クリフトンは米国心理学会で「**ポジティブ心理学の祖父**」と呼ばれている。

ポジティブ心理学は強みや長所を研究する心理学の一分野だ。Ｂｏｏｋ43『人を伸ばす力』のデシやBook44『フロー体験入門』のチクセントミハイもこの流れを受けている。

34の資質の中から、自分の強みを磨く

巷《ちまた》には「欠点を努力で克服した」という美談があふれている。その努力自体は尊いしリスペクトすべきだが、その膨大な努力を強みに注ぎ込めば、もっと大きなことができる。

苦手なことは専門家に任せ、自分の強みに集中すべきなのだ。

「世界最高の靴をつくる」という名人がいた。しかし1週間で何百足もつくれるのに、実際につくっているのは30足。苦手な販売と集金に多くの時間を使っていたのだ。販売の専門家と一緒に働くようになると、3倍以上の靴をつくれるようになったという。

強みに集中すべきだということは、数字の上でも裏付けられている。

調査では、毎日強みに取り組む人は、そうでない人よりも6倍も意欲的かつ生産的に仕事に打ち込み、「生活の質がとても高い」と述べる傾向は3倍以上だった。

強みに注目する上司は職場をよくする。社員の弱みに着目する上司が職場に悪影響（無気力な姿勢や怒り・不満）を及ぼす確率は22%だが、社員の強みに着目する上司はわずか1%に減るという。強みに着目すれば、職場は快適になり、業績も上がる。

ストレングス・ファインダーは強みの源となる「資質＝その人の才能」を特定するツー

あなたの強みの構造を理解しよう！

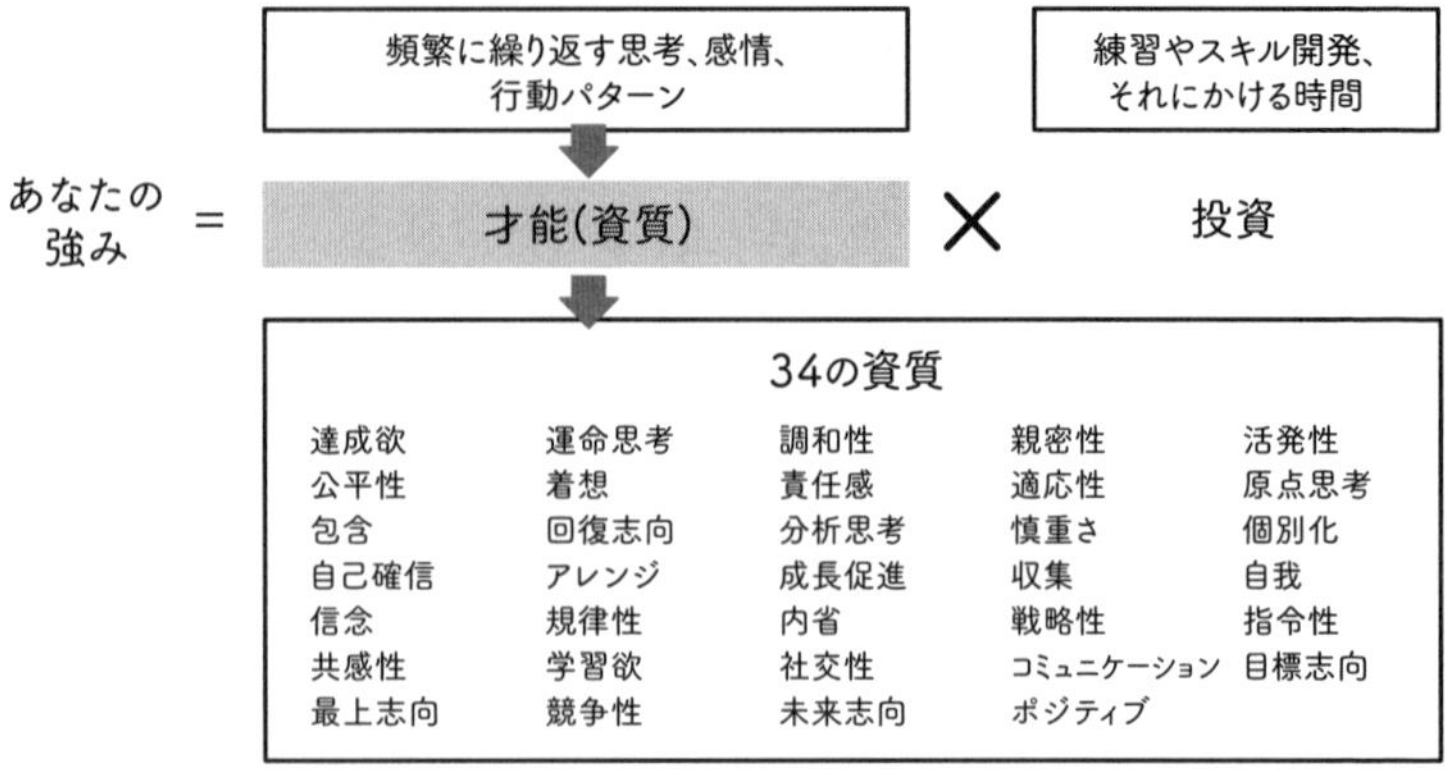

※『さあ、才能に目覚めよう 新版』より著者が作成

ルだ。**強みは才能（資質）と投資の掛け算だ。**あなたの資質を見つけて育てれば、それがあなたの強みになる。

資質は34個ある。どれが良い・悪いということではない。資質はあくまで性質だ。「信念」の資質を持つ人は強い価値観を一貫して持っているが、頑固で相手の価値観と相容れなければ大きな衝突が起こるリスクもある。資質を活かすのはあなた次第だ。

本書では34個の資質の説明と活用方法が詳細に紹介されている。さらに巻末袋とじには固有のアクセスコードがある。サイトにアクセスし約200個の質問に答えると、自分の資質の上位5つが分かる（アクセスコードは再利用できない。資質チェックをしたい人は、中古本ではなく新品を買う必要がある）。

私も資質チェックを行ってみた。1番目は「学習欲」。「学習欲」は「何も知らない状態」から「何かを身につけた状態」に移行することが楽しくて仕方がない、ということだ。ただともすると成果のことはすっかり忘れてしまう。私も仕事で調べ物に夢中になり、気がつくと本来の仕事を忘れ、仕事仲間から呆《あき》れられることがよくある。そこで私は学びをアウトプットする機会を意識的につくっている。本書は、その長年の蓄積をまとめた成果だ。

資質はダイヤモンドの原石だ。磨き上げるのはあなた自身だ。あなたの資質がわかったら、周りの人にも勧めると新たな発見がある。「人間は皆違う」ということが実感できるはずだ。私は妻に勧めたが、私とはまったく違う結果で驚いた。

「よなよなエール」というビールで有名なヤッホーブルーイングは、ストレングス・ファインダーを活用している。お互いの資質を社員同士で理解し、業務で個人の強みを活かすことで、チーム全体のパフォーマンスを上げているのだ。

Book7『コア・コンピタンス経営』で、自社しか持たない強みのことを「**コア・コンピタンス**」として紹介した。あなたの資質を磨けば、それはあなたのコア・コンピタンスになるし、同僚の資質を活かせば、チームのコア・コンピタンスもつくれるのだ。

POINT

誰でも強みを持っている。強みの構造を理解し自分の資質を活かせ

50

『リーディングス ネットワーク論』（勁草書房）

――人のつながりを理解しよう

ミルグラム／コールマン／グラノヴェター

スタンレー・ミルグラム（イラスト上）は、スモール・ワールド現象や権威に対する服従実験などにより20世紀の最も重要な心理学者の一人。ジェームズ・コールマン（同右）は、米国社会学会会長なども歴任した社会科学者である。マーク・グラノヴェター（同左）は、スタンフォード大学社会学部教授。ハーバード大学博士課程在学中の調査に基づいた「弱いつながりの強さ」研究で知られている。

私たちはＬＩＮＥやフェイスブックなどのソーシャルメディアで、多くの人たちとつながるようになった。人とのつながりについては、海外では50年以上前から研究されている。しかし日本ではこれらの研究はほとんど紹介されていないのが現実だ。

これらの理論は、「**ソーシャルネットワーク理論**」と呼ばれている。

本書は社会学者の野沢慎司教授と3名の研究者によって、ソーシャルネットワーク理論の主要な海外論文7件の翻訳をまとめたものだ。ビジネスでソーシャルメディアに関わる人は、押さえておきたい一冊だ。

ここでは掲載論文7件の中から特に重要な論文3件を選び、概要を紹介していこう。

『スモールワールド』（スタンレー・ミルグラム）

初対面の人と話していたら共通の知り合いがいて驚いた、という経験はないだろうか？世界は意外と狭い。このテーマを研究し、1967年に「小さな世界問題」という論文名で発表したのがミルグラムだ（ちなみにBook48『影響力の武器』で紹介した権威の実験も、ミルグラムが行った）。

ミルグラムは「世の中がどれだけ狭いか」を検証するために、米国人2億人の中からまったく面識がない2人を選び、何人の知り合いを経由すれば到達するかを実際に調べてみた。すると平均5人の仲介で到達したという。ミルグラムは、「世の中って狭いなぁ」という私たちの実感を、世界で初めて実証実験したのである。

『ソーシャルキャピタル（社会関係資本）』（ジェームズ・コールマン）

「ビジネスは、まずヒト・モノ・カネ」といわれる。しかし現実には、人のご縁で仕事が進むことも多い。あなたも「彼のお願いだから、なんとかしよう」と考えることも多いはずだ。

このように人の善意のつながりで生まれるのが**ソーシャルキャピタル**（**社会関係資本**）だ。

「ヒト・モノ・カネに次ぐ第4の資本」としてコールマンが1988年に提唱したものだ。

ヒト・モノ・カネは誰か必ず所有者がいるが、ソーシャルキャピタルは社会全体が所有している。豊かなソーシャルキャピタルは、コミュニティのすべての人に利益をもたらすのだ。

ソーシャルキャピタルの基本単位は、個人同士の関係だ。信頼し合う個人が**強いつながり**でつながった集団は、そうでない集団よりも豊かなソーシャルキャピタルを持つ。

ニューヨークのダイヤモンド卸商人はユダヤ人が独占しており、互いに姻縁関係で結ばれている。品質鑑定では保証もかわさずに袋ごとダイヤモンドをゴッソリ渡すが、人造ダイヤなどへのすり替えは起こらないという。互いに強い信頼関係で結ばれているからだ。

イタリア系マフィアであるコルレオーネ家の栄光と没落を描いた映画『ゴッドファーザー』の冒頭は、葬儀屋が「暴行を受けた娘の復讐をしてほしい」とゴッドファーザーに依頼する場面から始まる。身内に深い愛情を持ち親身になって徹底的に面倒をみるゴッドファーザーは、葬儀屋の依頼に応える。その後、葬儀屋はゴッドファーザーからの非合法な依頼をこなすようになる。

イタリア系マフィアのファミリーは身内同士で互いに信頼しあっており、お互いに膨大な恩義の蓄積がある。そして厳しい掟もあり、裏切りには殺人などの制裁もある。

このような閉鎖的なコミュニティの中には「こう振る舞うべき」という不文律があり、それを破ると制裁が待っている。江戸時代の「村八分」もまさに私的制裁だ。

深く信頼しあった強いつながりを持つコミュニティは悪い面もあるが、決まったことをキッチリ実行するのは得意だ。ゴッドファーザーのファミリーも、鉄の結束で次々と起こる難関を切り抜ける。

このようにソーシャルキャピタルは、そのコミュニティに所属するすべての人たちに利益をもたらす。

日本の大企業もこれまで終身雇用制で守られ、強い社員同士のつながりがあり、世界に通用する高品質な商品やサービスを生み出してきた。

しかし課題もある。強いつながりは決まった身内だけで結びついているので世の中の変化に鈍感になりがちだ。新しいものを生み出すのも苦手で、外への情報発信力も弱い。映画『ゴッドファーザー』でも昔の仲間が足を引っ張り、ゴッドファーザーが非合法ビジネスをやめられずに苦しむ姿が描かれている。不祥事を起こした大企業が不祥事を繰り返すのも、社員同士が裏切り者扱いされるのを怖れ、正しいことを言えないからだ。

こんな時に威力を発揮するのが、次の論文にある「**弱いつながり**」だ。

『弱いつながりの強さ』（マーク・グラノヴェター）

弱いつながりとは、普段はあまり会わないけれども、勉強会などで知り合い、ゆるくつながっているような人たちのことだ。

「そんな人間関係、アテにならないよ」と思いがちだが、そんなことはない。それが本文のタイトルでもある**「弱いつながりの強さ（Strength of Weak Ties）」**だ。グラノヴェターが1973年に提唱した理論である。

弱いつながりは強いつながりよりも簡単につくれるので、幅広い人たちとつながり、様々な新しい知識が得られる。さらに弱いつながりは広がりやすいので、情報を遠くまで伝えることができる。

グラノヴェターが知人を通して新しい仕事を見つけた54名に、その知人とどのくらいの頻度で会っていたかを調査したところ、**「弱いつながり」の知人経由で仕事を見つけた人が圧倒的に多かった。**頻繁に会う「強いつながり」の知人は9名（17％）で、残りの45名（83％）はあまり会わない「弱いつながり」の知人だった。強いつながりの知人が持つ情報は自分も知っていることが多く、転職の決め手にならなかったのだ。

このように弱いつながりは、新しいアイデアを得るのに向いている。

これまでの日本企業の会社員は、同じ社内の同僚と一緒にいる時間が圧倒的に多かった。この状態では新しい情報に触れる機会が少ない。また新しいことを生み出しても、仲間内だけに留まって社会に広がらないことも多い。これが日本企業の停滞を生み出している要因の1つだ。たとえてみれば、日本企業における社内の人間関係は、ゴッドファーザーのファミリーと同じく、「強いつながり」が中心なのである。

そこで最近の企業は、オープンイノベーションなどで社外との弱いつながりを増やすことで、自分たちが持たない新たな知見を探索して取り入れて、新しいビジネスをつくろうと模索しているし、積極的に社外に出て情報発信をしようとしている。副業が奨励されるのもその一環だ。

紹介した3つの論文は、ソーシャルメディアが登場した2000年代のはるか以前、1960年代から1980年代に書かれたものだ。当時はネットワーク経由で人がコミュニケーションすることはほとんどなかったが、現代でも基本的な人の関わり方はあまり変わっていない。

これらの理論を理解した上で、ソーシャルメディア時代のコミュニケーションがどうあるべきかを考えていくことで、より深い洞察ができるようになるはずだ。

POINT

ソーシャルメディア時代こそ人と人とのつながりの基本を理解しよう

永井 孝尚（ながい たかひさ）
慶應義塾大学工学部（現・理工学部）を卒業後、日本IBMに入社。マーケティングマネージャーとして事業戦略策定と実施を担当、さらに人材育成責任者として人材育成戦略策定と実施を担当し、同社ソフトウェア事業の成長を支える。2013年に日本IBMを退社して独立、ウォンツアンドバリュー株式会社を設立して代表取締役に就任。執筆の傍ら、幅広い企業や団体を対象に新規事業開発支援を行う一方、毎年2000人以上に講演や研修を提供し、マーケティングや経営戦略の面白さを伝え続けている。さらに仕事で役立つ経営戦略を学ぶための「永井塾」も定期的に主宰している。2002年多摩大学大学院MBA修了。2013年多摩大学大学院客員教授を担当。
主な著書にシリーズ60万部『100円のコーラを1000円で売る方法』（KADOKAWA）、10万部『これ、いったいどうやったら売れるんですか？』（SB新書）ほか多数。
永井孝尚オフィシャルサイト takahisanagai.com
Twitter　@takahisanagai

世界《せかい》のエリートが学《まな》んでいる
MBA必読書《ひつどくしょ》50冊《さつ》を1冊《さつ》にまとめてみた

2019年4月24日　初版発行
2024年9月5日　22版発行

著者／永井《ながい》 孝尚《たかひさ》

発行者／山下 直久

発行／株式会社KADOKAWA
〒102-8177　東京都千代田区富士見2-13-3
電話　0570-002-301（ナビダイヤル）

印刷所／TOPPANクロレ株式会社

ISBN 978-4-04-604053-4　C0030